# 엄마와 나

동화 작가 박기범이 쓴 어머니들 이야기

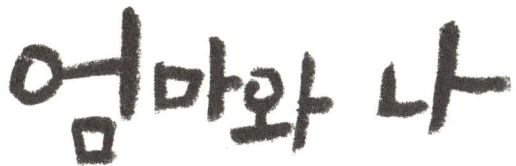

박기범

보리

추천하는 말

# 훌륭한 일기글의 한 본보기

　이 일기글 《엄마와 나》는 올해(2000년) 전태일 문학상 생활글 분야에서 우수상을 받은 작품입니다. 최종심 자리에 나온 여러 작품 가운데서 이 글은 우선 분량이 2백 자 원고지로 쳐서 3천 장쯤 되었기에 심사를 맡은 저로서는 이걸 어떻게 다 읽을까 하고 짐스럽게 생각했고, 한편 좀 고개를 갸우뚱거리게도 했습니다. 여러 해 동안 쓴 일기라면 몇천 장이 될 수도 있겠지만, 쓴 날짜를 보니 1999년 11월에서 12월 사이, 한 달 동안에 쓴 것이었지요. 대강 살펴보니 어떤 날은 200장도 넘게 썼고, 적어도 50장이 안 되게 쓴 날은 없습니다. 대체 무슨 할 말이 이렇게도 많았나? 이것은 아마도 자기가 늘 생각하고 있던 어떤 문제를 일기라는 형식을 빌어서 풀어놓거나, 그런 자기 생각을 써 놓은 것이겠지, 이렇게 짐작했습니다. 그래서 이런 글은 보나마나 지루할 것이니 끝까지 읽을 것도 없이 조금만 읽으면 그만일 것이다, 이렇게 생각했습니다.
　그런데 뜻밖에도 나는 첫머리부터 이 글에 푹 빠져 버렸습니다. 이건 어떤 '생각'을 남에게 알리려고 쓴 글이 아니고, 정말 그날 그날 있었던 일, 겪었던 일을 쓴 일기였습니다. 그런데 어째서 이렇게 많이 썼을까요? 글이 긴 까닭이 있습니다. 이것은 하잘것없는 이야기를 그저 쓰는 재미에 취해서, 말재주 부리는 버릇에 끌려서 자꾸 빨랫줄같이 늘구어 길게 쓴 글이 아닙니다. 어느 날의 어느 대문에서도 이건 꼭 할 말을 했구나, 꼭 적어 두어야 할 일을 적었구나 하는 생각이 들었습니다. 그만큼 하루 동안에 겪었던 일이 많았고, 그런 일들이 거의 모두 쓴 사람만의 문제에 그치는 것이 아니라 이웃의 많은 사람들, 우리 사회와 역사에서 매우 중요한 일에 얽혀 있는 것으로 되어 있었으니, 글의 내용에 마음이 끌리고 재미있게 읽을 수밖에 없었습니다.

이 일기로 읽은 내용에서 가장 먼저 생각나는 것은, 글쓴이가 야학 교사로 할머니들에게 한글을 가르치는 이야기를 쓴 것입니다. 이분은 아무런 보수도 받지 않고 밤마다 할머니들에게 우리글을 가르치는 일을 기쁘게 생각합니다. 그리고 할머니들을 가르치면서 교재를 어떤 것으로 하는가, 어떤 방법으로 가르칠까, 하는 문제를 두고 지금까지 다른 사람들이 하여 왔던 것을 그대로 따르지 않고 자기 나름대로 생각해서 하려고 애썼습니다. 또한 그렇게 하고 있는 것이 참으로 올바른 길이라 생각되어, 놀랍게 여겨집니다. 이분은 무슨 교육 대학이나 사범 대학에서 교육학을 배운 것도 아니고, 교육학 책을 읽은 사람도 아닙니다. 그러나 그 어떤 교육자보다도 훌륭하구나 하는 생각이 들었습니다. 그렇게 할 수 있는 슬기와 힘이 어디서 나왔을까요? 아마도 그것은 학교 공부도 못한 할머니들, 이 땅에서 언제나 가장 밑바닥에 깔려서 짓눌려 살아온 이들에 대한, 한없이 따스한 정에서 생겨났을 것입니다. 지은이의 어머니도 밤마다 한글을 배우면서 일기를 쓰는 공부를 하는 분이었습니다.

한글 야학뿐 아닙니다. 이 일기에는 글쓰기의 문제, 문학의 문제가 나오기도 하는데, 이런 여러 가지 문제들에 대해서도 참으로 올바른 생각과 판단을 하고 있어서 여간 믿음직스럽지 않습니다.

교육과 문학과 그 밖에 여러 가지 사회 문제에서 어떤 태도를 조심스럽게 보여 주고 있지만, 그런 것을 이론이 아니고 실제로 어떤 일에 부딪쳐서, 그것을 고민하고 풀어 가는 길을 보여 주고 있습니다.

이러고 보니 이 글은 더러는 소설이나 동화의 한 대문이 되겠구나 싶고, 더러는 좋은 수필이구나 싶기도 하고, 가끔은 좋은 연구 논문이 되겠다는 부분도 있습니다. 그러면서 역시 이 글은 전체로 보아서 일기로 되어 있고, 일기가 될 수밖에 없고, 일기를 이렇게 쓸 수도 있구나, 하는 생각이 듭니다. 일기란 얼마나 넓게, 많은 갈래의 글을 끌어안을 수 있는, 자유롭고 참되고 재미있고, 그러면서 쓰는 사람의 삶을 가꾸어 갈 수 있는 좋은 글인가를 깊이 깨닫게 합니다.

다음에 또 한 가지 특별히 말하고 싶은 것은, 이 글이 참으로 깨끗한 우리말, 살아 있는 우리말로 씌어 있다는 사실입니다. 저는 지금까지 어느 책 어느 잡지 어느 신문에서도 이만큼 살아 있는 말로 쓴 글, 오염된 말을 쓰지 않고 쉬운 우리말로 쓴 글은 처음 읽었습니다. 이분이 대학 공부를 했고, 학교에서는 학생회장으로 일하면서 학생 운동도 열심히 했다고 들었습니다. 그리고 온갖 책을 읽었다고 하는데, 이런 분이 학교 공부를 조금도 하지 않은 사람처럼 쉬운 우리말로 이렇게 글을 썼으니, 여간 놀라운 일이 아니지요. 참 오랜만에 사람다운 사람, 참사람을 만났구나 싶었습니다.

이 글을 읽으면서, 글쓴이의 교육자다운 훌륭한 태도에 감동했다고 했지만, 그 밖에 이 글 전체에서 풍겨 나오는 글쓴이의 겸손함, 어머니에 대한 효성, 가난하고 힘없는 이웃을 생각하는 태도, 생명을 존중하고, 스스로 땀 흘려 일하면서 가난하게 살고 싶어하는 그 깨끗한 마음…… 같은 것을 느낄 수 있어, 글을 읽는 즐거움을 한층 더하게 했습니다.

　도시에서 나서 도시에서 자라난 젊은이들 가운데서도 이런 분이 있으니 우리가 희망을 가져도 좋겠구나 싶습니다. 글은 역시 사람이지요. 이래서 생활글은 사람을 키워 가는 것입니다.

　참된 글을 써서 자신을 키워 가고 싶어하는 분들, 교육 문제, 더구나 어른들의 한글 교육 문제를 걱정하는 분들, 문학이란 것에 실망한 분들, 아동 문학을 참되게 생각해 보고 싶어하는 분들……, 이런 모든 분들이 이 책을 한번 읽어 보시도록 권하고 싶습니다. 저는 우선 우리 한국글쓰기교육연구회 회원들이라도 모두 이 책을 읽고, 이 책에 나온 여러 가지 문제를 한 차례 이야기할 수 있게 되기를 바랍니다. 그러면 물론 이 일기글의 문장에 대해서도 많은 것을 생각하고 배울 수 있게 되겠지요. 아무튼 좋은 글을 읽고, 좋은 책이 나오고, 좋은 젊은이를 만나게 되어 반갑고 기쁩니다.

2000년 봄<br>이오덕

머리말

# 엄마와 나의 지난 이야기들

날마다 엄마와 일기를 썼습니다. 엄마는 '서울 어머니학교'에서 한글을 배우는 학생이었고, 저는 그 곳에 자원 교사로 다녔습니다. 무엇하고도 바꿀 수 없는 소중한 시간들이었습니다. 엄마와 함께 한 그 시간들을 쓰고 싶었습니다. 엄마가 힘겹게 내어 놓는 엄마의 삶을 흘리지 않고 그대로 받아 쓰고 싶었습니다. 하지만 막상 쓰려 하니 무엇을, 어디에서부터, 어떻게 써야 할지 막막했습니다. 그래서 그저 날마다 엄마와 사는 얘기를 일기처럼 죽 쓰기 시작했습니다. 나는 날마다 엄마를 새로 만났습니다. 그리고 나를 마주했습니다.

엄마도 '살아온 이야기'를 썼습니다. 어머니학교를 시작하면서 다섯 달은 일기를 썼고, 내가 엄마의 이야기를 받아 적기 시작하던 때부터는 엄마도 살아온 이야기를 썼습니다. 엄마는 한스럽고, 부끄럽고, 고생만 했던 엄마의 삶을 서툰 글씨에 담았습니다. 그렇게 엄마는 한글을 배우면서 엄마의 삶을 끌어안았고, 저는 엄마와 나의 지난 이야기들을 정직하게 만나려 하였습니다.

이 일기가 끝나던 이듬해부터 나는 엄마와 따로 살기 시작했습니다. 두 해는 경기도 남양주에 있는, 골짜기 많은 마을에서 살았고, 또 두 해는 경북 울진에 있는, 바닷가 가까운 산마을에서 지내고 있습니다. 그렇게 혼자 먼 시골로 살림을 옮긴 건 다른 게 아니라 시골에서 사는 삶을 배우고 싶어서였습니다. 하지만 그 사이에 많은 일이 있어서 바닷가 마을로는 이사만 해 놓았지 실제로 산 건 얼마 되지 않아요. 지난 해부터 벌이고 있는 전쟁, 그 전쟁이 벌어지는 나라에 가 지내기를 여러 달, 그리고 한국에 돌아와서도 집에 가 머물지 못한 채 일을 보러 다니고 있기 때문입니다. 그래서 요사이도 서울에 머물며 엄마가 하는 하숙집 빈 방에서 머물고 있는 거구요.

　엄마가 해 주는 밥을 먹고 지낸 것이 벌써 한 달, 나는 밥을 먹다가 내가 왜 이 좋은 걸 마다하고 혼자 떠돌듯 지냈나 하는 생각이 들어 혼자 웃곤 합니다. 그런데 마침 엄마가 이야기를 꺼냈습니다. 기범아, 이제 엄마하고 한 집에서 같이 살면 어떠니……. 엄마는 몸이 힘들어 더는 하숙집을 하기가 힘들다고 했습니다. 무엇보다 아프다는 얘기 들어줄 식구조차 하나 없으니 그게 더 아프고 섧다는 거예요.

　요즘 엄마와 나는 다시 같이 살 궁리를 하고 있습니다. 밥상 앞에 마주 앉으면 언제부터, 어디에서, 어떻게 살까 하는 얘기를 합니다. 이 상상은 벌써부터 나를 아주 행복하게 합니다.

　네 해나 묵은 글이 이제 책이 되어 나온다니, 그 때 어머니학교에서 함께 공부하던 엄마들이 한 분 한 분 몹시 보고 싶습니다.

2004년 10월
박기범

차례

추천하는 말  훌륭한 일기글의 한 본보기  이오덕 ················· 4
머리말  엄마와 나의 지난 이야기들  박기범 ······················· 8

**박기범 일기(1999년 11월 17일 ~ 12월 20일)**

11월 17일 수요일  엄마는 밤마다 숙제를 한다 ················· 13
11월 18일 목요일  나도 엄마 얘기를 쓰고 싶다 ················· 24
11월 19일 금요일  마음만 바쁜 나 ······························· 33
11월 20일 토요일  안타까운 마음 ································ 37
11월 22일 월요일  나는 선생님, 엄마는 학생 ··················· 40
11월 23일 화요일  아이고, 슨생님 미안합니다 ··················· 64
11월 24일 수요일  우유 배달 ····································· 81
11월 25일 목요일  엄마는 이제 식구들을 미워하지 않는다 ····· 87
11월 26일 금요일  엄마와 아빠가 헤어지던 날 ··················· 95
11월 27일 토요일  휴가 나온 사촌 동생 ························· 107
11월 29일 월요일  시끌벅적하던 하숙집 ························· 119
11월 30일 화요일  이제, 공부 시작할까요? ····················· 134

| | | |
|---|---|---|
| 12월 1일 수요일 | 스미와 어진이 | 145 |
| 12월 2일 목요일 | 어머니학교 교사 회의 | 148 |
| 12월 3일 금요일 | 아빠가 엄마한테 청혼하던 날 | 152 |
| 12월 4일 토요일 | 혼자 살고 있는 지붕 윗방 | 157 |
| 12월 5일 일요일 | 엄마는 외롭고 서러웠다 | 162 |
| 12월 6일 월요일 | 김순영 어머니 | 183 |
| 12월 7일 화요일 | 책가방을 메고 뛰는 어머니들 | 191 |
| 12월 9일 목요일 | 형이 목 수술을 했다 | 199 |
| 12월 10일 금요일 | 엄마, 이제는 행복하게 살아요 | 205 |
| 12월 12일 일요일 | 우유 배달하던 엄마 | 212 |
| 12월 13일 월요일 | 몇십 년을 기다려 온 공부인데 | 223 |
| 12월 20일 일요일 | 어머니학교 마지막 공부 시간 | 230 |

11월 1７일 수요일

# 엄마는 밤마다 숙제를 한다

열한 시가 다 되어 집에 들어갔다. 오늘도 누워서 주무실까, 아니면 숙제를 하고 계실까 했는데, 엄마는 서서 신문을 읽고 있다. 제자리에서 한 발 한 발 떼면서 가만가만 걷듯이 말이다. 왜 그런지 알겠다. 엄마는 오래 앉아 있지도, 오래 서 있지도 못한다. 허리가 너무 아파서다. 병원에서도 너무 오래 앉거나 서 있지 말라고 했다. 엄마는 요새 들어서 허리가 더 아프다고 한다.

내가 엄마 방에 들어가서 먼저 상 앞에 앉았다.

"엄마, 다 했어?"

"뭐?"

"뭐긴 뭐. 엄마 숙제랑, 일기랑."

"아휴, 허리가 아파서 하나도 못 했어."

내가 앉아서 연필을 깎으니까 엄마도 앞에 와서 앉았다. 나는 일기를 썼고, 엄마는 숙제부터 했다.

내가 일기를 쓰고 있는 동안 엄마는 숙제를 하느라 교재를 읽었다. 넘겨

다보니까 이번에 읽고 있는 바탕글은 단군 신화다. 엄마는 눈으로만 읽지 않고 소리내어 읽는다. 어쩌다 한 번씩 '아.' 하면서 읽는데 얘기가 재미있나 보다. 나한테 '이랬니?', '저런 거니?' 하면서 신기해하기도 하고 끄덕끄덕도 했다. 나는 내 일기 쓰면서 대답해 드리고 말도 하고 그런다.

"엄마, 다 아는 얘기 아니야? 단학 선원에 가서 운동하고 오면 단군 얘기도 많이 하고 그랬잖아."

"나는 그냥 우리 뿌리가 단군 할아버지라는 것만 알았지. 곰이 낳았다고."

"그 책에도 나오지? 환인, 환웅 얘기부터 다."

"어. 근데 단군왕검 하는데 왕검이 이름이야?"

"응."

"그럼 단군은 뭐야?"

"어, 아닌가? 단군은 이름이고 왕검은 왕이라는 뜻인가 보다. 에이, 잘 모르겠다."

"그런데 왜들 초등 학교마다 단군 동상의 목을 비고 그러냐? 그것도 다 교인들이 한 거지? 하여튼……."

어휴, 또 그 쪽으로 얘기가 빠진다. 엄마는 어디에서 교인들이 잘못하는 얘기가 조금만 나오면 어느 새 기독교를 다 욕하는 얘기 쪽으로 흐르곤 한다. 나는 그렇게 생각하는 게 아니라고, 왜 꼭 그러냐고 말을 받는다. 내가 아무리 그래도 엄마는 지나고 나면 또 그런다. 아무래도 불교 믿는 사람들은 기독교에 대해 괜한 피해의식이 있나 보다. 함부로 말을 하고 다니는 이상한 사람들 때문이다. 부처님 상을 돌이라고, 우상이라고 욕을 하며 깎아 내리는 사람들 말이다. 그런 사람들 말일수록 엄마에게는 더 크게 들려왔을 거다.

"엄마, 누가 조계사에 깡패 같은 스님들을 보고 불자들을 다 욕하면 좋아?"

"그건 아니지. 그 사람들은 스님도 아니야."
"그럼 엄마는 왜 나쁜 교인만 나오면 교회를 다 욕해?"
이런 얘기를 벌써 몇 번이나 했는지 모른다. 나도 이제는 엄마한테 대들거나 막 대하지는 않는데, 이럴 때는 나도 짜증 같은 말을 하곤 했다. 이번에 단군 얘기를 하다가도 또 그랬다. 내 기분도 찜찜해진다. 엄마는 이제 이런 얘기에 이력이 났는지, 아니면 그냥 못마땅해도 넘어가려는 건지 다른 데로 말을 돌린다. 그래도 엄마가 그러는 건 텔레비전에서 교회 문제가 나올 때나 그러는 거다. 교인이라는 까닭으로 사람을 깎거나 미워하지는 않는다. 지금 어머니학교에서 엄마네 반 선생님도 교회에 다니는 분이다. 하지만 엄마는 선생님 칭찬을 참 많이 한다. 걱정도 많이 하고.
"이거 숙제한 거나 맞나 봐 봐."
짧은글짓기다. 요새 엄마네 반은 맞춤법 진도를 거의 다 끝냈다. 지금은 많이 헷갈리는 글자를 복습하고 있다고 했다.
오늘은 '젖다'와 '젓다', '집다'와 '짚다', '쌓이다'와 '싸이다' 같은 것들이 여남은 개 있다. 뜻까지 가려 가면서 짧은글을 지어야 하니까, 여간 힘든 게 아니었나 보다. 그냥 쉬운 뜻글자로 할 때도 처음에는 끙끙대기도 했으니까 말이다. 대충 보니까 다 잘하셨다. 지난번에 내가 말했던 대로 짧은글도 그냥 억지로 만들지 않고, 엄마가 겪었던 얘기들을 꺼내어 썼다. 내가 가르쳐 준 대로 하니까 기분이 좋다. 저번 날 윤태규 선생님 책에서 1학년 아이들 짧은글짓기는 어떻게 쓰게 하라 하는 글을 읽었는데, 그걸 보고 엄마한테 말해 준 거다.
그런데 엄마가 하는 짧은글짓기는 뜻도 맞고 내용도 어울리게 잘했는데, 끝이 이상하다. 움직씨 낱말들을 써서 했는데 때에는 상관없이 다 기본꼴로 써 놓은 것이다. 문제에서 내어 준 대로 말이다. 예를 들면 '짓다'를 가지고 짧은글을 써 보라 하면 엄마는 '올케 언니는 손주 이름을 짓다.' 처럼 쓰는 거였다. 나는 엄마한테 좀 이상하지 않으냐고 했다. 그건 말하는 것처럼 쓴 게 아니니까 '짓는다'나 '지었다'로 고치는 게 어떠냐고. 엄마는 그래도 되냐고 한다. '짓다'가 들어가는 말을 만들랬으니까, 꼭 '짓다'로 쓰는 게 아니냐고 말이다. 이럴 때는 엄마가 귀엽기도 하고, 같이 공부하는 재미도 난다. 초등 학교 때 내가 선생님 말이라면 꼭 그대로 해야 되는 걸로 알고 불안해했던 생각도 난다.

숙제까지 다 했는데, 엄마가 일기장을 펴려고는 하지 않고 그만 주무시려 했다. 나도 다른 날처럼 엄마에게 일기까지 쓰라고는 하지 않았다. 엄마가 허리를 몹시 아파해서다. 더구나 엄마는 일기 쓰기를 점점 부담스러워하고 있다. 일기만 쓰려고 하면 목이 뻣뻣해진다고 했다. 어깨랑 팔도 저려 오고, 허리가 더 쑤셔 온다고. 허리가 끊어질 듯이 아프다고. '일기 써야지.' 하는 생각만 해도 벌써 목이 아파 온다는 거였다. 신경이 많이 쓰이니 그런 거다. 그냥 편하게 쓰라고, 엄마가 나한테 들려주듯 하는 그런 얘기를 그냥 써 보라 해도, 그게 잘 안 된단다. 뭘 써야 할지 생각이 안 난다 하신다. 날마다 똑같은 얘기니까 이제 쓸 게 없다고 하신다. 그래도 지금까지는 다섯 달 동안 공책 반 쪽 정도씩은 써 오고 계셨다. 어쩌면 내가 밤마다 내 일기장을 펴고 옆에 앉아서 같이 쓰자 하니까 억지로 쓰고 있는 건지도 모른다. 가뜩이나 그렇게 힘들어했는데, 아까는 그냥도 많이 아프셨다. 그러니 일기까지 쓰고 주무시라는 말을 못 하겠다. 그저께부터니까 오늘까지 3일을 안 쓰는 거다. 걱정이 들었다. 이러다가 엄마가 아예 일기장을 덮어 버리게 되지는 않을까.

점점 엄마가 일기 쓰는 걸 왜 짐스러워하는지 알 것 같다. 공부에 흥미를 잃어서도 아니고, 처음 가졌던 열의가 누그러져서도 아니다. 그건 글쓰기 지도를 하는 선생님들이 아는 그런 까닭이다. 아이들이 일기를 억지로 쓰게 되는 그 모습과 닮았다. 먼저 어머니학교에서는 한글 익히는 것에 가장 큰 뜻을 둔다. 그래서 맞춤법 공부가 뭐든지 우선인 것 같다. 엄마네 반에서는 겹받침부터 배우기 시작했다. ㄶ, ㄻ, ㄳ 이런 받침들 쓰는 것까지

다 배우고 나더니 이제는 너무 어려운 낱말까지 공부한다. 그건 대학 공부 했다는 사람들도 잘 틀릴 수 있는 정도의 글자다. 그렇게 많이 쓰지 않는 말들까지도 외워 가고 받아쓰기를 했다. 그럴수록 엄마는 아직도 멀었다 하면서 숙제장에 똑같은 문장들을 몇 번씩 써 가고 하신다.

하지만 그 대신 일기 쓰기에는 겁을 내는 거다. 글자에 대한 부담 때문이다. 쓰고 싶은 얘기가 있어도 글자를 틀릴까 봐 겁부터 내곤 했다. 아이들에게도 일기 검사를 할 때에는 빨간색으로 글씨를 고쳐 주는 게 좋지 않다 하는데, 엄마 일기장을 보면 군데군데 빨간 칠이다.

"야, 오늘 일기 쓴 거 틀린 데 있나 봐 봐라."

"에이, 엄마. 글자 틀리는 거 생각하지 말고 그냥 써."

"아이, 그래도 좀 봐."

"자꾸 글씨 틀리는 거 생각하니까 일기 쓰기가 싫지. 그래서 뭐 쓸지 생각도 안 나고 그러는 거야."

"니가 먼저 고쳐 줘 봐. 갖고 가서 검사 맞게."

나는 고쳐 드리면서도 안타까웠다. 하지만 어쩔 수가 없다. 엄마 반 선생님한테 일기 검사 때는 맞춤법 보지 말라고 할 수도 없다. 나보다 어머니학교 선생님을 더 오래, 더 정성껏 해 오고 있는데, 내가 꼭 이래라저래라 라하는 것 같아서다. 아직 무슨 말씀을 드리기에는 내가 먼저 어색하고. 그리고 엄마도 아무래도 엄마를 가르치는 담임선생님 지도에 맞추고 싶어한다. 그러니까 뻔히 일기나 글쓰기 공부가 잘못되는 것 같다고 느끼면서도 내가 어찌하기가 어려웠다. 답답했다. 우선은 지금 하는 대로라도 쭉 해 나가시기를 바랐다.

엄마가 먼저 책을 덮고 상에서 물러앉았다. 나도 내 일기장을 덮었다. 내일은 좀더 일찍부터 상에 앉아야지 생각했다. 마음 한 구석에는 걱정이 있다. 얼마 전에 엄마랑 하던 얘기도 떠올랐다.

"아휴, 이제는 한글 다 뗐다고 점점 글짓기 쪽으로 가는데 큰일이야."

"잘 안 쓰는 글자들까지 하나하나 외우는 공부보다 글 쓰는 게 더 재미 있을 건데 뭐. 그리고 엄마는 일기도 꾸준히 써 왔잖아."
"쓰면 뭘 해? 배운 받침도 다 틀리고, 말이 안 되게 쓰는데."
"아니라니까, 엄마는. 글씨는 좀 틀려도 돼. 쓰고 싶은 대로만 그냥 쓰는 거래도."

그래도 엄마는 아니다. 내가 글짓기 할 일이 어디 있냐고, 그런 글 쓸 일도 없다 한다. 그저 어디 가서 글씨나 안 틀리면 된다는 거다. 못 배운 티를 넘자는 게 무엇보다도 절실하니까. 이제는 어느 정도 기본 글자들은 쉽게 쓸 줄 아는데도, 엄마는 여전히 글자 하나하나에 갇혀 있다. 보통 정도 교육 받은 사람들이 틀리게 쓰거나 하면 '어, 그런가?' 하고 아무렇지도 않게 넘어갈 것도, 엄마가 그러면 그건 못 배운 티로 여기신다. 무식한 티인 거고, 아직 글을 다 깨치지 못했다는 증거라고 생각하시는 거다. 어떻게 해야 엄마를 글자에서 자유롭게 해 드릴 수 있을까. 엄마가 기본으로 읽고 쓰는 이 정도면, 초등 학교 검정고시부터 할 수 있지 않을까? 그렇게 작은 학력부터 인정받으면 그런 열등의식을 넘게 되실까? 엄마는 책을 덮고 상을 치우다가 말했다.

"다른 엄마들은 왜 그렇게들 글을 잘 쓰냐? 말도 잘 되고, 얘기가 가닥이 있게."
"뭔데, 엄마."

에이, 또 무슨 제목을 써 주고는 작문 숙제를 하랬나 싶었다. 지난번에도 뭐더라 '가을의 오후'인가, '가을의 추억'인가 하던 숙제가 있던데. 그 때도 엄마가 뭘 쓰냐, 뭘 쓰냐 했는데 그 생각이 지나갔다.

엄마가 교재를 드르륵 훑어 들췄다. 숙제 공책이 아니라 교재다. 뭔가 봤더니 무슨 문제들이 나와 있는 쪽이다. 흔히 국어 교과서에서 바탕글이 실린 다음에 이어지는 내용 파악 문제들처럼.

본문 제목은 '옛 이야기'였다. 홍영녀 할머니가 손수 쓴 책에서 따다가

실은 글이다. 처음 시집살이를 하던 때의 얘기들. 교재에 있는 다른 바탕 글하고는 달랐다. 글쓰기 공부할 때 보던 살아온 이야기, 가슴에 맺힌 이야기, 그런 글이다. 그 뒤에 내용에 대한 몇 가지 물음이 있더니, '자기의 신혼 시절 이야기를 써 보세요.' 하는 제목이다. 엄마가 연필로 쓴 글이 빽빽했다. 교재에 있는 빈 자리가 꽉 채워지더니 다른 종이에까지 덧대어서 가득히 썼다. 가만 읽어 봤더니, 와, 너무 잘 쓰셨다. 처음에 엄마가 아빠랑 어떻게 만났나 하는 얘기인데, 나도 들어 보지 못한 거다. 재미도 있고, 웃음도 나오고, 저절로 떠올려지고 했다.

"와, 엄마 잘 썼다."

"잘 쓰긴 뭘 잘 써? 조리 있게 하지도 못하고 그냥 썼는데."

"다른 엄마들도 이렇게 길게 잘 써?"

"길기야 내가 제일 길게 썼는데. 다른 이들은 앞에 서서 재미나게 발표도 잘들 해. 근데 나는 앞에 나가니까 왜 이렇게 떨려? 창피한 걸 겨우겨우 읽었네."

"내가 볼 때는 정말 잘 썼어요. 다른 거 쓸 때도 이렇게 쓰는 거야, 엄마."

나는 진심으로 얘기했는데, 엄마는 그저 빈말로 하는 칭찬으로만 여겼다. 아유, 그걸 뭘 잘 썼냐고. 기쁘면서도 답답했다. 엄마는 자꾸만 "난 못해, 난 못 해." 하고만 말했다. 이렇게 당신 얘기를 물 흐르듯 잘 써 놓았으면서. 엄마는 '글'이라는 것에 뭔가 주눅이 들어 있는 거였다. 잘은 모르지만 무슨 틀이라도 갖춰야 될 것 같다는 생각. 배운 사람, 공부한 사람이 쓰는 글은 달라도 뭐가 다를 것 같다는 생각이 막연히 있는 거다. 그래서 글 앞에서는 스스로 억눌려 있다. 평생 무식하다는 소리를 듣고 살아오셨으니, 물론 그러실 만도 하다. 어디를 가든지 아무 말도 한 마디 뻥긋 못했다 하셨으니까. 어쩌다가 혹시 무슨 말을 잘못 알아듣기라도 하면, 아빠가 나서서 핀잔을 줬으니까. 무시를 하고. 남의 식구들이 다 모인 자리에서도 상관없이 '무식한 년'이라고.
"엄마, 이거 신혼 얘기 쓸 때도 일기 쓸 때처럼 그랬어?"
"뭐가 그래?"
"일기 쓸 때처럼 막 허리 아프고, 쓸 말 없고, 억지로 어렵게 썼냐고."
"아니, 이건 그냥 생각나는 대로 줄줄줄 썼어. 아침 해 먹고 나서 앉은 자리에서 다 쓴 거야. 그 때 생각해서 있는 얘기를 그냥 한참 쓰다가 보니까 학교 갈 시간이 다 되더라."
"그치, 그치? 그냥 술술 썼지? 그래, 그렇게 쓰는 거야."
"살아온 게 창피해서 그렇지, 그거 쓰는 게 뭐 어려워?"
 나는 왜 그 동안 몰랐을까. 사실은 엄마가 이렇게 쉽게 쓸 수 있다는 것을. 엄마가 살아온 이야기를 썼으면 좋겠다 생각했으면서도 어쩌면 나부터 믿지 못했나 보다. 일기 쓰시는 모습을 보면서 막연하게만 아직은 무리겠다 싶었고, 좀더 기다려야겠다고 나 혼자 생각을 했던 거다. 아니면 내 욕심에 괜한 부담만 더 얹어 드리는 건 아닌가 하는 생각까지 있었다. 지금 하는 한글 공부에서도 저렇게 기뻐하시고 열심이시니까. 이젠 은행엘 가도, 방명록을 쓰라는 결혼식장엘 가도 전처럼 겁나지 않는다고 하시는데. 그만큼만으로도 얼마나 큰 자신감을 찾으신 건데. 혹시 내가 부담을 드리게 되는 걸까.
 그런데 엄마는 아무렇지도 않게 썼다. 엄마가 살아온 얘기 한 토막을 쓰느라고 어깨가 뻣뻣해지지도 않았고, 쓸 게 없다고 낑낑대지도 않으면서 말이다. 나는 그 자리에서 나온 생각을 엄마한테 말했다.
"엄마, 아까 일기 쓸 때보다 그 얘기 쓰는 게 더 좋았다고 했지?"
"응."
"이상하다. 그 얘기는 오래 전 일인데 왜 그러지? 일기는 바로 오늘 얘기니까 쓰는 동안에도 더 생생해서 잘 써질 텐데."
"몰라. 일기만 쓰려고 하면 꽉 막혀."

"그럼 엄마, 이제부턴 일기 쓰는 대신 아까 썼던 그런 거 쓸래? 하루 한 가지씩 정도만 쓰자구. 엄마가 나한테 얘기하던 거. 엄마 옛날에 살던 얘기."

"아아, 싫어. 그런 걸 뭘 써? 순 무시당하고 답답한 얘기뿐인데. 아까 그 얘기도 니네 아빠한테 당했던 얘기는 다 빼고 좋은 얘기만 썼는데."

엄마는 싫다고 했다. 뭐 하러 그런 걸 쓰냐고. 생각만 해도 숨이 꽉 막히고 치밀어오르는데. 그 창피한 얘기들을 왜 쓰냐고 했다. 나는 어떻게 말해야 할지 잘 몰랐다. 그냥 생각나는 대로 말했다. 그러니까 그런 얘기들을 써 보자고. 엄마한테만 있는 엄마 얘기, 누구한테도 말 못 하고 살았던 엄마 얘기, 잊혀지지 않고 자꾸자꾸 떠오르는 엄마 얘기를 써 보세요 하고. 그런 거랑 또 엄마가 누구한테고 하고 싶은 자랑 같은 얘기나, 꼭 일러주고 싶은 얘기까지 다. 그러면서 예를 든 게 절 얘기였다. 엄마가 틈만 나면 절에 다니는 얘기를 하고 싶어하지 않느냐고. 그런 얘기처럼 하고 싶은 얘기, 들려주고 싶은 것부터 글로 써 보자고. 얘기하듯이 그냥 줄줄줄. 엄마는 갑자기 절에 다닌 얘기를 시작했다. 내 얘기 끝에 절이 나오니까 금방 또 해 주고 싶은 말이 생각나신 거다. 무슨 체험이라고 하나? 부처님께 기도하다가 그 불상 가까이에 빛이 둘려 나오던 걸 봤다는 얘기다. 딱 한 번 보셨다는데 그 기억이 아주 강하셨나 보다. 나는 한참을 들어드리다가 내일부터는 이렇게 하자고 말하고는 내 방에 돌아왔다. 그 때가 벌써 한 시다. 그 동안에도 열두 시, 한 시, 두 시는 보통이었다. 함께 상에 앉아 일기를 쓰다 보면 늘 그랬으니까.

나는 내 책상에 앉자마자 편지를 쓰기 시작했다. 엄마한테 쓰는 편지다. 쑥스럽다는 기분도 들었지만 그래도 진심으로 더 가깝게 말씀드리고 싶었다. 내용은 아까도 말했던 글쓰기에 대한 거다. 엄마가 살아오신 얘기를 조금씩 조금씩 써 보라는. 쓰다 보니까 말끝을 높임말로 썼다가 그냥 말할 때처럼 반말로 썼다가 하는 게 어색하기도 했다. 편지만 쓰는 데도 두 시간이 넘게 걸렸다. 다 쓰고 나니까 흰 종이로 가득히 석 장이나 됐다. 끝쯤에 쓴 말은 이런 거다.

"엄마, 누구한테 보인다 생각하지 말고요, 부처님 앞에 엄마가 어떻게 살아왔는지 이야기한다고 생각하고 써 보세요. 나는 이번 생에 사람 몸을 받아서 이렇게 살았습니다, 하는 식으로요. 그러니까 엄마가 속상했던 얘기도, 설움받았던 얘기도, 후회되는 것도 그대로 쓰는 거예요. 빼놓고 숨기지도 말고, 부풀리지도 말고요. 찬찬히 편안하게 쓰면 돼요."

편지 다음에는 흰 종이마다 제목처럼 꼭지를 나누어서 달아 봤다. '엄마 어렸을 때 해방되면서 외할아버지 돌아가실 때까지 얘기를 써 보세요.' 부터 '엄마, 형 목 수술할 때 얘기를 써 보세요.', '엄마, 아빠가 집에 잘 안 들어오기 시작하던 그 때 얘기를 써 보세요.', '우유 배달하면서 기억나는 얘기……' 들까지 잇달아 써 나가다 보니까 마흔 가지나 되었다. 엄마가 자주 들려주곤 하던 얘기들이다. 그 얘기들을 내가 시간에 따라 꼽아 본 거다. 주로 엄마가 기회만 있으면 자주 말씀하시던 일이나 기억에 따라서 내 나름대로 한 거다. 무턱대고 살아온 얘기를 쓰라 하면 막막한 일이겠다 싶은 거다. 그리고 내가 아까 보았던 글도 엄마가 '신혼 시절……'이라는 글감을 받고 쓴 거였으니까. 이런 식으로 하면 엄마가 그리 어렵지 않게 쓸 수 있지 않을까. 엄마한테는 가장 쓰고 싶은 것부터 쓰라고 했다. 별로 쓸 말 없는 건 그대로 두고.

나는 기대가 되었다. 다 준비하고 나니까 날이 꼬박 샜다.

## 엄마가 쓴 일기

**7월 14일 수요일. 맑음.**
서울 어머니학교에서 받아쓰기를 하였다. 생각보다 너무 많이 틀렸다. 평소 아는 것도 잘못 써서 그랬다. 선생님한테 미안하고 챙피하였다. 받아쓰기할 때 마음이 떨린다. 집에 와서 연습을 많이 해야 하는데 집안일 하다 보면 할 수가 없다. 더 열심히 해야 한다고 생각한다.

**11월 12일 금요일. 맑음.**
어머니학교에 오면 재미있다. 공부하는 게 수준이 비슷하니까 어머니들이 한 마디 한 마디가 재미있다. 다 같이 금방 가리처 준 것도 똑같이 모른다고 하니 말이야. 선생님은 답답하겠지. 왜 그리도 깜빡깜빡하는지 여러 가지 신경을 쓰니까 그런 것 같다. 정신을 차리고 한다고 해도 마찬가지다. 오늘은 숙제가 많다.

**11월 15일 월요일. 맑음.**
여러 날 지나서 오늘 단학 수련 갔다. 수련 마치고 어머니학교에 갔다. 남양자 어머니가 고사떡을 싸 가지고 와서 다 같이 나누어 먹었다. 교과서 책이 거이 다 배운 것 같다. 그런데 아직도 받침을 익히지 못했다. 걱정이 된다. 모두가 알쏭달쏭하다. 언제나 마음대로 글을 쓸 수 있을까.

11월 18일 목요일

## 나도 엄마 얘기를 쓰고 싶다

해가 뜰 무렵에 잠들었으니, 오전이 다 지나 일어났다.
일어나자마자 문 밖 지붕 바깥마당으로 나가서 줄넘기를 했다. 여태까지는 늘 밤에 줄넘기를 해 왔다. 작년 이맘때쯤 신문 배달을 하면서부터 해 오던 거다. 그 때도 그랬고, 바로 그저께까지도 꼭 한밤중에만 했다.
어려서부터 나는 몸이 그리 튼튼하지 못했다. 무슨 운동을 해도 잘 못했다. 잘 못하니까 더더욱 멀리하게만 되고, 몸도 따라서 더 약해졌다. 키만 홀쭉하게 크고, 비실비실 힘도 세지 못하고. 툭하면 감기에다, 툭하면 체하고 아프고. 그런 점이 늘 못마땅하고 답답했다. 그래서 시작한 운동이 줄넘기다. 하루에 오백 개씩 하는데, 그리 오랜 시간이 걸리는 건 아니다. 하지만 날마다 안 거르고 하는 게 어렵다. 굳이 밤마다 했던 거는 작년에 신문 배달을 하면서 시작했기 때문이다. 새벽에 나가기가 추우니까, 그 전에 줄넘기부터 했다. 그렇게 몸을 풀고 보급소로 갔다. 그 때 몸에 붙은 버릇이 쭉 이어졌다. 밤이라서 좋은 까닭은 또 있다. 창피하지 않다는 거다. 아무도 보는 사람이 없으니까. 밝을 때도 몇 번 해 봤는데, 괜히 창피했다.

줄넘기를 다 하고 나서 엄마 집으로 갔다. 어저께 밤새도록 쓴 편지랑 종이 뭉치를 들고. 문방구에 들러서 낱장 종이들을 끼워 둘 수 있는 공책까지 샀다. 기대감에 찼다. 내가 정성껏 길게 쓴 편지만으로도 설렜다. 그리고 엄마가 이제 엄마 얘기를 한 장 한 장 써 가실 거라는 혼자 생각에 더 부풀었다.

나는 날마다 엄마 집엘 가는데 그건 엄마가 사는 집하고 내가 지내는 곳이 다르기 때문이다. 엄마는 여기 회기동에서 벌써 십 년째 하숙을 치신다. 그런데 엄마는 전세를 내어 하숙집을 하기 때문에 늘 방 때문에 쩔쩔맨다. 그래서 엄마는 하숙을 치는 동안에 이사만 해도 다섯 번을 했다. 보통은 방이 열 개나 열두 개가 되는 집이었다. 그러면 엄마가 방 하나를 쓰고, 내가 방 하나를 쓰고 그런 식이었다. 5년 전부터는 형까지 함께 살게 되면서 형도 방 하나를 썼다. 그리고 나머지 방으로 하숙을 치는 거다. 그러다가 작년에는 상가 건물 3층을 빌려서 하숙을 쳤는데, 거기는 아래층 노래방 때문에 밤까지 너무 시끄러웠다. 하숙생들이 싫어했고, 그러다 보니까 빈 방이 많아졌다. 엄마는 세를 내며 하숙을 치니까 빈 방이 생기면 큰일이다. 하숙생이 들어야 그 돈으로 세도 내고 빚도 갚고 생활도 하고 그러는데 빈 방이 생기면 그걸 다 못 한다. 그래서 이사를 했다. 마땅히 나와 있는 집을 못 찾다가 이사 온 게 지금 집이다. 그런데 방이 여섯 개뿐이어서 엄마는 걱정인 거였다. 엄마, 형, 내가 방을 하나씩 쓰면 하숙을 놓을 방이 너무 모자라니까. 게다가 그 집은 새 집이라고 집세도 그전 집만큼 내는데. 그래서 내가 집 가까이에 작은 셋방을 얻어 나온 거다. 방 하나에 두 사람 하숙을 놓으면 60만 원 돈을 받는데, 내가 얻어 들어간 방은 월세가 21만 원이면 되니까. 나야 밥 먹으러 오가는 게 조금 번거롭기는 하지만, 그게 뭐 그리 나쁘지만도 않다. 아무튼 이런 까닭으로 나는 엄마와 따로 산다.

게다가 여름에 형이 결혼하고 난 다음에는 형네 부부까지 그 건넛집에 나와 있다. 이제 형수까지 해서 우리는 모두 네 식구다. 겨우 네 식구지만 대문은 따로따로 세 개를 쓴다. 밥도 한 상에서 먹으면서. 아유, 복잡해라. 이런 설명 없이 따로 산다느니, 엄마 집에 간다느니 하면 다들 뭔 소린가 한다. 아들 살 방은 없고, 하숙 칠 방은 있냐고.

엄마는 집에 없을 시간이다. 엄마가 단학 선원에 가서 운동하는 시간이다. 나는 엄마 방 앉은뱅이책상 위에다가 편지와 글감 종이들을 올려놨다. 혼자서 괜히 뿌듯한 상상을 했다. 엄마가 이 편지를 보게 되면 뭔가 감동을 느끼시겠지. 어쨌든 편지는 '편지'라는 것만으로도 감동일 테니까. 엄마는 이게 뭐야, 하실 거다. 돋보기를 끼고 오물오물 읽으시겠지? 적어도 나는 마음 그대로를 정성껏 썼으니까, 아마 엄마 마음에도 그대로 닿게 되겠지? 이런 상상이다. 이렇게 나는 혼자 내 감정에 빠져서 내 맘대로 상상도 잘하고, 김칫국도 잘 먹는다. 물론 아까는 김칫국일 거란 생각 같은 건 아예 없었지만. 지금에 와서야 '어쩌면 나 혼자 들떠 있었던 거였나 보다.' 는 생각이 나기는 하지만.

밥을 차려 먹고, 설거지를 하고, 목욕을 했다. 잠이 모자랐더니 몸이 찌뿌드드해서다. 비누 거품을 막 내고 있는데, 엄마가 돌아온 소리가 났다. 에이, 나 없을 때 편지를 읽어야 하는데. 멋쩍어졌다. 일부러 목욕을 더 천천히 했다. 엄마가 다 읽어 보신 다음에야 나가려고.

"어? 엄마, 벌써 왔어?"

"오늘은 어제보다 더 춥다야. 아휴, 방에 똥 냄새가 꽉 찼다. 문 여니까 숨이 콱 막히네."

엄마는 오자마자 어진이가 싸 놓은 똥을 치우기에 바빴다. 걸레 위에 싸놓은 똥을 휴지로 쥐고, 창문을 활짝활짝 열고. (아참, 어진이는 집 안에서 엄마랑 같이 사는 개다. 어진이말고 기미도 있다. 두 마리다.) 그러니 엄마는 내가 편지를 놔 뒀다는 것도 모르고 있다. 나는 일부러 목욕탕 안에서 시간까지 끌고 있었는데. 엄마 눈에 띨 때까지 모른 척하고 그냥 가려고 했다. 그 때다. 그제야 엄마가 봤다.

"이게 뭐야?"

할 수 없지. 무안하지만 옆에 가서 앉았다.

"내가 어젯밤에 밤새도록 쓴 거야. 읽어 봐."

"뭐야? 편지네."

"어, 내가 썼어. 앞에는 편지고, 뒤에는 엄마 살아온 얘기들 써 보라고 한 토막씩 한 토막씩 꼽아 본 거야. 엄마가 늘 해 오던 얘기들이거든. 그러니까 말하듯이 그대로 쓰면 돼요. 그것들을 엄마가 직접 글로 써 보면, 얘기할 때하고는 또 다를 거예요."

"야, 내가 할 일이 얼마나 많은데 이런 걸 하래? 요새는 숙제하느라고 기도도 못 해서 큰일인데."

"엄마, 그래도 공부 열심히 하잖아. 받아쓰기하는 어려운 글자도 외우고. 근데 글자 외우는 공부보다 이게 엄마한테 더 좋을 거라니까. 쫌씩 쫌씩 쓰다 보면 엄마 마음에 얹혔던 것들도 다 풀려날 거야."

"어우, 애가 왜 못살게 구냐."

"억지로 하지는 말고 쓰고 싶은 만큼만 써요. 쓸거리 없다고 하면서 일기 쓰는 거 대신으로 지난 얘기들 쓰면 좋을 것 같아서."

"아구, 알았다. 내가 쓰고 싶을 때 쓸게."

기분이 좋다. 하지만 이것 또한 내가 어거지로 엄마한테 숙제로 내준 게 아닌가 하는 생각이 들었다. 어쨌든 아직은 막 기대가 된다. 처음에 이렇게 권하지도 않아서야 누가 저절로 그런 글을 쓰고 싶어하나. 쓰다가 보면 엄마가 더 재미를 붙이리라 싶다. 당장에라도 엄마 삶이 두툼한 글 뭉치가 돼서 나올 것만 같다. 다시 내가 사는 방으로 가려고 하니 엄마가 붙잡았다.

"그럼 너도 엄마가 하라는 거 하나 해."

"뭐?"

"이거 갖고 가서 아침 저녁으로 스물한 번씩 읽어."

엄마가 손바닥만 하게 빳빳한 걸 내줬다. 이게 뭐야? 무슨 경이다. 지금 보니까 제목에는 '신묘장구대다라니'라고 써 있고, '마하반야바라밀다심경'도 있다. 나는 자세히 보지도 않고, 큰소리치듯이 "알았어요, 알았어." 했다. 그런데 가만 읽어 보니까 이게 장난이 아니다. 우리말도 아니고 어디 스님들 염불 외는 것 같은 그런 글자들만 빽빽하다. 뜻도 알 수 없는 걸 어떻게 날마다 읽으라고. 그것도 몇십 번이나. 차라리 예전에도 자주 읽어 보라고 내주던 지장경이니, 법화경이니, 무슨무슨 스님이 썼다는 책이니, 그런 거라면 나을 텐데 말이다. 그것들은 적어도 한글로 풀어놓은 것들이었으니까. 비록, 세로 글씨에다가 잘 모르는 말이 섞여서 선뜻 읽게 되지는 않았지만. 그런데 이건 도무지 다시 들여다봐도 까마득하다.

'나모라 다나다라 야야 나막알약 바로기제……'

그래도 읽는다고 했다. 어쨌건 그건 엄마 믿음이다. 아침 저녁으로 읽으면 바라는 게 이루어질 거라는. 꼭, 난 이거 해 주니까 넌 이거 하라는 식 흥정 같지만, 그렇진 않다. 나는 내 진심으로 엄마한테 글쓰기를 권한 거고, 엄마는 엄마가 생각하기에 세상에서 가장 좋은 걸 나한테 권한 거다. 나는 그냥 그 뜻이고 뭐고 다 떠나서, 엄마 마음이라 생각하며 읽으면 된다. (그래도 너무 심하지. 아침 저녁으로 스물한 번? 적어도 한 번씩은 꼭 읽어야지 하는 생각이다.)

실은 나도 엄마 얘기를 쓰고 싶다. 엄마랑 나란히 어머니학교에 입학해서 다녀온 얘기, 그러면서 시작해 온 엄마랑 함께 쓰는 일기, 밤마다 한 방에 앉아서 일기를 쓰고 공부를 하면서 나눠 온 엄마 얘기. 나한테는 너무 너무 소중한 시간이다. 같이 연필을 깎고 공책을 펴고서 하루 몇 시간씩 곁에 앉았다는 것만도 가슴 벅찬데, 그 동안 나는 엄마가 가슴 속에 묵히고 살아온 이야기들을 절절히 들어 왔다.

그러면서 나는 어느 새 엄마한테 아주 다른 아들이 된 것 같다. 그전에 언제 내가 엄마 얘기를 들어주기라도 했나. 학교 다닐 나이 되면서부터는 책가방만 던지고 나가 놀기 바빴고, 머리가 좀더 커서는 내 방문 꼭 걸어 닫고 처박혀 있기만 했지. 스무 살 넘으면서부터는 더 심했다. 제 바깥일만 중요하다고 한 달씩 안 들어와도 전화 한 번 없었다. 어쩌다가 와서는 빨래 보따리나 던져 놓고 나가기 바빴다. 밥상 앞에서 엄마가 무슨 얘기라도 시작하면, 말을 뚝뚝 끊기가 일쑤였다. 잠깐이라도 들어드리려 하지 않았다. 저 잘났다고 엄마를 가르치려고나 들고. 스물다섯 넘기면서 조금 달라지긴 했지만, 엄마한테는 아마 거기가 거기였을 거다. 그러니 지금은 얼마나 달라졌나. 지금은 엄마도, 나도 서로에게 가장 좋은 벗이다. 옆에서 지내는 시간만 봐도 그렇고, 마음 통하면서 형 모르게 사소한 비밀들을 갖는 게 그렇다. 그런 데다가 엄마는 글자 좀 봐 달라고 일기를 보여 주니, 엄마가 하는 하루하루 걱정들을 그대로 안다. 하숙생들 밥 차려 주면서 드는 마음까지, 시장에 가서 찬거리 준비하는 마음까지.

나는 점점 듣고 싶은 게 많아져서 엄마 살아온 얘기를 물어 보았고, 엄마는 이제야 말을 토해 낼 구멍이라도 찾은 것처럼 얘기들을 풀어 냈다. 한번 시작하면 한 자리에서 몇 시간씩을 했다. 그때 그때 감정으로 가슴을 눌러 대면서. 울고, 코를 풀면서 그대로 쏟아 냈다. 나는 엄마의 삶에도 깊이 빠져들었고, 엄마의 하루에도 가장 가까이 있게 된 거다. 이제는 엄마가 김치 담그는 손끝 하나도 예사로 보이지 않는다. 어느 때부턴가는 엄마가 나한테 잔소리를 하나도 안 한다는 생각도 들었다. 아마 예전에는 아무 거나 다 잔소리로 들렸을 거고, 지금은 잔소리도 잔소리로 안 들려서 그러나 보다.

엄마 얘기를 쓰겠다고 생각했다. 짧게는 이제 다섯 달째 되고 있는 어머니학교 다니는 얘기고, 길게 말한다면야 그 시간을 거쳐서 만나 온 엄마의 삶일 수 있겠다. 적어도 요 시간 동안 내 생활은 그게 다이기도 한 거고.

쓰다 보면 자연히 허둥대고 있는 듯한, 제대로 못 살고 있는 듯한 내 고민까지 다 한데 풀리리라 하면서.

그러면서도 선뜻 어디서부터 어떻게 써야 할지 몰라 두고 있다가, 이제 쓰기 시작한 거다. 엄마한테 살아오신 이야기를 써 보라고 하면서, 나는 나대로 쓰는 거다. 종이 앞에 앉았는데, 이 생각 저 생각들이 함께 덤벼들었다. 가만 있다가는 결국 날짜를 썼다. 일기처럼 쓰기 시작했다. 아니, 일기라기보다는 특별한 얼거리를 갖추지 않고, 그냥 당장 어저께 얘기부터 나오는 대로 쓰려고. 그렇게 한참을 썼다. 해가 지고 저녁 일곱 시가 되었다.

엄마 집으로 갔다. 다른 날보다는 더 이른 시간이다. 보통은 아홉 시에서 열 시쯤에 가서는 좀 늦은 밥을 먹었다. 그리고는 엄마랑 일기를 썼다. 엄마가 그 시간이나 되어야 상 앞에 앉을 수가 있어서다. 하숙생들 밥 먹은 것까지 다 치우고, 집 안 자질구레한 일까지 다 하고 나면 말이다. 그제서야 엄마는 책을 펼 수가 있다. 그런데 오늘은 밤에 내가 사는 곳으로 후배가 온댔다. 그래서 좀 일찍 갔다.

나는 가자마자 엄마가 쓴 글이 있을까 찾아보았다. 상 위에도 없고, 텔레비전 위에도 없다. 엄마 책가방에 들었나 들춰 봐도 없다. 에이, 엄마한테 안 물어 보고 살짝만 얼마나 썼나 보려고 했는데.

"엄마, 그거 어딨어?"

"뭐?"

"뭐긴 뭐야? 엄마 쓰기로 한 거."

"저기, 문갑 서랍에 넣어 놨어."

엄마는 전화기 밑에 있는 서랍을 가리켰다. 왜 그랬냐 하니까, 상 위에 두면 형이나 형수가 오가면서 보게 될까 봐 그랬다는 거다. 그럴 수 있겠다 싶다. 나 같아도 그냥 낙서처럼 써 내린 글조차도 누가 본다 하면 창피한데, 엄마야 더 그러시겠지. 워낙에 스스로 글 쓴다는 걸 아직 자신 없어

하시는 데다가, 또 그게 그냥 글인가. 엄마 속내를 다 드러내게도 될 텐데.

"엄마, 조금 써 봤어?"

"오늘 그럴 시간이 어디 있어."

"에이, 아까 낮에 좀 써 보지. 엄마가 시작만 하면 그대로 줄줄 써질 건데."

"너 자꾸 재촉하지 마. 나중에 쓸 거니까."

"알았어요. 그래도 꼭 쓰기야."

약간 기운이 빠졌다. 자꾸만 나는 당장에 뭐가 될 것만 같이 마음만 앞섰다. 어리석게 조급해했다. 엄마는 요새 숙제에 밀려서 경전을 못 읽었다며 경전부터 꺼내 읽었고, 나는 옆에 앉아 일기를 썼다.

## 엄마가 쓴 일기

**7월 27일 화요일. 하루 종일 흐림.**
오늘은 무용 학원 가는 날이다. 아침부터 머리가 아파 학원에 갈까 말까 하다가 무용 선생님께 전화를 했다. 오늘은 쉬고 목요일에 가겠다고 했다. 전화를 끊고 조금 있다가 집주인한테서 전화가 왔다. 오늘 204호에서 세입자들이 모이기로 했다고 했다. 알았어요 하고 나서 전화을 끈고 무슨 일인지 궁금하였다.
우리 사는 집에 지층, 1층, 2층, 3층. 3층에 내가 산다. 모두 15세대. 주인은 지층에 살고 전부 세입자뿐이다. 집 질 때 은행에 융자가 1억이 있다. 아임에프로 인해 집주인이 아주 어려운 처지에 처해 있다.
이 집 계약하고부터 지금까지 하루도 편한 날이 없었다. 주의 소문에 의하면 빚이 많아 경매에 너머간다고 모두들 수근수근거리고 있다. 말할 수 없는 걱정을 많이 했다. 저녁에 모인 것이 집이 팔려 새 주인이 세입자들 만나러 왔다. 새 주인 만나 보니 이제 마음이 노인다. 감사합니다. 마음속으로 반가웠다. 오늘 저녁은 마음 놓고 잘 수 있었다.

**7월 28일 수요일. 비.**
집주인이 새로 바뀌었다. 오늘 하루 종일 비가 내리고 있다. 어머니학교 우리 반에 어머니 학생 두 명이 새로 들어왔다. 모두 다 나오면 어머니 학생이 11명이다. 선생님이 잘 가르켜 주는데 결석하지 말고 열심히 배워야지.

11월 18일 금요일

# 마음만 바쁜 나

집으로 왔다. 엄마 집이다. 저녁을 먹고, 엄마랑 같이 방에 들어가 앉았다. 나는 문갑 서랍부터 열어 봤다. 이제는 좀 쓰셨겠지 했다. 와, 엄마 글씨다. 한 쪽을 가득 채웠다. 나는 자꾸 입이 벌어져서 웃었다. 아마 얼굴에는 주름살이 만들어졌을 거다.

"엄마, 썼네."

"야, 자꾸 보지 마. 그냥 두면 내가 쓴다니까."

"근데, 왜 끝에는 쓰다가 말았어?"

"그거 쓰다가 또 학교 갈 시간 다 돼서 그래."

"잘 써져?"

"그냥, 어렸을 때 얘기인데 환하게 다 떠오르는 거야. 뒷동산에서 내려다보는 것처럼. 과일 나무들이 참 많았는데 그게 기억이 다 나. 배나무, 감나무, 앵두나무, 몽두나무. 그 때는 집이 커서 앞문 뒷문이 따로 있었거든. 대문으로 나가서 빙 돌아가려면 너무 멀어서 문들이 따로 있어야 해. 뒷문가에 몽두나무가 아주 많아. 지금은 자두라고 하는데, 그 때는 몽두라고 했거든. 봄 되면 앵두가 막 열려서 따 먹고, 앵두 다음에는 뭐지? 딸기던가? 먹을 게 많았어."

엄마는 신나하면서 얘기했다. 표정이 그랬다. 나도 엄마가 어렸을 때 살던 집 얘기를 이렇게 자세하게 들은 적이 없다. 집이 커서 열두 대문이나 있었다고 했다는 얘기며 외할아버지가 마을에서 큰 부자였다는 얘기들은 안다. 엄마도 너무 애기 적이어서 잘 기억은 안 나고, 나중에 언니, 오빠들한테 들었다며 해 준 얘기들이었다. 외할아버지가 마을에서 가장 어른이었다고. 그래도 일하는 사람들한테는 넉넉하게 보살폈다고. 또 그 시절은 고무신도 귀했는데, 언니, 오빠들은 양복 교복에 구두까지 신고 학교도 다녔다고 했다. 이 얘기는 내가 어려서도 몇 번 들었고, 요전에 일기를 쓰면서도 일부러 다시 물어 들었던 거다. 엄마가 대여섯 살 되던 때까지는 그렇게 살았다고 한다. 해방이 되고 전쟁이 나면서부터는 아주 사정이 달라지게 되었지만. 아무리 엄마가 외할아버지는 좋은 어른이었다 해도, 일제 시대에까지 마을 지주였다는 말은 조금 걸린다. 팔은 안으로 굽는다지만, 시대가 말해 주는 게 분명히 있으니까. 그나마 다행인 건 엄마가 이북오도민회에서 고향 사람들 모이는 자리에 가면, 그 때 소작하던 사람들도 다 외할아버지를 좋은 어른이라고 말했다는 거다. 이런 얘기는 들었지만, 아까처럼 집 얘기를 자세히 듣기는 처음이다. 엄마도 처음 떠올랐다면서, 신기해하면서 얘기를 했다.

나는 기분이 너무 좋았다. 이제 연필을 깎고 일기장 앞에 앉았다. 엄마 얘기는 좀더 이어졌다.

"엄마, 또 써 봐."

"아이, 자꾸 그러지 말라니까."

"지금 생각이 막 나고 있으니까 얘기로 하지 말고 그대로 쓰라고."

"쓰는 건 나중에 한다니까."

나는 마음이 바쁜 거다. 엄마가 지금 다 말해 버리고 나면, 얘기들이 다

흩어져서 가 버리기라도 하는 것처럼. 참 어리석다. 이러고 보면 아직 나는 '글쓰기'의 '글' 자도 모르나 보다. 그 때 엄마한테는 바로바로 떠오르는 대로 얘기해 주고 싶은 마음이 차올랐을 거다. 그래서 저절로 끊이지 않고 얘기가 흘러나왔을 거다. 그런데 나는 엄마한테 입을 막으면서, 연필을 쥐라고 한 거다. '글'을 위해서 '글쓰기'를 하는 게 아닌데, 마음을 풀고 삶을 가꾸려고 있는 게 '글쓰기'인데. 나는 뭐가 그리 조급했나, 반성이 된다. 내 욕심이, 내 만족이 앞섰다. '우리 엄마는 한글 공부 하면서 이만큼 글도 썼다.' 하는 걸 보고 싶었나. 아니면 유치하게 자랑이나 하고 싶었나. 나는 일기를 썼고, 엄마는 얘기를 하시다가 숙제를 했다. 바로 얼마 전까지만 해도 그 때는 엄마가 얘기를 시작하면, 그 뒤를 더 묻고, 또 물어 보면서 재미있게 들어드렸다. 그런데 이게 뭔가. 지금 생각해 보면 참 잘못했다.

아까 잘못한 게 또 있다. 엄마가 숙제를 다 하고 책을 덮을 즘이다.

"엄마, 숙제 다 했어? 그럼 아까 그 얘기 쓰자."

"너, 정말 왜 그래? 그냥 둬. 혼자 있을 때 가만히 앉아서 써야지, 지금 어떻게 쓰니?"

"그럼 엄마, 나 밤에 오지 말까?"

"그래. 내일부터 오지 마. 나, 백 일 동안 새벽 기도 가야 되는데, 열두 시, 한 시까지 하다 보면 너무 힘들어."

엄마가 한 끝말이 너무 섭섭했다. 무안해진 얼굴로 시무룩해졌다. 나는 내가 삐졌다는 걸 알리기라도 하는 것처럼 가방에 일기장을 넣었다. 그 동안 써 온 것까지 다 해서 여섯 권이다. 한 번도 엄마 방 밖으로 갖고 나가 본 적 없는 일기장들이다. 그 길로 그대로 내가 사는 방으로 왔다. 나는 시무룩하게 "갈게요." 했는데도, 엄마는 별 기색도 못 알아챘는지, "어, 들어가라." 했다.

집으로 오는데 기분이 이상했다. 책상 앞에 앉아서도 그랬다. 뭔가 큰

걸 잃고 난 기분이었다. 잃어서는 안 될 것을 떠나보낸 큰 허전함이다. 그동안 엄마랑 날마다 나란히 일기를 쓰는 건 정말 소중했다. 일 없이 지낸 몇 달 동안 그렇게 불안하고, 엄마 앞에서 죄스러웠지만 그나마 나를 지켜 준 거였다. 내 스스로도 내가 기특하기도 했고, 엄마와 내가 동시에 자랑스럽기도 했다. 앞으로도 엄마가 어머니학교 공부를 다 하더라도, 일기만큼은 꼭 같이 쓰겠다는 생각이었다. 언제까지일지는 모르지만 적어도 같이 사는 동안은 말이다. 그러던 거를 홧김 비슷하게 일기장들까지 다 챙겨 왔으니 어떻게 하나? 정말 내가 잘못했지. 이젠 정말 엄마를 재촉하지 말아야겠다. 조금이라도 부담이 될 만한 얘기도 말아야지. 그리고 또 "나 이제 오지 말까?"는 또 뭐람. 엄마가 아쉬워하기라도 바랐나 보다. 엄마한테 생색내고 싶은 마음이었나? 내가 엄마를 위해서 밤마다 같이 일기 쓰러 와 준다고? 그러니까 알아 달라고? 못된 마음이다. 엄마가 새벽 기도 얘기를 했을 때는 내가 좀더 일찍 올 테니까 일찍 주무시라고 했으면 된다. 너무 속이 상한다.

## 11월 20일 토요일

## 안타까운 마음

오후에는 어머니학교에서 교사 회의를 했다. 교감 선생님한테서 여러 가지 돌아가는 얘기도 듣고, 앞으로 있을 몇 가지 일들을 토론했다. 이번 학기 수료식이며 총회, 그리고 어머니학교 발전에 대한 여러 가지다. 사실 회의에서 얘기하는 것도 겨우 그 자리에서나 처음 질문을 받은 거라서, 꾸물꾸물 뭐 하나 제대로 생각을 말하지 못했다. 돌아서고 한참 지난 지금에서야 질문도 생기고, 답답함도 있고, 내 생각이 뻗어난다. 벌써 어느 정도는 다 결정나다시피 했는데, 이제야 다른 생각이 드니까 그게 또 답답하다.

총회 자리에서 이야기할 내용도 대충 미리 소개가 되었다. 여러 가지 평가 안에는 과목별 수업 평가도 있다. 가슴이 발랑발랑했다. 하고 싶은 얘기는 많은데 자신이 없다. 우리 반 어머니들과 공부를 하면서, 엄마랑 일기를 써 오면서 가져온 답답함이다.

물론 어머니들이 기본 글자를 읽고 쓸 줄 알게 되는 건 가장 중요하다. 어머니들이 쓴 여러 글들만 봐도 알 수 있다. 그건 감았던 눈을 환하게 뜨는 듯한 엄청난 기쁨이라고 했다. 삶에 희망도 갖게 되고 자신감도 생긴다고 했다. 그런 글들을 보면 얼마나 절절한지 모른다. 그런데 너무 어려운 글자나 한자로 된 뜻글자까지도 공부를 한다. 기본 글자를 익혔다면 차츰 글쓰기로 옮겼으면 좋겠는데. 교재에 본문으로 소개된 글을 보면 이런 생각이 더 많이 든다. 어머니들한테는 익숙하지 않은 지식 투의 글이나 말로써 놓은 게 너무 많다. 교과서에서 보던 것 같은 그런 글이다. 크게 놀랐던 건, 어느 교재에서 권정생 선생님이 쓴 '강아지 똥'을 보았다. 그런데 반갑기도 전에 너무 이상했다. 제목도 '똥과 생명'이라고 바꿔 놓았고 내용도 줄였다. 겨우 줄거리만 추려 놓은 거다.

이렇게 안타까운 마음은 많지만, 그런 생각을 꺼내자니 겁이 참 많이 난다. 여태도 혼자서만 끙끙해 왔지 용기 있게 말 한번 못 해 왔다. 변명처럼 말하자면 아직 학교 돌아가는 일을 오래 지켜보지도 못했다. 달마다 있던 회의도 시간이 잘 안 맞았고, 수업이 끝나면 선생님들끼리 가곤 하던 술자리에도 거의 가지 않았다. 밤 열 시가 넘어 뒷정리까지 하고 학교를 나오면 집으로 가기에 바빴다. 엄마랑 일기 쓸 생각에 마음이 설레었으니까. 어머니학교에서 본다면 겉으로 도는 모습일 수도 있다. 그에 견주면 다른 선생님들은 어머니학교를 훨씬 더 생활의 중심으로 삼고 있다. 그러니까 내 마음 안에 먼저 자격지심이 있다. 공부 시간말고는 얼굴도 잘 안 비치면서, 비판에 가까운 의견만 말하는 건 쉽지 않았다. 내용이 옳으냐 그르냐를 떠나서 뭐랄까 건방져 보일 것도 같고. 게다가 글쓰기나 우리말에 대한 게 한두 번 생각을 말한다고 해서 쉽게 전해질 것 같지도 않다. 적어도 오랜 시간을 두고 어울려 지내지 않고서, 우리말이나 글쓰기를 말한다면 그 또한 관념일 것만 같은 거다. 그래서 혼자서 끙끙해 왔다. 그래도 안타까운 마음에 생각으로만 이 궁리 저 궁리를 해 볼 뿐이다. 글쓰기에 대한 책을 한 권씩 선물해 드릴까? 아니면 글쓰기 회보나 우리말 회보 같은 걸 건네어 볼까? 하는 생각뿐이었다. 그러다가 아까 수업을 평가해야 한다는 말을 들으니까 여러 가지 생각이 들쭉날쭉, 마음이 콩콩 뛰었다. 자꾸만 내가 용기 없고 비겁하다는 생각만 들면서, 답답하다. 안타깝다.

11월 22일 월요일

## 나는 선생님, 엄마는 학생

아침에 좀 느지막이 엄마 집으로 갔다. 어제도 이 일기 아닌 일기를 쓰느라 밤을 꼬박 새우다시피 해서다. 엄마는 안 계셨다. 엄마는 아마 오늘도 새벽 네 시 반이면 절에 갔다가 와서 하숙생들에게 아침을 지어 줬을 거다. 그러고는 단학 선원으로 운동하러 갔다가 거기에서 바로 어머니학교로 간다. 학교 마치고 오는 길에는 시장을 들러서 그 때부터 저녁상을 차리셨을 거다.

이틀 동안은 엄마 방 문갑 서랍을 열어 보지도 않았다. 엄마를 마음으로 믿어 보고자 해서였고, 엄마도 부담스러워할까 봐서다. 그리고 혹시나 또 실망하게 되는 것도 겁났다. 오늘도 처음에는 아예 그 쪽은 생각도 않으려고 했다. 아침밥을 차려 먹고 나서 다 치우고 나오려는데, 또 살살거리는 마음이 샐쭉거리는 거다.

'엄마도 없는데 잠깐만 보고 가면 되지, 뭐.'

다시 방문을 따고 문갑을 여는데, 우와 깜짝 놀랐다. 네다섯 쪽이나 되는 엄마 글씨가 빽빽하게 이어지고 있다. 움칫거리다가는 바로 덮고는 문갑을 닫았다. 내가 무슨 봐서는 안 될 걸 훔쳐본다는 기분이 들어서다. 쓴 내용을 자세히 읽어 보고도 싶었지만 그러면 안 될 것 같았다. 무슨 미신에서처럼 부정이라도 타게 된다는 듯이 말이다.

집으로 돌아왔다. 좋은 마음이 그대로 가득했다. 나도 책상에 앉았는데, 아차 했다. 엄마가 읽으라고 준 경전 카드다. 한 쪽은 '신묘장구대다라니'가 꽉 차 있고, 뒤 쪽에는 '마하반야바라밀다심경'이랑 '능엄 비밀주'가 있다. 천천히 읽었다.

"나모라 다나다라 야야 나막알약 바로기제 새바라야……."

몇 줄 읽지도 않았는데 입에서 자꾸 걸린다. 뭔 뜻인지도 도대체 알 수가 없고.

"옴 살라 바예수 다라나 가라야 다사명 나막 가리다바 이맘알야……."

죽겠다. 뜻을 모르니까 깨알 같은 글씨들을 줄을 맞춰 읽기도 어렵다. 읽은 줄을 또 읽고, 또 읽고 한다.

"혜혜하례 마하모시 사다바 사마라 사마라 하리나야 구로구로 갈마 사다야 사다야……."

딴 생각만 들쑥날쑥 끼어든다. 겁이 났다. 한 번도 못 읽었는데 이걸 어쩌나. 아침 저녁으로 스물한 번씩이나 하라니 말도 안 된다. 날마다 한 번씩 읽는 것도 벅차다. 엄마한테 쉽게 네, 하고는 왔지만 이건 장난이 아니다. 그래도 아예 엄마 말을 어기고 싶진 않았다. 물론 내가 쓰라고 했다고 억지로만 쓴 건 아니겠지만, 엄마는 살아온 얘기를 쓰고 있다. 나도 약속을 지키고 싶다. 대충 읽은 척하기가 싫었다. 그래야 엄마 글쓰기도 더 잘 될 것 같다는 생각도 들고.

나는 읽다가 말고, 종이를 꺼냈다. 아무래도 이렇게는 못 읽겠다. 써야겠다. 깨끗한 종이 위에 한 자 한 자 적어 나갔다. 옳지, 눈으로 따라 읽을 때처럼 잡생각이 끼어들지도 않는다. 처음 가졌던 생각대로 이 경에 있는 뜻이 뭔지 애써 알려고도 말고 그냥 쓰는 거다. 뭘까, 나를 긴장시키는 시간 정도로 삼는 거다. 엄마는 어머니학교에 있을 시간이었지만, 왠지 내가 이러고 있는 걸 알 것 같았다. 다 보고 있을 것 같고.

저녁이다. 일곱 시 삼십 분에 집을 나섰다. 바로 버스를 타고 가면 한 십 분쯤 남는다. 오늘도 십 분 일찍 어머니학교에 가 닿았다.

어머니학교는 신설동에 있다. 수도 학원 앞에서 내리면 바로 육교다. 육교를 건너고, 축협 건물이 있는 골목으로 들어서서 쭉 가면 바로 보인다. 분식집이며, 갈비 집, 횟집을 서너 곳 지나면 바로 약국이 보이는데, 그 동경 약국 건물 4층으로 가면 된다.

'배움에 겸손한 어머니들과 함께하는 서울 어머니학교.'

내가 방문 글짓기 회사를 그만두면서 엄마에게 앞으로 올해 말까지는 집에서 공부만 하겠다고 말할 무렵이다. 신문에 나 있는 조각 광고에서 자원 교사를 모집한다는 글귀를 보았다. '배움에 겸손한 어머니들……'는 너무 아름다운 말이었다.

어머니학교에 전화를 걸었다. 그리고 찾아갔다. 동네가 그렇듯이 건물도 낡았다. 어머니학교는 건물 4층을 다 썼다. 나무로 된 간이 벽으로 교실들을 나누어 놨다. 교실이 세 개, 그리고 교무실도 있다. 교무실에 들어가니까 선생님들 몇 분이 얘기를 나누고 있었다. 상담을 하기 전에 맨 먼저 눈에 들어온 건 전기밥솥이다. 나에게 음료수를 꺼내 주려고 연 냉장고 안에는 김치 통들이 보였다. 두 번째로 큰 믿음이 생겼다. 적어도 한 사무실 안에서 밥을 지어 먹는 사람들에게는 믿음이 간다. 나눌 줄 아는 사람들이고, 제 손 움직이기를 귀찮아하지 않는 사람들이다.

"아까 전화하고 오셨지요?"

"네."

"하다가 중간에 그만두면 안 돼요. 맡은 반에 어머니가 한 분만 계셔도 계속 하구요."

"네."

"어느 시간이 좋아요?"

교감 선생님하고 한 짧은 상담은 좋았다. 잠시 직업을 쓰라는 자리에 쓸 말이 없어서 머뭇거렸던 걸 빼고는. 선생님은 어머니학교에 대해서 좀더 소개를 해 주었고, 열리고 있는 반, 시작하기 전에 참관할 수업에 대해 일러 주었다. 차분한 선생님 말씀에 또 믿음이 갔다. 약간 느린 듯 편안해 뵈는 인상이 좋았다. 여자한테, 그것도 아가씨한테 이런 말을 쓰면 안 되나? 뭐랄까 넉넉하다는 느낌, 인자하다는 느낌이 더 솔직하다. 따뜻한 분이었다.

그 다음 날 아침에 밥을 먹다가 엄마한테 말했다. 가방에서 꺼낸 어머니학교 회지도 내 보이면서.

"엄마, 나 여기에 다니기로 했어요."

"뭐 하는 데야? 돈 벌어 올라구?"

"아니, 자원 봉사 같은 거야. 옛날 사람들 글자 가르쳐 주는 거."

"그런 데 배우러 오는 엄마들이 많아?"

"그럼, 많지. 학교 못 다닌 사람들 많았잖아. 거기 한번 가 봐. 엄마보다 더 못 쓰는 사람들도 있어."

"아유, 나도 어디 가서 글씨만 쓰려고 하면 가슴이 발발발 떨려. 벌써 가슴이 쪼그라들어서는 눈앞이 깜깜해져. 읽는 건 잘 읽는데 쓰라면 왜 그런지 몰라."

"엄마 나이에 그런 아줌마들 많지 뭐. 시골에서 살다 학교 못 가거나, 엄마처럼 전쟁 땜에 다들 못 배웠잖아."

"나도 어떻게 다녀 볼까? 이렇게 밥해 주느라 쩔쩔매는데 어디 다닐 수나 있겠어?"

"엄마, 낮에 시장 가기 전에 다니면 되잖아."

"그냥 살지, 뭐."

"엄마, 창피해서 그래? 엄마보다 더 못 쓰는 사람들이 거의 다니니깐."

"뭘 나보다 못 써."

"그리고, 거기에는 다 같이 몰라서 배우러 온 사람들인데 창피할 게 뭐 있어?"

"그래도 창피하지."

엄마랑 한 얘기다. 뜻밖에도 엄마가 먼저 말을 꺼냈다. 나는 엄마가 바쁘기도 하고, 혹시 내가 갑자기 다니자고 끌면 엄마가 자존심이라도 상할까 봐 아직 말을 꺼내진 않으려고 했다. 그리고 한편으로는 엄마가 지금 이 정도면 됐지, 하는 생각도 있었다. 아무튼 차츰 지내보다가 자연스럽게 꺼내려고 한 거다. 그런데 엄마가 먼저 말했다. 입으로는 싫다고 하지만 망설이는 모습이 또렷했다. 이럴 때는 누가 용기를 주어야 한다. 망설여지기는 해도 선뜻 스스로 용기를 낸다는 건 쉽지 않다. 더구나 제 발로 찾아가는 건 더 그렇다.

"엄마, 그럼 나랑 그냥 한번 가 보자. 교감 선생님이랑 상담도 하고, 거기 오는 엄마들도 한번 봐 봐."

"그래, 알았어."

이렇게 갑자기 얘기가 될 줄은 몰랐다. 신기했다. 생각만 해도 멋졌다. 아들은 어머니학교 선생님이고, 엄마는 한글을 배우러 다니는 학생이라는 게 무슨 텔레비전 연속극에서나 있는 일 같기도 했다.

엄마랑 바로 어머니학교에 찾아가지는 못했다. 그 날부터 어머니학교가 방학에 들어가서다. 엄마는 대답을 해 놓고도 1주일 동안 망설였다. 그러더니 가기로 한 날에 엄마는 친구를 불렀다.

"이따가 상길이 엄마 오기로 했어. 기억나지? 그 엄마는 나보다 더해. 글씨는 한 자도 못 읽어. 근데 돈 계산은 얼마나 빠른지 몰라. 우유 장사 할 때 보면 척척이야."

엄마는 아무래도 불안했나 보다. 그래서 학교를 다니더라도 의지하고 말벗도 할 친구를 찾았나 보다.

상길이네 아줌마는 우리가 사당동 정금 마을에 살 적에 한 동네 살았다. 그게 벌써 몇 년 전이야? 마지막 이사 나온 때만 해도 열세 해 전이다. 아직도 엄마는 그 때 이웃들이랑 연락을 하고 사나? 아마 자주 연락하지는 않았을 거다. 그저 누구네 잔치가 있다고 하면 부조금을 들고 가서 한 번씩 얼굴이나 봤을 거다. 엄마는 생각 끝에 상길이네 엄마를 떠올렸겠지. 한글 배우러 같이 다니자고 할 사람을 찾다가.

엄마와 상길이네 아줌마를 모시고 어머니학교에 갔다. 엄마들은 따로 교감 선생님이랑 면담을 했다. 살아온 이야기며 이런저런 얘기도 하고, 그 자리에서 잠깐 받아쓰기도 했다. 반마다 배우는 정도가 다 다르니까 한 거다. 이렇게 해서 엄마는 어머니학교에 다니게 되었다.

엄마가 다니는 반은 물오름반이다. 겹받침 글자부터 익히는 곳이다. 월, 수, 금요일마다 한 시부터 세 시까지 공부를 한다. 처음에 나는 내가 엄마 있는 반을 맡을까도 생각해 봤다. 아직 경험이 없으니까 머릿속으로만 궁리해 보다가 그건 못 하겠다 싶었다. 너무 어색할 것 같고, 다른 어머니들께도 안 좋을 것 같았다. 나는 밤 시간대에 있는 달반 국어 담임을 맡았다. 달반은 월, 화, 금요일인데 국어와 산수를 한다. 나는 월, 화요일에 저녁 여덟 시부터 두 시간 동안 한글을 가르치기로 했다. 아참, 그리고 그 때 엄마랑 같이 갔던 상길이네 아줌마는 다니지 않는다. 아줌마 집이 상계동이라니까, 교감 선생님이 집에서 가까운 '상계 어머니학교'를 소개해 줬다. 며칠 뒤에 엄마가 전화해 보니까 안 가 봤다는 거다. 여태 살았는데 뭘 배우냐고.

이렇게 엄마하고 나는 13기 어머니학교에 학생과 선생님으로 나란히 입학을 했다. 처음에 나는 혹시라도 엄마가 어떤 핑계로 중간에 그만두지 않을까 조마조마했다. 엄마가 재미를 붙여 열심히 하도록 옆에서 도와 주고 싶었다. 그러다가 생각해 낸 게 엄마랑 일기를 쓰는 거였다. 한 이틀은 엄마에게 숙제했냐고, 공부하시라고 말로만 했는데, 그래서는 안 되겠다 싶었다. 그래서 엄마가 숙제하는 동안 옆에 가서 책을 읽기도 했다. 그러다가 생각난 게 일기다. 나는 엄마 옆으로 가서 공책을 폈다.
"나 오늘부터 엄마랑 일기 쓸 거야. 엄마도 같이 공부하자."
그리고, 또 말했다.
"아, 엄마도 일기 쓰자."
"내가 무슨 일기냐? 받침도 다 틀려 먹는데."
"에이, 맨날 책에 것만 베껴 써 봐야 늘지도 않아요. 자꾸 엄마가 하고 싶은 얘기를 써 봐야지. 그래야 나중에도 엄마가 정말 쓰고 싶은 게 있을 때 잘 쓰는 거야."
엄마하고 나는 일기를 쓰기 시작했다. 7, 8, 9월에는 내가 밖에 나갈 일이 잦았다. 강좌도 듣고, 공부하는 모임도 둘씩이나 있었다. 그러니 어머니학교 수업까지 하면 거의 요일마다 나갈 일이 생겼다. 모임은 주로 저녁 시간에 있으니까 함께 밥 먹고, 모임 하고 나면 아홉 시, 열 시는 금방이었다. 나는 아홉 시만 넘으면 벌써 엉덩이가 들썩들썩했다. 집에 가서 엄마랑 일기 쓸 생각을 하면 마음이 바빴다. 거의 자리마다 보통 끝나고 나면 뒤풀이가 있었지만, 나는 번번이 꽁무니를 뺐다. 그 때 사람들하고는 그래서 속 깊이 어울리지 못했다. 사람들도 서운해했고, 나중에는 그저 그러려니 했다.
내가 집에 들어가는 시간은 일러야 열 시고, 열한 시다. 엄마는 하숙생들 저녁상을 다 치우고, 뒷일까지 다 해 놓은 시간이다. 엄마는 텔레비전을 보면서 내가 오기를 기다리기도 했고, 먼저 상 앞에 앉기도 했다. 조금이라도 더 늦는 날에는 엄마에게 미안했다.
처음에는 부엌 밥상에 마주보고 앉았다. 깜깜한 밤에 부엌 불 하나만을 켜고 엄마랑 내가 공부를 시작하는 거다. 앉으면 같이 일기장을 폈다. 엄마는 아마도 처음 쓰는 일기일 거다. 엄마는 앉아서 몇 줄 쓰다 보면 연필을 멈추고, 그냥 하루 일을 얘기했다. 아무래도 일기를 쓰는 게 익숙하지가 않아서다. 그리고 글씨가 느리니 지나가는 생각을 따라잡을 수가 없어서, 글보다 얘기가 먼저 흘러나와서일 거다. 엄마는 일기를 쓰다가 문 소리만 나면 공책을 살며시 덮었다. 그리고는 다른 쪽에 눈을 돌렸다. 늦게 들어오는 하숙생이나, 씻으러 왔다 갔다 하는 하숙생들이다. 엄마는 창피해했다. 엄마는 태연한 표정을 지었지만, 누가 봐도 뭘 갑자기 숨기는구나 하는 걸 알 수 있었다.

우리 엄마말고도 뒤늦게 공부를 시작한 많은 어머니들이 그렇다. 물론 남편이, 아들, 딸과 며느리가 공부를 잘 도와 주는 훈훈한 이야기도 듣지만, 더 많은 어머니들은 그렇지 않다. 창피하다고 식구들이 학교를 못 다니게 하거나, 구박 비슷하게 무안을 주기도 한다. 그래서 여러 어머니들이 집에는 알리지도 않고 학교를 나온다. 입학 원서에 보면 전화 번호 쓰는 자리에 집으로는 전화하지 말라는 당부가 종종 있다. 그러니 집에서 숙제를 못 해 오는 어머니들이 많다. 방문 여는 소리가 날 때마다 공책을 이불 밑에 숨기느라 가슴이 조마조마했다는 어머니들도 많다. 낮에 집에 있으면 그저 할 일 없이 놀러 오는 이웃들이 그렇게 얄밉다고 했다. 가게에 나가 장사를 하는 어머니들 사정은 더하다. 손님이 없는 틈에나 겨우 몇 글자씩 적어 본다. 몇 글자 쓰지 못하고 공책을 감추느라 허둥대야 했다. 그냥 일 없이 들르는 손님들이 올 때면 더 야속했다. 겨우 그런 식으로야 공부며 숙제를 해 온다. 가까이에서 날마다 어디를 그렇게 다니냐고 묻는 것도 걱정거리다. 그런 가운데서도 숙제를 열심히 해 오시는 어머니들을 보면 한순간도 게을러질 수가 없다. 어머니들은 차마 글자 배우러 간다고는 못 하고 둘러대기 일쑤다. 학원 다닌다고, 영어 배우러 간다고, 꽃꽂이 하러, 운전 배우러 간다고…….

한번은 엄마가 이런 얘기도 해 줬다. 엄마랑 물오름반에서 낮에 공부하시는 어머니. 식당에서 일을 하면서 두 시간씩만 나와서 학교를 다니는 분이다. 식당 사람들이 하도 어디를 가냐고 묻길래 영어 배우러 간다 했더니, 뭐 배우나 책 좀 한번 보자는 거다. 그래서 그 어머니는 서둘러 둘러댄다는 게 "영어가 아니고, 춤 배우러 다녀." 했다는데, 스스로 생각해도 참 우습더라고.

또 어머니학교에는 집이 먼 분들이 많다. 그 중에는 일부러 그렇게들 먼 데를 찾는 분들이 가끔 있다. 왜냐하면 가까운 데 다니면서 누구 아는 이라도 만날까 봐 걱정스러워서다. 우리 달반에 있는 박영옥 어머니도 그렇다. 성남에서 오는 서른일곱 살 되신 어머니다. 가장 젊다. 모습이나 차림도 아가씨 같다. 박영옥 어머니는 일부러 서울 114에 전화를 걸어서 물어 물어 찾아왔다고 했다. 성남에는 아는 사람이 너무 많아서다.

엄마가 하숙생들에게 창피해한다는 걸 알고는 그만 방으로 들어갔다. 앉은뱅이상을 놓고 일기를 썼다. 엄마는 내 걱정처럼 쉽게 공부를 그만두거나 힘겨워하지 않았다. 오히려 내가 놀랄 정도로 열심이셨다. 지금까지도 다섯 달이 다 되도록 학교에는 한 번밖에 안 빠졌고, 일기만 해도 사나흘 빼고는 날마다 써 왔다. 나는 엄마가 자랑스러웠다. 너무 기쁘고 뿌듯했다.

"엄마, 이거 한번 읽어 봐요."
"이게 뭐야? 엄마 바빠. 요새는 학교 다니느라 기도도 잘 못 하는데."
"나 이런 동화책들 많잖아. 엄마가 읽기에 아주 좋아. 이 책은 엄마 어렸을 때 애기들이랑 비슷해서 더 좋을 거야."
"아이, 나 바쁜데……."
"엄마, 글자들도 낱말만 외운다고 익혀지는 게 아니래두. 이야기책을 읽다 보면 자기도 모르게 배워진다고."

〈겨레아동문학선집〉이다. 엄마는 며칠에 걸쳐 한 권씩 읽었다. 밤에 일기 쓰다 보면 나한테 읽은 이야기를 다시 들려주기도 했다. 엄마는 3권에 있는 '벼알 삼 형제'를 가장 재미있게 읽었다고 했다. 몇 권째에서던가 엄마는 책을 잘 읽지 않았다. 엄마한테는 재미 없는 것도 있어서 잘 읽히지 않았나 보다. 그래서 이번에는 서정오 선생님이 쓴 옛 이야기들을 갖다 줬다. 구성진 입말로 된 얘기들이니 더 좋을 것 같았다. 엄마는 재미있게 읽었다. 나는 혼자 생각이 저만큼 달려나갔다. 이 다음엔 뭐, 이 다음엔 뭐 하는 식으로 동화책들을 꼽아 본 거다. 좀더 긴 글을 읽게 되시면 《몽실 언니》도 읽게 하고, 나중에는 《한티재 하늘》까지 드려야지. 엄마가 그 책들에 푹 빠져 읽을 거라는 상상만 해 봐도 가슴이 꽉 차올랐다. 욕심은 더 달려갔다. 그 밖에 자신의 삶을 손수 써내서 이야기책을 만들어 낸 여러 사람들의 글도 읽고 나면, 엄마도 엄마 얘기를 그만큼 쓰겠다 생각됐다. 그게 아니라도 뭐 엄마가 나중에 할머니가 된 걸 상상해도 좋았다. 형수가 아기를 낳으면 엄마가 옛 이야기며 동화를 하나씩 하나씩 들려주고 말이다. 동화책을 들고 읽는 엄마를 보면서 내 혼자 생각은 멀리멀리 날아간다. 기분은 좋았다.

사실 엄마는 바빴다. 지금도 바쁘다. 다른 걸 빼놓더라도 날마다 아침 저녁으로 열 식구도 넘는 하숙집 살림만 해도 그렇다. 날마다 다른 국, 찌개에 반찬 걱정이 수월치가 않다. 벌써 십 년째 해 오고 있는 '하숙집 아줌마'지만 예나 지금이나 늘 절절맨다. 그것뿐인가, 청소에 빨래에 개들까지 데리고 사니까 이 녀석들 목욕까지 일이 많다.

그런 가운데에 엄마가 하숙집 살림말고 다른 데도 다녀 본 건 5년 전부터다. 뭐라고 하나, 대중 강좌쯤 된다고 하면 되나? 그런 거다. 스님들이 돌아가면서 법문을 들려주고 풀이해 주는 자리였다. 엄마한테는 그야말로 오십 년 만의 외출이었다고나 할까? 엄마는 얼마나 열심히 다녔는지 모른다. 누구라도 앞에 앉으면 듣고 온 법문 얘기를 들려주고 싶어했다. 그 때 난 잘 들어드리지 않는 아들이었다. 그게 뭐냐고, 난 그런 거 안 믿는다고 하면서 말꼬투리만 따져 들고 듣지 않았다.

엄마는 기뻐했다. 그런 교실 비슷한 데에서 '공부'라는 걸 거의 처음 해 보는 기쁨이었다. 그 때에 나는 그 기쁨을 미처 알지 못했고, 엄마는 1년 가까이 다니면서 졸업장까지 받아 왔다. 졸업장은 유리 곽 속에 넣어 만든 근사한 상패다. 아, 그 때 왜 나는 꽃이라도 들고 엄마에게 가 보지 못했나? 그 뒤로 엄마 생활은 참 많이 달라졌다. 거기에서 듣고 배운 것, 거기에서 받아 온 영향이 참 컸다. 지금껏 엄마는 그 안에서 평안한 마음을 찾았고, 이제 엄마의 생활은 그 아래에 있게 되었다. 그전에는 절에도 무슨 날에나 겨우 다니더니 이제는 새벽마다 갔다. 집에는 늘 불교 라디오 방송이나 스님 말씀들로 채워진 카세트테이프가 틀어져 있었다. 불교 방송을 본다며 '케이블 텔레비전'까지 달아 놓을 정도였다. 집에는 온갖 우편물도 왔다. 법보신문이며 무슨무슨 후원회지, 또 무슨 초대장 같은 것이다. 달마다 은행으로 세금 심부름을 가다 보면, 세금보다는 무슨 후원회비 영수증이 더 많았다. 지금도 우리 집은 한 달 들어오는 돈으로 한 달을 사느라 저축 같은 건 못 하고 살지만, 엄마가 내는 후원금은 꽤 여러 군데로 간다. 무슨 자원 봉사 단체나, 스님들이 하는 소쩍새 장애인 마을, 불교 방송 후원회, 대구 팔공산 만불사 들이다. 그리고 절에서도 거기를 열심히 다니다 보면 이것저것 함께 하자는 게 많은가 보았다. 절 바깥 모임도 많고, 행사도 많고, 자원 봉사도 많다. 엄마는 늘 아쉬워했다. 어디에 가도 하숙생들 밥을 챙겨야 하니까 중간에는 꼭 먼저 와야 했다. 이삼 일씩 시간을 내어 멀리 있는 절까지 다녀오는 '성지 순례' 같은 건 엄두도 못 냈다. 엄마는 지금도 하시는 말씀이 나까지 장가 내보내고 나면, 자원 봉사도 마음껏 하고, 못 가 본 절에도 다니다가 어디 절에 들어가서 그대로 살고 싶다는 거다.

처음에는 엄마가 그러는 게 싫었다. 답답했다. 새로 듣고 보는 것들에 너무 좇아만 다니는 것 같았다. 절에서 스님들이 하는 말이라면 무조건 따르고 하는 모습이 싫었다. 내가 짜증처럼 화도 많이 냈다. 하지만 이제야 알 것 같다. 엄마가 그런 것들 안에서 얼마나 기쁨을 느끼는지. 그건 그 동안 억눌리고, 주눅이 들어서 살아오던 엄마의 삶에 커다란 기쁨이었음을 말이다.

엄마는 피난 나오면서부터 내내 고생만 했다. 무시만 당하면서 억눌려 살아왔다. 이혼까지 하고 외롭게 살다가 이제야 엄마는 엄마 삶을 찾았다. 하고 싶어서 하는 일이 생겼고, 하고 싶은 일이 주는 기쁨과 보람을 찾았다. 엄마 마음은 이제 먹고사는 일에만 갇혀 있지 않게 되었다. 절에 가서 환경이나 생명, 생태에 대한 얘기를 듣고 오면 엄마는 그대로 따라했다. 예를 들어 어느 하숙생이 찌개 국물이라도 남기면 엄마는 꼭 법문 한 구절 같은 말을 하곤 했다. "이게 물을 얼마나 오염시키는 줄 아니? ……. 그래서 물고기들도 다 죽고 환경 파괴가 되는 거야……. 온 우주가 다 하나인데 자연이 파괴되면 사람도 죽고 다 죽는 거라고." 하며 말이다. 게다가 한 날은 엄마가 손수 쓴 기도문을 보았는데 거기에는 '통일'이 있었다. 그 때는 엄마가 왜 그렇게 낯설어 보였는지 몰랐다. 엄마가 이런 기도를? 하며 놀란 거다. 엄마와 나는 텔레비전을 보면서 세상 얘기를 했다. 정치인, 기업인들 욕을 했다. 그래도 엄마는 나라에서 뭘 하자고 하면 그대로 좇는다. 사회 지도층이라고 하는 누가 나와서 무슨 말이라도 하면 당장 믿고 따른다. 그전까지 엄마의 삶은 먹고사는 문제에만 있었다면, 이제 엄마가 지내는 생활에는 그런 세상 여러 가지 일까지도 더 가까워진 거다. 뉴스에 나와서 하는 정치인 얘기도, 나라에서 한다는 이러저러한 일도 말이다. 그리고는 그저 믿으며 그렇게 해야 한다고 하는 엄마. 엄마 같은 사람들에게 거짓말을 하는 놈들은 진짜 나쁜 놈들이다.

하지만 그러면서도 쭉 답답한 게 있다. 안타까운 마음이다. 엄마는 여러 가지에 즐거움을 붙이면서 만나는 사람도 많아졌다. 뒷모임도 많고, 행사도 많고, 누가 뭘 하자는 것도 많으니까. 그러니까 엄마는 자꾸만 알게 모르게 그런 쪽에 이끌린다. 마음이 잘 흔들리고, 딱 맺거나 끊지도 못하고, 인정에 끌려다녀서다. 그건 내가 닮은 것이기도 하다. 그런데 엄마가 자주 보게 되는 사람들은 처지가 우리와 다르다. 날마다 절에 가고, 행사마다 꼬박꼬박 시간을 내어 다니는 사람들이 어디 엄마처럼 일하는 사람들인가? 하루 종일 장사하는 분들도 아니고, 직장에도 안 다닐 거다. 그저 차려 주는 대로 밥 먹고, 돈 걱정 같은 건 별로 없이 다니는 사람들일 거다. 그 사람들이 엄마 사정을 알 턱이 없다. 하숙 밥 때문에 못 간다고 하면, 라면 끓여 먹으라고 말하라면서 엄마 옷자락을 잡는 식이니까. 엄마는 그런 데에 참여 못 하는 거를 괜히 미안해하고 마음으로 쩔쩔맨다. 많이는 아니지만 그 사람들이랑 처지를 견주어 보기도 한다. 부럽다는 식으로 말도 하고. 그래도 엄마는 한동안은 수지침도 배우러 다녔고, 작년부터는 단학 선원에 나가서 운동도 한다. 수지침은 초급반까지 다 배웠는데, 중급반부터는 시간이 잘 안 맞아서 갈 수가 없었다. 하숙 밥을 차려야 하는 저녁 시간에 열려서다. 엄마는 수지침을 배워서 자원 봉사를 다니고 싶다고 했지만, 아쉬움만 갖게 되었다.

엄마가 글씨를 쓰는 것도 지금이 처음은 아니다. 재작년부터는 날마다 법화경을 썼다. 흐릿하게 자국만 복사해 놓은 종이 위에 그리는 것처럼 썼다. 그것도 끝이 붓글씨처럼 나오는 펜으로 말이다. 엄마 말로는 '사경'을 한다고 했다. 경전을 쓰면서 하는 기도다. 1년을 목표로 했는데, 못 썼다. 엄마는 늘 큰일났네, 요거밖에 못 썼네, 했다. 다른 사람들은 벌써 다섯 권을 다 써 간다면서. 8월에 제주도에 있는 무슨 절에서 탑을 세울 때, 사경한 책들을 묻어야 한다 하면서.

"다른 이들은 책보다 더 잘 쓴다."

"어휴, 이걸 언제 다 쓰냐. 기범아, 너가 좀 써 줘라."

엄마가 하는 말들이다.

"엄마, 다른 사람들이 엄마처럼 바빠? 집에서 그것만 쓰니 그렇지."

"괜찮아. 정성으로야 엄마가 백 배, 천 배지. 부처님이 뭐 얼마나 썼는지 보는 줄 알아? 왜 자꾸만 겉으로 남들이랑 비교해?"

나는 답답했다. 안타까웠다. 솔직히 귀찮은 마음도 있고 해서 내가 대신 써 드리진 않았다. 대신 쓰는 게 무슨 기도냐는 핑계만 대면서. 요즘에 '신묘장구대다라니'를 하루 한 번 쓰면서 후회도 된다. 따지고 들기 전에 그냥 뜻 없어 보이는 일이더라도 엄마 마음을 위하는 게 먼저라는 생각이 들어서다. 아무튼 엄마는 그렇게 정성껏 해서 올해 8월에 다섯 번을 다 썼다. 엄마가 쓰기에는 법화경도 꽤 두꺼운 책이었다. 엄마와 나는 책 다섯 권을 정성껏 쌌다. 제주도에 있는 그 절에다가 우편으로 보냈다. 책을 묻는 행사가 해마다 열리나 보았다. 엄마는 몸소 가서 보고 싶었지만, 우리 집에는 하숙생이 열 사람이나 있었다.

얼마 전부터는 엄마가 다니는 데가 또 하나 늘었다. 새벽이면 절에 가고, 아침상 치우고는 단학 선원에 가서 운동을 했는데, 어느 날부터는 길 건너에 있는 무용 학원에도 다닌다. 절에서 만난 아주머니들이 하도 권해서 나가게 된 거랬다. 국악 가락에 맞춰서 하는 고전 무용이다. 그래서 1주일에 두 번은, 단학 선원을 빼먹고 고전 무용을 한다. 나는 어휴, 했다. 엄마는 종종 말했다.

"너무 바쁘네. 내가 왜 이렇게 바빠?"

"엄마가 뭐 억지로 바쁜가? 엄마가 다 알아서 바빠진 거잖아."

엄마보고 무용 다니는 거 한 가지 정도는 줄여 보라고 했다. 그래도 엄마는 거기에도 뿌듯해했다. 아마 고전 무용 할 때는 서로들 꽃 이름을 부르나 보았다. 엄마는 진달래다. 또 누구는 들국화, 누구는 초롱꽃……, 이런 식이다. 엄마는 다 배우고 나면 양로원 같은 데로 공연하러 가기로까지 했다. 국악 가락에다가 움직임을 맞춰서 배워 가는 게 엄마한테는 또 큰 배움이다. 내가 걱정하는 건 이런 얘기들을 들을 때다.

"오늘도 빠져나오느라 혼났네. 무용 끝나면 다들 집에나 가지, 뭘 죽치고 앉아 놀고 그래. 오늘은 누구, 또 그 다음 날은 누구 해서 중국집에서 한 상을 시켜들 먹어. 할 일도 많은데 집에 와서 밥 먹는 게 제일이지.

그러고 나면 또 노래방으로 몰려간다."

"그러니까 엄마, 그 아줌마들하고 자꾸 어울리지 마. 집에서 놀고먹고 할 일이 없으니까 그러지. 괜히 엄마만 기죽고 그러잖아."

"누가 기죽는댔냐. 그런다 이 소리지."

"자꾸 보고 듣는 게 그러면 따라하고 싶어지니까 그러지."

"아유, 하여튼 또 그 모임 하는 이들이 등산 모임에도 가자고 성화다. 언제 진달래도 꼭 데려간다면서."

그런 소리를 들을 때마다 걱정이다. 괜히 그 사람들에 견주어서 엄마가 초라하게 느낄까 봐서.

엄마는 이제 어머니학교를 다니고 있다. 새벽이면 절에 가고, 오전에는 운동을 하거나 학원에 간다. 오후에는 어머니학교엘 가고, 시장 보고, 정신이 없다. 늘 밥할 시간에 쫓기고, 낮에 못 한 빨래며 집안일을 밤에 한다. 거기에다가 숙제며 공부, 일기 쓰기……. 혹시 누가 우리 엄마를 팔자 좋다고 할지도 모른다. 팔자 좋게 하고 싶은 것 다 하고 산다고. 물론 엄마보다 지금 더 힘들게 사는 분들이 많다는 것도 안다. 하지만 나는 그렇게 생각하지 않는다. 엄마는 거의 오십 년 동안 억울하게만 살아오다가 이제야 겨우 작은 보람이나 기쁨을 느끼고 있다. 엄마는 지금도 가난하다. 아니, 겨우 먹고살 만하다. 한 달 받는 하숙비로 겨우 한 달을 살면서 늘 돈에 쩔쩔맨다. 여태껏 한 번도 남이 벌어다 준 돈으로 살아 본 적도 없다. 우유 배달 십 년에 재봉틀 일, 탁자 네 개 놓고 하던 국숫집, 터널 뚫는 공사장 함바집의 밥 짓는 아줌마로 살아왔다. 적당한 노동을 하면서 더 큰돈을 남긴 적도 없다. 다 몸으로 때워 온 일이었지. 엄마는 아직도 먹고 노는 데에는 아무것도 할 줄을 모른다. 뒤늦게야 배우는 기쁨을 알게 된 거고, 봉사하는 보람을 안 거다. 자야 할 시간, 앉아서 쉬는 시간을 쪼개고 쪼개어 바쁘게 지내신다. 요즘도 엄마는 네 시간밖에 못 잔다.

"이제 동화책은 그만 가져와. 갖다 주는데 안 볼 수도 없고, 보다 보면 정말 아무 일도 못 해."

처음에는 섭섭했다. '이 좋은 걸 왜 그러나.' 했다. 엄마는 동화책을 읽고 나면 경전을 읽지 않았다는 생각에 마음이 편치 않다고 했다. 그래서 또 경전을 읽고 나면 숙제가 쌓이고, 아무리 바쁘게 움직여도 집안일을 다 못 한다고. 그래서 지금은 동화책은 안 읽는다. 하지만 뭐, 엄마랑 하루 이틀 살 것도 아닌데. 이렇게 공부하고 글 쓰는 것만 봐도 너무 마음이 뿌듯하다.

1주일이 다 지난 월요일에는 아무래도 공부가 어렵다. 내가 맡은 달반은 월, 화가 한글이고 금요일이 수학이니까, 나는 화요일에 만나고 나면 다시 월요일에나 보는 것이다.

"한참 쉬니까 숙제랑 공부 많이 해 오세요."

해도 월요일은 더 엉망이다. 한참 쉬는 동안 감을 다 잃고 온다. 우리 반 어머니들은 교실에나 와야 책을 펼 수 있다. 저녁 반 어머니들은 대개 그렇다. 왜냐하면 하루 종일 일터에 있다 오시기 때문이다.

오늘은 세 분이 오셨다. 손명월 어머니는 저번 주에 딸네 집에 김장해 주고, 손주 봐 주러 다니느라 빠지신다더니 오늘도 안 왔다. 대학생 같은 모습인 박영옥 어머니도 안 왔다. 지난번에 버스 사고로 다친 팔 때문에 그랬나? 교실 문을 열었더니 김순영 어머니가 걸상 둘을 붙여 놓고 비스듬히 누워 있다. 방석을 두 겹씩 깔고 이불처럼 잠바를 덮었다. 신을분 어머니는 안경을 코에 살짝 걸치고 숙제를 하고 있다. 우리 반은 숙제라야 별 것 아니다. 지난 시간에 읽어 본 것을 다섯 번씩 써 오기다. 그리고 김석순 어머니는 이제 막 왔는지 가방을 풀고 있다.

"선생님 오셨습니까? 날도 추븐데 얼굴이 다 얼었고마."

김순영 어머니. 우리 반 개구쟁이, 웃음보따리, 늘 싱글벙글이시다. 공부 시간 내내 웃음소리가 끊이질 않는다. 웃는 거는 꼭 제자리에서 용수

철이 튕겨 흔들리는 것 같다. 나는 공부 시간에 받아쓰기할 문장을 불러 드리고 나면, 책상 사이를 걷다가 김순영 어머니 뒤로 간다. 긴 문장도 아닌데 어머니들이 다 쓰려면 한 십 분 정도 걸린다. '뭐라구요? 뭐라구요?'를 열 번도 더 되묻는다. 그 동안 김순영 어머니의 어깨를 주물러 드리는 건 맨 뒷자리에 앉았기 때문만은 아니다. 주무르고 있는 내 기분이 좋다. 가끔 어깨를 감싸안는 따뜻한 친근함이 좋다.

김순영 어머니는 늘 가장 먼저 교실에 와 계신다. 여섯 시면 교실에 온다. 그러니 숙제도 빠짐없이 꼬박꼬박 해 온다. 공부가 시작하는 여덟 시까지 교실에서 숙제도 하고, 빵이나 사발면으로 저녁을 때우고, 모자란 잠도 자고 한다.

김순영 어머니는 집이 구리시다. 날마다 새벽 네 시 반에 일어난다. 아침 먹을 새도 없다. 새벽 첫차를 타고 서울로 들어와서, 또 버스를 갈아타고 신사동으로 간다. 김순영 어머니 일터다. 신사동이면 강남이니까 아마 크고 좋은 회사 건물들이 많을 거다. 그 때부터 바로 청소를 시작한다. 땀을 뻘뻘 흘리고 아침 청소를 다 하고 나면 열 시에서 열 시 반. 김순영 어머니는 그제서야 아침을 먹는다. 다른 청소하는 아주머니들이랑 다 식은 밥으로. 종일 청소를 하고 마치는 시간은 네 시에서 네 시 반. 김순영 어머니는 다시 지하철을 두 번이나 갈아타고 신설동으로 온다. 미리 시장도 대충 보고 오면 여섯 시다. 어머니는 공부를 하는 여덟 시부터 열 시가 너무 빨리 지나간다고 한다. 그래도 열 시만 '땡' 치면 가장 먼저 책가방을 싸는 거다. 막차를 놓치면 안 된다. 종종걸음으로 가서 버스를 타고 구리시에 있는 집으로 돌아가면 열두 시가 다 된다. 대충 씻고, 방 걸레라도 치우고 나면 열두 시 반에서 한 시.

공부를 하러 교실에 들어가면 그렇게 미리 숙제도 다 해 놓고 잠깐씩 눈을 붙이고 있다. 꼭 먹던 빵 봉지도 옆에 있는데 그게 끼니다. 그 전에는 오전에 청소 아주머니들끼리 모여 먹은 게 다다. 왜 그러는지 그만큼만 먹고 지낸다. 많이 드셔야 힘내서 공부도 하고 일도 하지요, 하고 말해도 그것만 먹는 게 굳어졌다고.

내가 어머니들과 처음 공부를 시작하면서는 이것저것 참 많이 물었다. 어머니들이 살아온 이야기나 생활을 조금이라도 더 알아야 뭘 해도 할 것만 같았다. 김순영 어머니는 이전 학기에도 여섯 달을 다녔다. 우리 달반에서도 시작부터 지금까지 꾸준하다. 결석도 딱 한 번이다. 내가 가장 많이 만난 우리 반 어머니다.

미음 받침 공부를 할 때던가, '꿈'이라는 낱말이 나온 적이 있다. 어머니들께 저마다 꿈을 여쭈었다. "검정고시도 다 보고 운전면허까지 따는 게 꿈이다.", "국문을 다 깨치면 되지.", "아들, 딸 건강하게 살면 돼." 했는데, 김순영 어머니는 "편지 한 분 써 봤시면 좋겠네. 우리 영감 이불 밑에 몰래 넣고 나오게. 글씨만 알면 날마다 쓴다."였다. 늘 짓던 표정처럼 허연 잇몸으로 웃으면서 말했지만, 감동이었다. 또 가을쯤에 피읖 받침을 배울 때였다. '……싶다'를 공부하면서, 앞말은 어머니들께 만들라고 했다. 정말 바라는 말을 넣어서. '공부를 잘하고 싶다.'부터 '운전면허를 따고 싶다.', '친구를 많이 사귀고 싶다.', '단풍 여행을 가고 싶다.'까지 줄줄줄 나왔다. 그런데 김순영 어머니는 '우리 영감한테 편지를 쓰고 싶다.'고 했다. 예문으로 더 삼느라고 두 가지씩 말하자고 했는데도 김순영 어머니는 그거 하나면 된다고 한다. 정말 나는 김순영 어머니가 편지를 쓰게 될 때까지 공부를 잘 도와 드리고 싶었다.

김순영 어머니는 웃음도 많지만 정도 참 많다. 얼굴에 그대로 보인다.

"내 인상이 그렇게 좋아?"

"네, 좋아요."

"난 인상 좋다는 소리 참 많이 들었어. 어디 가서 일해도 다 인상이 좋대. 한 분도 인상 나쁘단 소린 안 들어."

교실에서 김순영 어머니랑 둘이서만 공부한 적이 두 번이나 있다. 다른 어머니들이 다 빠진 날이다. 김순영 어머니는 공부하다가 잠깐 화장실에 간다고 나갔다. 이상하게 오래 걸리더니 빵 세 개랑 우유 세 개를 사 왔다. 이거 먹고 하자고. 하나씩은 교무실에 있는 교감 선생님 갖다 주고 우리는 빵을 꾸역꾸역 씹으면서 공부했다. 칠판이 싫어져서 책상 두 개를 붙이고 마주 앉아서. 텅 빈 교실이 크게 느껴져서나. 김순영 어머니는 언제부터인가 가게에서 파는 공책을 안 썼다. 청소하는 사무실에서 내놓는 종이들을 묶어서 공책을 만들었다. 맨 앞에는 삐뚤빼뚤한 글씨로 '서울 어머니학교 달반 김순영, 박기범 선생님'이라고 크게 써 놓았다. 그 날 따라 밤 열 시는 더 일찍 왔다.

어느 날은 내가 어머니들 앞에서 아픈 티를 낸 적이 있다. 컥, 컥, 가래 기침 소리를 내면서. 몸살이라고 죄송하다고 했다. 한참 공부를 하고 있는데, 김순영 어머니가 나간다. 잠깐 물 좀 마시고 온다고. 그러더니 약국엘 다녀왔다. 쌍화탕 한 병이랑 알약 하나, 영진구론산 한 통을 사 왔다. 약이랑은 먹었고, 영진구론산은 교무실 냉장고에 넣고 선생님들과 함께 먹으려고 했다. 공부가 끝나니까 김순영 어머니가 나를 붙든다. 교무실에 들어가지 말라고 막아선다. 아프니까 그거 집에 가져가서 먹으라고. 교무실에 들어가면 이 사람 저 사람 먹게 되니까.

우리 반 어머니들이 누구 할 것 없이 다 열심히 하지만, 성실한 걸로 치면 김순영 어머니가 으뜸이다. 학교 오는 길이 그렇게 멀어도 빠지지 않고, 숙제도 꼬박꼬박 해 오니까. 글씨 쓰는 것도 다른 어머니보다 빨라서 같이 쓰는 시간에도 두 번, 세 번 더 쓴다. 보통 다른 어머니들은 글씨를 처음 쓰니까 힘이 많이 들어간다. 그래서 글씨 획이 뚝뚝 부러져서 삐뚤빼뚤이라면, 김순영 어머니 글씨는 지렁이다. 힘 하나 주지 않고 술렁술렁 쓴다. 그래서 연습도 더 많이 한다. 그런데 너무 안타까운 건 늘지가 않는 거다. "여기에는 이 받침 쓰세요." 하고 몇 번을 듣기 좋게 말씀드려도 "네에.", "아, 아!" 하면서 이제야 알겠다는 듯 감탄까지 섞어서 대답을 한다.

그래 놓고는 그 자리에서 또 엉뚱한 글자를 만들어 놓기 일쑤다. 이럴 때마다 내가 뭘 잘못 가르치고 있나 하는 생각에 속이 상한다. 안타깝다.

오늘은 교재에 있는 '라랴러려로료루류르리' 부분을 복습했다. 같이 읽는데 김순영 어머니 목소리가 가장 크게 들린다. 다른 어머니들은 발음이 잘 안 돼도 억지로 '라랴러려'를 하는데, 김순영 어머니는 그게 아니다.

"라이랴 러이려 로이료 루이류 르이리."

으잉, 재미있다. 흥얼거리는 가락으로 따라하는 데 재미가 있다. 다른 어머니들이 먼저 우스워 죽는다. 그러면서도 다 그렇게 읽는다. 나도 그렇게 읽었다. 리을이 첫소리인 데다가 이중 모음까지 오니까 어머니들은 소리하기가 더 어려운 거다. 자꾸 읽다 보니까 '라랴러려'보다 '라이랴 러이려'가 더 쉽다. 김순영 어머니는 공부를 기다리던 동안 수도 없이 읽었나 보다. 우리는 공부 시간 내내 '라랴러려'가 들어가는 글자가 나올 때마다 라이랴 러이려를 흥얼거리면서 그 글자를 찾았다. 어머니들도 신이 나고 재미있게 자꾸만 한다. 나는 좋은 읽기 방법 하나를 김순영 어머니에게 배웠다.

웃고 떠들며 공부하는 사이에 시간이 훌쩍 달아났다. 열 시는 다 됐는데, 내가 칠판에 써 놓은 걸 아직 다 못 끝냈다. 말을 서두르는데, 김순영 어머니가 그만 하자고 한다. 공부가 싫어서가 아니라는 걸 알지만, 나는 재미로 안 된다고 했다. 날마다 마치는 시간이면 그래 왔다. 그러면 김순영 어머니는 "슨생님 힘드시니까 그러지요." 한다. 이럴 때면 꼭 능청스러운 학생이다. 그만 끝내려는데 신을분 어머니가 갑자기 쏘듯이 말했다.

"오 분, 십 분이 뭐가 중요해? 지금 빨리 한 자라도 더 배워 가야지."

내가 다 당황스러웠다. 김순영 어머니 늘 웃는 얼굴이 무안해졌다. 이번에는 기어들어가는 목소리로 말했다.

"아니, 슨생님도 집에 가서 쉬야지."

내가 미안해져서 시간을 넘기게 해 죄송하다 말하고, 아주 짧은 설명을 하면서 끝냈다. 어머니들은 책가방을 쌌고 의자를 밀어넣었다. 약간 썰렁해진 교실이다. 나오면서 김순영 어머니가 앞자리에 앉은 김석순 어머니에게 말을 건넸다. 그래, 썰렁한 분위기를 되돌리는 건 여태도 김순영 어머니가 해 왔다.

"집이 동네에 일 나올 아줌마 없어?"

"왜?"

"우리 같이 일할 사람 한 사람 구해."

"다들 멀리는 잘 안 다니려고 해."

"집이는 뭐 해?"

"나는 공장 다녀. 집에 가까운 데야."

이 때 또 신을분 어머니가 끼어들었다. 신을분 어머니는 아까 쏘듯이 말했다는 걸 모른다는 투다.

"그럼, 내가 우리 옆집 사는 아줌마한테 말해 볼까? 근데 말해도 안 될 거야. 청소가 얼마나 힘든데, 50만 원 받을라고 그 먼 데까지 다니냐? 새벽 네 시면 일나야 되는데."

그러더니 가방을 챙겨 나오면서 내 앞에 선다.

"그렇지요? 선생님."

나는 정말 당황스럽다. 보통 어머니들이 알아들으라고 가르치듯이 말하면, 그래서 자기 생각이 맞지 않느냐고 말하면 으레 네, 하고 대답했지만 이번엔 다르다. 나는 하마터면 "네에." 하고 대답할 뻔했다. 그리고는 겨우 한다는 말이 "그래도 열심히 하시는 분들 많잖아요."였다. 김순영 어머니 얼굴이 울먹울먹한다. 진짜 울상이라기보다는, 억울하고 답답한데 뭐라고 말로는 잘 못 하는 아이들이 속으로만 '이씨이.' 하는 그런 얼굴이다. 좀처럼 맞서지 않고 둥글둥글하기만 했는데 이런 건 처음이다.

"뭐가 50만 원이야. 보나스 나오는 달이면 이것저것 80만 원은 된다, 뭐. 그리고 뒤로도 들오는 게 얼마나 많은데……"

김순영 어머니는 화도 못 냈다. 그나마 한 말이었지만 거의 혼잣말에 가까웠다. 신을분 어머니는 더 큰 목소리로 "선생님, 감사합니다." 하고 벌써 복도 쪽으로 나서고 있었으니까. 만약에 누가 신을분 어머니 듣는 앞에서 노가다가 어쩌구저쩌구했으면 가만 지나가지 않았을 거다. 나는 교실 문 앞으로 나오는 김순영 어머니를 괜히 "춥지요?" 하면서 꼭 안아 봤다. 김순영 어머니는 금방 또 벌건 잇몸으로 웃으셨다. 김순영 어머니도 내 엉덩이를 툭툭툭 치면서 나를 안았다.

정말 바깥은 추웠다. 집에 오니까 열한 시가 다 됐다. 방문을 여니까 앉아 있는 엄마 등만 보인다. 상에 앉아서 살아온 이야기를 글로 쓰신다. 요즘 나는 저 모습을 볼 때가 가장 기쁘다. 엄마 옆에는 기미랑 어진이가 배를 깔고 엎드려서 엄마를 보고 있다. 나는 겉으로는 엄마가 글 쓰는 거에 아무 관심도 없는 것처럼 했다.

"엄마, 나도 이거 썼어."

"뭔데?"

"엄마가 쓰란 거. 신묘장구 뭐 하는 거."

"그걸 사경이라고 하는 거야."

"나는 읽는 게 더 헷갈려서 못 하겠어. 차라리 하루 한 번씩 이렇게 쓸게."

"쓰고 나면 함부로 버리면 안 돼. 다 한데 모아서 태우면서 기도하는 거야."

"내가 맨날 써 오면 엄마가 모아요."

밥을 먹었다. 엄마가 먼저 글 얘기를 꺼냈다. 내가 먼저 얘기를 꺼내면 엄마가 부담스러워할까 봐서다. 요 며칠 전까지는 자꾸 재촉하는 식으로 말했더니 엄마가 그러지 말라고 했으니까. 나도 반성했고, 이제는 그냥 믿기만 했다.

"너 아침에 엄마 쓴 거 읽어 봤어?"
"아니."
"생각은 잘 떠오르는데 말이 잘 안 돼."
"말이 되고 안 되고가 어디 있나? 엄마가 말하는 대로 쓰면 되지."
"너가 한번 읽어 봐."
"에이, 뭐 하러 읽어."

나는 이번에도 그냥 훑듯이만 대충 봤다. 왠지 그래야 할 것 같았다. 떠어넘듯이 몇 글자만 봐도 내용은 대충 알 것 같았다. 엄마한테 자주 들은 얘기다. 지금은 엄마가 아홉 살 때 전쟁이 나고, 외할머니가 돌아가시고, 염병을 앓고, 피난 중에 간이 학교로 다니던 이야기다. 잘 쓰고 못 쓰고를 떠나서 나는 엄마가 쓰고 있다는 것만으로도 기뻤다.

"엄마, 그럼 자꾸 써요. 나 갈게요."
"어, 근데 여기 이모랑 살던 얘기는 어떻게 써? 맨 구박받는 얘기밖에 없는데."
"엄마, 요새도 그 때가 꿈에 나온다고 했지? 생각만 해도 숨이 막힌다고. 그러니까 이 얘기들은 더 쓰면 좋아. 엄마 마음에 맺힌 걸 잘 풀어 내야 한다구요. 어려워도 써 봐요."

나는 집으로 왔다. 이제 한동안은, 엄마가 살아온 이야기를 쓰시는 동안에는 내가 자리를 피해 드리는 게 더 낫겠다는 생각에서다. 물론 지난 금요일에 일기장을 다 들고 왔을 때는 소중한 시간을 잃게 된 것 같아서 속상했다. 하지만 나도 그 뒤로 이 일기 아닌 일기에 푹 빠져들었고, 엄마한테도 스스로를 맞서며 바라볼 수 있는 시간이 더 좋겠다 싶은 거다. 이전까지는 엄마와 마주 앉아 일기를 썼지만, 지금은 엄마도 나도 글쓰기를 한다. 엄마는 살아온 세월에 맞서고 있고, 나 또한 내 하루 동안의 일기를 써 가면서 지난 시간과 맞서고 있다.

## 엄마가 쓴 일기

**7월 30일 금요일. 비.**

오늘은 음력 18일, 지장제일 절에 가는 날이다. 연화사에 가서 법회는 끝나고 조상 제사 올리는데 나는 먼저 제사 절을 하고 먼저 나와 어머니학교 갈 주비하고 바로 나왔다. 버스를 타고 청량리 미도파 백화점 즈음에 와서 무슨 생각하느리고 내리는 정거장도 모르고 동대문까지 갔다. 늦을가 봐 허둥지둥 길 건너서 버스를 타고 다음 정거장에서 내려서 둘러보니 신설동이 아니고 숭인동이라는 글귀가 들어오기에 어머나 한 정거장 더 가야 한다는 생각에 또 버스를 탔다. 그런데 이게 왠일입니까. 신설동 어머니학교을 지나가는 게 아니여요. 그래서 기사 아저씨 저 여기 내려야 하는데요 어떡해요 하면서 막 말을 했더니 참 기사 아저씨가 정유장도 아니데 차를 세워 주어서 고맙습다 하며 내려 막 뛰어왔더니 지각은 안 했어요. 클일 날 뻔 했지요.

*11월 23일 화요일*

## 아이고, 순생님 미안합니다

학교에 가기 전에 집에서 밥을 먹었다. 돈까스 반찬이다. 어쩌다 먹으면 좋긴 하지만 나는 그다지 좋아하지 않는다. 엄마는 몇 년 전부터 이런 음식 만드는 데에 재미를 붙였다. 돈까스, 스파게티, 피자, 샌드위치, 또 이상한 양념을 한 닭고기 요리. 이런 것들은 다 큰외삼촌한테서 배운 거다. 큰외삼촌네도 바로 가까이에서 하숙집을 한다. 엄마가 십 년 전에 시작할 때, 외삼촌네도 시작했다. 외삼촌네도 줄곧 전셋집을 얻어 하숙을 치느라 엄마만큼 이사를 많이 했다. 이사를 해 봤자 한 동네에서 했으니 다 거기가 거기다. 여기 대학교 가까이에 하숙 칠 만한 집은 대충 뻔하다. 그래서 지금 외삼촌네는 다섯 해 전에 우리가 살던 집 바로 앞이다.

엄마는 형하고 나를 다 아빠에게 보내고 났을 때, 가까운 데에 외삼촌네가 있다는 게 큰 힘이 되었을 거다. 지금도 물론 엄마는 보이지 않게 큰 힘을 얻는 것 같다. 다른 게 아니라 외숙모랑 같이 시장도 다니고, 그러다 보면 반찬거리 같은 것도 한데 사서 둘로 나누면 더 싸게 살 수도 있다. 무엇보다도 엄마는 외숙모와 가장 가까이에서 서로 뻔한 하숙집 아줌마 얘기들을 나눌 수 있다. 빈 방 걱정부터 밥상 차리는 온갖 얘기들, 돈 얘기, 몸 아픈 얘기들이 다 비슷하다. 엄마와 외숙모는 시장도 함께 다니고, 절에도, 단학 선원에 운동하러도, 목욕탕에도 꼭 같이 다니니까.

엄마는 외숙모를 부러워했다. 외삼촌이 외숙모를 참 많이 도와 주니까. 외삼촌은 호텔 요리사를 하시다가 이제는 집에만 계신다. 외삼촌은 피난 내려와 있을 때, 미군 부대에서 심부름 일들을 하다가 음식 하는 걸 배우셨다. 그러니 다른 음식들도 잘하지만, 서양 음식에 대해서도 참 잘 안다. 오랫동안은 미국에 있는 호텔 식당에서도 일을 했다. 외숙모는 하루쯤 집을 비우고 어디를 다녀올 수도 있다. 외삼촌이 하숙생들을 다 챙길 수 있어서다. 보통 때도 외삼촌은 파, 마늘 다듬는 것부터 자잘한 것까지 다 돕는다고 했다. 무슨 날이나 일요일에는 피자나 스파게티 같은 음식들을 손수 차려 주시기도 했다. 이런 음식 얘기에 엄마는 부러워했다. 그런 까닭에 외삼촌 집 학생들은 한 번 살면 오래 사는 것 같다고 말이다.

요즘 하숙생들은 김치도 잘 안 먹고, 나물도 잘 안 먹는다. 더구나 여학생들 중에는 국에도, 찌개에도 아예 숟가락도 대지 않는 애들도 많다. 엄마는 외삼촌한테 피자나 스파게티 같은 음식들을 하나하나 배워서 차려 주기 시작했다. 너무 맛있다고들 잘 먹었다. 밖에서 사 먹는 음식들보다 더 맛있다고 했다. 엄마는 신이 났다. 엄마는 여태껏 살면서 어디 나가서 그런 음식들은 구경도 못 해 봤다. 그런데 하숙생들이 아주 맛있다고 먹으니까 기분이 좋았다. 외삼촌한테 가서 맛이나 냄새를 더 잘 내는 법을 조금씩 조금씩 더 배웠다. 하숙집 아줌마한테는 무엇보다 하숙생들이 밥을 맛있다고 잘 먹어 주는 게 가장 좋은가 보다.

"어머니학교에서는 선생님들 밥은 해 먹니?"

"해 먹기도 하고, 사 먹기도 하나 봐요."

엄마는 전부터 뭘 좀 해다 줄까 하는 얘기를 많이 했다. 멸치 반찬이나 한 통 볶아다 줄까, 이번에 김치 담그면 김치 좀 더 해다 줄까. 물론 어머

니학교에만은 아니다. 절에 갈 때도 그랬고, 단학 선원에 운동하러 갈 때
도 그랬다. 며칠 전에는 고전 무용 학원에 스파게티를 해 갔다. 집에서 가
까우니까 아예 국숫발도 다 볶고(그 음식은 국수를 삶지 않고 볶는다.), 양
념까지 뜨거운 채로 보자기에 쌌다. 식는다고 길 건너에 있는 학원으로 바
쁘게 들고 갔다. 특별한 음식을 하면 아마 누가 더 생각나나 보다. 여기도
조금 갖다 주고 싶고, 저기에도 한 그릇이라도 맛보게 하고 싶고. 어쩌면
먹어 보지도 못하던 서양 음식을 했다는 걸 뽐내고 싶었는지도 모른다. 또
무용 학원 선생님한테 미안하기도 했을 거다. 다른 이들은 학원 끝나면 선
생님이랑 중국집 요리 시켜 먹고, 노래방도 가고 했다는데, 엄마만 맨날
빠져 나왔으니까. 이렇게 엄마는 음식 나누기를 좋아한다. 절이나 단학 선
원도 가까이 있으니까 뭘 갖고 가기가 좋았지만, 어머니학교는 그렇지가
않았다.

"기범아, 너 지금 학교 가? 그럼 이거 교무실에 좀 갖다 줘라."

"뭔데?"

"돈까스 고기 만들어 논 거야. 이거 냉장고에 뒀다가 내일 튀겨 먹으라
고 해."

엄마는 돈까스 고기를 쌌다. 얹어 먹는 양념도 쌌고, 갑자기 생각났다는
것처럼 구운 김도 담아 넣었다.

"거기 선생님들 날도 추워지는데 어떻게 하니?"

나는 엄마가 건네준 음식 봉지를 들고 학교로 갔다. 교무실에 들어가서
이은지 선생님께 드렸다. 교감 선생님이다. 선생님이 환하게 웃고 좋아했
다.

"우와, 잘 먹는다고 얘기해 줘요."

나는 괜히 쑥스러웠지만, 기분은 좋았다. 엄마 마음이 좋고, 교무실 선
생님들 마음이 참 좋다.

수업을 하러 들어섰다. 교실에서는 문 밖까지 웃음소리가 났다. 혹시나

어저께 끝날 때 썰렁했던 분위기가 그대로면 어쩌나 걱정했는데 말이다. 내가 들어갔을 때는 두 분밖에 안 계셨다. 김순영 어머니는 또 걸상 둘을 붙여 놓고 옆으로 누워 있다. 신을분 어머니는 고개를 숙여 글씨를 쓰다가 코에 걸린 안경 위로 눈동자만 치떴다. 김순영 어머니는 누운 채로 오늘 배울 '마이먀 머미몌'를 읊고 있었고, 신을분 어머니는 그런 김순영 어머니 모습을 재미있어했나 보다. 교실에는 겨우 작은 난로 하나뿐이다. 이 추운 교실에서 몇 시간 동안이나 기다리고 있었을 김순영 어머니가 걱정이다. 모자란 잠을 저렇게 불편한 걸상 위에서 잠바를 이불 삼아 덮고 넘기니.

교실에서도 어머니들 앞에서는 나는 어리광을 피운다. 숙제해 오시라고 떼를 쓰듯 말하고, 몇 번씩 한 얘기도 어머니들이 금방 까먹어 버리면 울상도 짓는다.

"비읍이랑 피읖이 받침에 있으면 소리가 똑같아서 헷갈리거든요. 이거 해 보세요. '입'이랑 '잎'. 그치요? 이건 열 번도 더 말했잖아요. '입'은 요 말하는 입이랑, 옷을 입는다는 얘기를 할 때 써요. 그리고 '잎'은 이파리들 있죠? 꽃잎, 풀잎, 나뭇잎. 자, 그러면 한번 받아 써 보세요. 요새 길가에 나뭇잎이 다 졌지요? 그 얘기를 쓰는 거예요. '나뭇잎이 떨어진다.'"

"흐으응, 아유, 정말 어머니들 너무해요. 일부러 저 약올리려고 그러는 거죠. 저 속상한 거 재미있으니까. 다 아시면서 일부러 그렇게 쓴 거죠? 지금 금방 이파리 '잎'에는 피읖 쓴다고 했잖아요. 너무해요. 정말 저 울 거예요."

"자, 저랑 약속하기로 한 거잖아요. 받침 있는 거 다음에는 '을'을 쓰고, 받침 없는 거 다음에는 '를'을 쓰기로. 이제 정말 약속하는 거예요. 꼭 약속해요. 소리내서 읽어 보면 쉬워요. 그렇지 않고 약속대로 안 쓴 걸 말해 보면 이상하거든요. '밥을 먹었다.'랑 '밥를 먹었다.'랑 해 봐요. 뭐가 말하는 대로예요? 그쵸? 거 봐요. 어머니들이 말을 해 보면 금방 안다니까요. 김순영 어머니는 여기에 뭐 타고 오세요? 지하철이요? 그럼 '지하철을 타고 왔다.' 써 보세요. 또 박영옥 어머니는요? 버스요? 그럼 '버스를 타고 왔다.' 하고 쓰세요. 다른 어머니들도 뭘 타고 왔는지 쓰는 거예요. 자, 시작."

"몰라요, 이제 저두. 약속해도 하나도 안 지키고. 이젠 나도 몰라요."

어머니들은 그래도 웃으신다. 종종 맞게 쓴 어머니가 나서서 말하거나, 아니면 자꾸 틀리는 어머니가 얘기를 한다.

"야, 이 할망구야. 쫌 하라는 대로 해라. 그걸 그렇게 못 알아듣나. 내가 속이 탄다. 저거 봐라, 우리 선생님 눈물 쏟겠다."

"아이고, 슨생님 미안합니다. 잘 모 알아듣고, 금세 까자묵고 하니까 을매나 답답할까."

그렇다고 분위기가 침울해지게 말하는 건 아니다. 서로 얼굴을 붉히지도 않는다. 그저 우스갯소리처럼 하는 얘기다. 그래도 어쩔 때는 뒤돌아서면서야 내 마음이 찔리곤 했다. 답답한 걸로 쳐도 아무리 내가 더 할까. 나도 답답한데 어머니들은 오죽이나 할까. 그런데도 어머니들 입에서 미안하다는 소리가 나오게 했다. 내가 미안하지. 공부를 더 잘 못 도와 드리는 내가 미안하지. 이 어머니들이 어떤 용기로 나오신 분들인데.

오늘도 징징거리는 말투로 시작했다. 누구한테랄 것도 없이 혼잣말처럼.

"아우우, 왜 이렇게 안 나오지? 어머니, 많이 추워져서 그래요?"

전화를 한 번씩 드려야겠다 생각하고 공부를 시작했다. '마먀 머이며 모이묘'를 먼저 읊었다. 정말 재미있고 입도 잘 돌아간다. '마먀머며'를 따라가면서 차례로 어머니들한테 한 낱말씩 얘기해 달라고 했다. 마루, 머리, 며느리 하는 식이다. 조금 하고 있을 때 김석순 어머니가 헐레벌떡 들어왔다.

"날이 왜 이렇게 추버? 뻐스 안에서도 멀미까지 나는데 달달달 떨었네."

김석순 어머니는 지지난 주부터 나오기 시작했다. 어머니학교로 치면 우리 교실에서 가장 오래 되었다. 지난 학기까지는 별반에서 공부했다. 별반은 옆 교실인데, 한글 공부를 지나고 문장 쓰기 공부를 한다. 하다가 몇 달 동안 공부를 쉬었고, 별반에서도 잘 쫓아가지 못했다고 우리 반으로 온 거다. 그러니 같이 공부를 해도 무리가 없었다. 오히려 나랑 쭉 공부해 오던 김순영, 신을분 어머니보다 더 잘 쓰고 읽는다.

김석순 어머니는 집에 갈 때 버스 타는 정류장이 나랑 같다. 공부를 마치고 어머니들이 다 나가신 뒤에 선생님들과 뒤늦게 나와도 그 앞에서 자주 뵈었다. 어머니들과 얘기 나눌 시간이 거의 없으니까 그 짧은 시간이 참 반갑다.

김석순 어머니는 공릉동에 산다. 일하는 곳은 가까운 공장이다. 처음에 '무슨 일 하세요?' 하고 물을 때는 잘 대꾸를 안 했다. 버스 다니는 쪽만 살피면서 못 들은 사람처럼. 왠지 어머니가 일 얘기를 별로 하고 싶지 않은가 했다. 나랑 공부한 지 며칠 안 돼서도 그럴 거다. 대뜸 궂은일 한다고 말하기가 뭐해서. 그래서 내가 이어서 말했다.

"맨 뒷자리에만 앉는 김순영 어머니는 집이 구리시래요. 청소하는 데는 서울이라 새벽에도 무지 일찍 나오신대나 봐요. 그리고, 신을분 어머니는 공사하는 일 다닌대요. 그래서 일이 늦게 끝나거나 일거리가 너무 먼 데서 들어오면 가끔 빠지고 그래요."

이렇게 얘기했더니, 김석순 어머니도 다니는 공장 얘기를 해 주셨다. 그 전에는 자기도 병원으로 청소도 다녀 봤고, 막일도 해 봤다고 한다. 지금은 자식들을 다 결혼시키고, 아저씨랑 두 분만 산다. 아저씨는 일을 안 한다. 김석순 어머니가 버는 걸로만 두 분이 같이 산다.

다른 어머니들 얘기를 들어 봐도 아저씨가 집에서 노는 집들이 많다. 어머니들은 뭘 해도 한다. 적어도 여기 어머니학교에서 공부하는 어머니들은 거의 그렇다. 공장을 다니거나 시장에서 장사를 하고, 식당에서 설거지나 허드렛일을 한다. 건물에서 새벽 청소도 하고, 힘든 공사장에서 막일까지 한다. 그리고 집안일도 물론 도맡아 하실 테다.

시골에서 딸로 자란 어머니들은 남동생들 학교 다니는 동안 밭에 나가 일을 했다. 도시에서는 공장을 다녔다. 변변치 못한 살림으로 시작해서는 시집살이에 돈 버는 일에 남편 시중에, 아이들 키우는 일을 했다. 하나부터 열까지 다 내놓으며 살았다. 자식들은 공부를 했고, 어머니들은 돈을 벌어 뒤를 댔다. 늙어서도 고생은 떠나지 않고, 여전히 까막눈으로 장님처럼 산다. 자식들을 다 내보내고 나서도 온갖 궂은일로 하루하루를 잇는다. 이제야 겨우 용기를 내어 고단한 몸으로 학교 문을 두드리게 된 거다. 사연이야 저마다 더 굽이굽이 있겠지만, 많은 어머니들 이야기는 대충 이랬다. '어머니'라는 말은 가장 성스럽게 높여지는 것 같지만, 삶에서는 가장 낮은 자리로만 내몰렸다. 겹겹이 빼앗기고, 자기 것을 다 내어 주면서.

김석순 어머니가 어제 졸려하시던 게 생각났다.

"김석순 어머니, 제가 커피 타다 드릴까요? 잠 달아나게요."

"아유, 싫어. 속 쓰려서."

"그럼, 녹차는요?"

"싫어. 그런 거 안 먹어."

김순영 어머니가 한마디 거들었다.

"우리덜 겉은 사람들은 그런 거 무먼 안 돼애. 밤에 커피 마셨다가 밤새 잠 못 자지."

전에도 몇 번이나 커피 얘기를 꺼냈지만 다 안 드신다고 했다. 딱 한 번 내가 물어 보지도 않고 타 왔을 때가 있다. 겨우 한 모금씩만 드시고는 차갑게 식도록 놔 두었다. 물론 아주 안 드시는 건 아니다. 몸살기가 조금 있어서 잠이 너무 쏟아질 때는 손수 타 먹기도 하지만, 여간해서는 안 드신다. 그래, 생각해 보면 알 수 있다. 다들 네다섯 시간 주무시고 새벽부터 일을 다니는데, 잠을 못 자면 큰일이다. 겨우 네다섯 시간, 그 때만이라도 깊은 잠을 자야 한다. 이건 몸으로 일하지 않는 사람이면 알 수 없다.

'마먀머며'를 다시 해 보던 중에 '머' 자에 머물렀다. 오늘은 김석순 어머니 쪽으로 마음이 간다. 나는 '멀미'라고 칠판에 썼다.

"머미? 머리? 멀미?"

어머니들은 아직도 많이 서투르다. 진도야 받침 하나 들어가는 것까지 다 나갔지만 그대로 다 익히지는 못했다. 어느 정도 교재에 자주 나오는 말이나 더듬더듬 읽어 갈 뿐이다. 그래서 벌써 마쳤다는 진도를 다시 공부했다. 어머니들이 어려워할 때마다 다시 일러 드리고, 또 일러 드렸지만 어머니들은 쉽게 받아들이지를 못했다.

"기역 받침은요, 혓바닥 모양도 기역처럼 된 거예요. '학교' 할 때 '학' 자를 소리내 보세요. 소리를 내고 가만 있어 봐요. 혀가 어떻게 되지요? 네, 혀가 목구멍 쪽으로 '악' 하고 콱 틀어막지요? 이제부터 쓸 때는 말해 보고 '악' 하고 목구멍이 틀어막히면 기역을 쓰세요. '국'도 그렇고, '목'도 그래요. 해 보세요. 목구멍이 틀어막혀요?"

이런 식으로 두 시간 공부할 때마다 한 가지 받침을 그런 식으로 수도 없이 얘기했다. 소리로 연습도 많이 하고, 써 보고, 다시 얘기해 드리고 또 소리내 보면서 써 봤다. 기역 받침 글자들은 히읗 받침 공부할 때까지 자꾸 나오니까 정말 나올 때마다 지겹게 많이 했다. 그 자리에서는 어머니들이 놀랍다는 듯이, 신기하다는 듯이 "아아, 아아." 했지만, 여태도 잘 헤매신다. 겨우 미음이나 비읍, 리을 정도나 어렴풋이 아는 정도다. 말소리를 낼 때 입술을 다물고 끝이 나면 미음이나 비읍 받침으로 끝나는 거라는 것. 그 가운데에서 좀 길게 소리가 나면 미음, 소리가 뚝 끊겨 나오면 비읍 하는 정도였다. 그리고 말할 때 혀가 꼬부라지는 것처럼 되는 게 글자에서도 꼬부라지게 생긴 리을을 쓴다는 정도.

그러니까 어머니들은 자꾸만 낱말들을 한 자 한 자 외우려고만 든다. 똑같은 글자가 나와도 그 낱말이 아니면 모른다고 한다. '오늘' 할 때 '늘'은 써도, '하늘'이나 '그늘'은 따로 배워야 알겠다는 것처럼. 아무래도 안 되겠다 싶어서 요즘에는 '가갸거겨'부터 다시 복습을 한다. 답답한 건 첫소리들도 다 그런 식이라는 거다. 입 모양을 내는 모음들도 마찬가지다. 학기 중간에 들어온 어머니들보다 기역, 니은부터 쭉 배워 온 어머니들이 더 못 받아들이신다. 나중에 들어 보니까 그 전 학기에는 낱말 외우기 식으로 공부를 했다는 거다. 그 전 선생님한테는 죄송하지만, 원망스런 마음까지 들었다. 바쁜 생활에 시간을 내어 봉사하는 마음은 아름답지만, 첫 단추를 잘못 끼우면 이렇게 어려워진다. 김순영, 신을분 어머니가 가장 열심히 하는데도, 가장 못 따라오는 까닭이 여기에 있다. 너무 시간이 오래 걸릴 것 같아서 참 걱정이다. 한글 익히기만 그런가. 글짓기 공부에서는 똑같은 문제가 더 많아 보인다. 어머니들이 첫 배움에서 느끼는 희망과 자신감이, 낯선 유식한 말들 앞에서 오히려 더 꺾일 수도 있을 텐데 말이다. 중급이랑 고급 국어, 글짓기 교재를 처음 봤을 때는 정말 크게 놀랐다. 잘못되었다고 늘 얘기해 오던 어린이 교재들을 그대로 옮겨 놓은 것 같았다.

'멀미' 얘기를 하다가 얘기가 샜다. '마먀머며'로 시작하는 글자를 하다가 일부러 '멀미'를 쓴 것은 김석순 어머니가 생각나서다. 어제부터 학교 오는데 멀미가 자꾸 난다고 해서다.

"김석순 어머니, 멀미난다고 학교 빠지지 마세요."

"몰라. 요새 왜 이렇게 학교 오는 차만 타면 멀미가 나는지."

"예전에는 학교 올 때 어떠셨는데요?"

"아유, 난 이 학교 무척 오래 다녔어. 벌써 그 수료증인가 하는 것도 세 번씩이나 받았는데."

"참, 어머니는 고향이 어디세요?"

"상주야."

"와, 우리 고향 사람 만났네."

김순영 어머니다. 김순영 어머니는 웃는 모양처럼 다른 표현도 크고 깊다. 앉은 의자에서 벌떡 일어서더니 앞에 앉은 김석순 어머니 어깨를 얼싸안는다. 몸짓만 과장되어서가 아니라 크게 기뻐하고 크게 놀라기도 해서다. 김순영 어머니는 마치 잃어버렸던 식구라도 다시 만난 모습이다.

"집이는 어딘데?"

"나? 안동이야. 거기가 거기잖아."

"정말 고향 사람이네."

"신을분 어머니는 어디라고 했지요?"

"나는 순천."

김순영 어머니는 아주 반가워했다. 김석순 어머니도 그런 표정이었지만, 하도 뒤에서 어깨에 손을 얹고 좋아하니까 멋쩍어하는 것도 같았다. 서로 나이를 물었다. 김석순 어머니가 예순넷이고, 김순영 어머니는 예순하나, 신을분 어머니는 예순셋이다.

"아이고, 나는 학교 와서 고향 동생 하나 생겼네."

"그럼 나는 우리 반에 언니 하나 생겼네."

글쎄, 잘 안 된다. 내가 어머니들이 사투리로 하는 입말을 그대로 살려 쓰지 못하는 게 안타깝다. 어머니들은 웃고 좋아했다. 신을분 어머니도 지금까지는 나이가 가장 많았는데, 더 언니가 생겼다고 실컷 웃으셨다. 어머니들이 즐겁게 얘기하는 가운데, 김석순 어머니가 지난 이야기를 쏟아 놓았다.

김석순 어머니는 집에서 큰딸이었다. 아마 초등 학교에 입학할 나이에 아버지가 돌아가셨다 했다. 아버지가 안 계시니 어머니와 둘이서 모든 일을 도맡아 했다. 논으로, 밭으로, 산으로 다니면서 일만 했다. 잠시 놀기만 해도 얻어맞고 혼이 났으니, 학교는 꿈도 못 꿨다. 일은 해도 해도 줄어들지 않으니 죽어라고 일만 했다. 한 마을에 사는 또래들이 학교에 다니는 게 그렇게 부러울 수가 없었다. 한번은 아직 갓난 동생을 업고 몰래 학교에도 가 봤다. 고개를 몇 고개나 넘어야 하는 십릿길이다. 동생을 업고 교실 너머에서 구경을 하고 있었다. 갑자기 동생이 울기 시작하더니 그치지를 않았다. 또래 친구들이 끝나고 나올 때까지 기다리려고 했지만 그럴 수가 없었다. 도망치듯이 집으로 왔다. 다시 십릿길이다. 온몸이 땀으로 젖는데, 동생은 업힌 채로 똥까지 싸질렀다. 집에 와서는 어머니한테 보통 혼난 게 아니었다. 그 뒤로는 학교 가까이에 얼씬도 못 해 봤다.

김석순 어머니는 시집을 가고 서울로 와서 자식들 낳고 살면서도, 언젠가는 한글이라도 꼭 배우리라 마음먹었다. 애들 책을 놓고 몰래 혼자서 공부도 했다. 자제 분들이 다 크면서는 애기도 했다. 배우고 싶다고. 한번은 따님이 어디 글 가르쳐 주는 데를 알아봐 주기도 했지만, 그 때는 일에 쫓기느라 다니지 못했다. 그래도 늘 희망을 버리지는 않았다. 그러다가 3년 전쯤인가 손녀딸이 신문에서 읽어 주었다. 여기 한글 배우는 데 있다고, 할머니 다니면 좋겠다고. 손녀딸에게 전화 번호를 써 달라고 했다. 일하러 다니면서도 손녀딸이 써 준 쪽지를 지갑에 꼭 넣고 다녔다. 전화 번호를 들여다보기만 해도 기분이 좋았다. 몇 번 전화만 해 보다가 월급날에 학교를 찾아왔다. 학교에 왔다는 것만 해도 너무 좋았다. 그 자리에서 입학 원서에 들어갈 주소랑 여러 가지 것들을 말했다. 한 달 회비 3만 원씩을 여섯 달치나 한꺼번에 다 냈다. 월급을 다 내준다 해도 아까울 것 같지가 않았다. 그게 이 곳 어머니학교와 처음 만난 일이다.

김석순 어머니는 학교 오는 게 너무 신이 났다. 밥도 안 먹고 학교로 곧장 달려왔는데, 먹지 않아도 배가 불렀다. 여섯 달 동안 하루도 즐겁지 않은 날이 없었다. 하나하나 글을 배웠고, 온통 글자투성이인 길을 다니면서는 걸어만 다녀도 글자가 눈에 들어왔다. 간판이 보였고, 버스 안에 있는 광고가 보였다. 여섯 달은 너무 빨리 지나갔다. 첫 학기 수료증을 받았고 그 윗반에서 또 배웠다. 배운다는 것만으로도 즐거웠지만 그전만큼은 아니었다. 눈에 들어오지 않던 집안일도 보이고, 몸이 아프기도 했고, 차츰 빠지는 날도 많았다. 그렇게 다니다가는 아주 몇 개월을 안 나오게 되었다. 다니다 말다 하다가 이제 다시 다니고 있는 거다.

김석순 어머니는 처음 공부 시작할 때를 말할 때는 아주 들떠서 얘기했다. 그 때 기분을 다시 맛보는 것 같은 얼굴이었다. 다른 때는 이렇게 신나게 말씀하신 적이 없다. 늘 기운이 없어 보였고, 별다른 말씀이 없는 분이었다. 뒷자리에서 늘 싱글벙글인 김순영 어머니나, 약간 컬컬한 목소리로 "선생님, 선생님."을 불러 대는 신을분 어머니에 대면 더 그랬다. 그러던 분이 말소리까지 빠르고 커졌다. 생각만 해도 너무 좋은가 보았다.

안타까웠다. 물론 첫 반부터 시작해서 끝 반까지 공부한 어머니가 없지는 않지만, 더 많은 어머니들이 첫 기쁨을 그대로 이어 가지 못하고 있다. 처음 글을 배울 때는, 몇십 년 만에 다시 공부를 시작할 때는 그것만으로도 벅차고 기쁠 수 있다. 하지만 어느 정도 지나면 마냥 기쁠 수만은 없다. 여기에 나오시는 어머니들이야말로 글과 삶이 만나는 참맛을 알면 알수록 학교가 더 즐거워질 텐데, 그렇지 못하다. 많은 어머니들이 학교를 그만두는 건 '이 정도면 됐지.'여서가 아니라, 안타까워하면서 그만 나오신다. 글을 보고 읽게 된 첫 자신감이 곧 삶에 대한 자신감으로 이어지기보다는, 오히려 주눅들어 버리는 때가 더 많다. 오히려 더 큰 자신감을 잃는다.

가장 안타까운 건 공부 내용이 어머니들 삶에 바탕을 두지 않을 때였다. 한글 익히는 교재에서 예로 드는 낱말들이 어머니들 삶이랑 참 먼 게 많다. 개념으로 된 낱말들, 한자투성이 낱말들, 신경 쓰지 않아도 될 외래어 글자들. 어머니들이 글자를 가깝게 여길 수 없게 한다. 공부란 뭔가 어렵고 부담스런 저 편의 일로 여기게 만드는 게 아닌가. 차라리 한글반이야 좀 낫다. 문장반에서 쓰는 교재를 보면 눈앞이 깜깜하다. 어머니들이 삶에서 쓰는 입말은 없다. 어머니들이 살아온 바탕이 되는 보기 글은 아예 없다. 이상스런 작문 시간이 이어지고, 문법이 끼어 있다. 그럴수록 어머니들은 당신네가 살아온 삶을 글로 쓰기도 어렵게 될 것만 같았다. 오히려 글이라는 것, 지식이라는 것 앞에서 또 다시 벽을 느낄 수밖에 없을 것만 같다. 어머니들이 교실에 나와서 찾아야 할 건 교양 있어 보이게끔 하는 말을 좇아 배우는 것도 아닐 테고, 짤막한 지식 몇 토막을 공부하는 것도 아닐 거다. 그건 오히려 어머니들 스스로가 얼마나 못 배웠나 하는 것만 더 크게 느끼도록 하는 게 될 수 있다. 중요한 건 어머니들 스스로가 당신의 삶을 더욱 소중하게 세워 낼 수 있도록 해 드리는 것이며, 못 배웠다는 열등감을 씻고서 스스로를 더욱 존중할 수 있게 해 가는 것일 거다.

많은 어머니들이 다니다가 만다. 한 학기에 입학한 어머니들에 대면 수료식까지 남는 어머니들은 턱없이 적다. 물론 그 사이에도 새로 다니기 시작한 어머니는 처음에 입학한 어머니들만큼 많다. 엄마가 다니는 반만 해도 시작부터 해 온 사람은 엄마 혼자라고 한다. 하나 둘씩 빠져나간 만큼 하나 둘씩 새로 들어와서 교실에는 늘 아홉에서 열 분이 있다고 한다. 그것까지 다 하면 어머니학교에 문을 두드리고 와서 공부를 했던 어머니들 수는 수료한 어머니의 몇 배가 된다. 그렇게나 많은 어머니들이 떨어져 나간다. 더구나 끝 반까지 올라가면서 어머니학교 과정을 다 하는 분은 몇 분 없다. 많은 어머니들이 왜 그렇게 하다가 말게 되는지를 찾는 게 가장 중요할 것 같다..

어머니들이 처음 학교에 오실 때는 어디 그게 보통 용기인가? 몇십 년을 꾹꾹 눌러 온 바람으로 두근거리며 어렵게 찾아왔을 거다. 그만큼 '이번만큼은 꼭…….' 하는 마음도 단단할 거다. 우리 교실이 정말 배움에 소외된 어머니들을 위한 자리라면, 그런 어머니들뿐이 아니라 공부가 힘들다 하는 어머니들까지 다 신바람을 낼 수 있어야 한다. 그러려면 무엇보다 그건 어머니들의 삶을 바탕으로 해야 하는 게 아닐까. 지식 말글이나 지식으로 잘 갖추어 내는 무슨 개념들이 아니라 그대로 어머니들의 몸속에 있는 말, 어머니들이 살면서 가장 가깝게 쓰는 말을 소중히 여기며 말이다. 어머니들이 새벽일을 다니면서, 공사장에서 막일을 하면서 익숙해져 있는 말을 그대로 글로 쓰는 것. 시골의 가난한 딸로 살아온 얘기, 못 배워서 숨죽이며 살아온 얘기, 자식들을 키우면서, 손주들을 안으면서 힘들고 기뻤던 얘기 들을 함께 나누는 것. 집에서 집안일을 하며, 시장을 보러 다니며, 이웃집 사람들과 아웅다웅하며 살아가는 이야기를 서로 털어놓으며 쓰는 글로 말이다. 어머니들은 다들 저마다 살아온 얘기를 쓰자면 책 한 권을 다 써도 모자란다 하시는데, 정말 그렇게 글쓰기를 한다면 하면 할수록 더 빠져들게 될 것이다.

"어휴, 벌써 몇 시야? 쓸데없는 소리 그만 하고 이제 공부해야지."

"김석순 어머니, 앞으로 멀미나도 안 빠지실 거지요?"

"그럼. 이제 다시 다니니까 어떻게든 끝까지 배워야지."

"저, 슨생님. 나 지금 '마' 자 드가는 말 하나 생각났는데."

또 김순영 어머니다. 앞장서서 말도 잘하고, 잘 끼어들고, 분위기도 잘 바꾼다.

"뭔데요?"

"가마."

"아아, 시집 갈 때 타고 가는 가마요? 한번 써 보세요."

이제는 또 김순영 어머니가 가마 타고 시집 간 얘기가 이어졌다. 아니, 우리 엄마랑 두 살 차이밖에 안 나는데 가마 타고 시집을 갔다고? 엄마는 피난 내려와서 서울에서 살았으니까 예식장에서 한 건가? 김순영 어머니는 가마를 타고 갔는데 아주 '부끄러바서' 혼났다고 한다. 코흘리개 조무래기들부터 온 마을 사람들이 새색시라고 떠드는 소리가 다 들렸다고. 말하면서도 어느 새 수줍은 얼굴이다. 주먹 쥔 두 손을 얼굴 양 볼에 대고, 부르부르 떠는 모양이다. 신랑도 잘 생긴 말을 타고 왔더라고 했다. 연애는커녕 말 한 번 못 해 보고, 얼굴만 본 다음에 바로 혼인을 치렀다고 했다.

"다른 어머니들도 다 가마 타고 시집 가셨어요?"

"아니, 나는 차 타고 갔어."

신을분 어머니다. 신을분 어머니는 시집 갈 때, 한 번에 여럿이 같이 갔다고 한다. 합동 혼례인지 아닌지는 잘 모르겠다. 그건 말하지 않으셨다. 한 번에 신부들이 여럿이서 한 차를 타고 갔다고 하신다. 길게 말한 건 아니지만 신을분 어머니도 쑥스러워하며 웃었다. 어머니들은 지금도 시집 갈 적 생각만 해도 그저 좋으신가 보다.

"김석순 어머니는요? 가마 타셨겠네요?"

"······."

그래도 김석순 어머니가 가장 나이가 많으시니까, 당연히 가마를 타셨는 줄 알고 여쭈어 봤다. 아무 얘기도 안 하시는 걸 보고 뜨끔해졌다. 김석순 어머니한테는 혼례식도 남 얘기일지 모른다는 생각이 들었다. 그냥 산 분들도 아주 많았을 테니까. 만약에 그랬다면 얼마나 부러우셨을까? 내가 물어 봤을 때도 움츠러드셨는지도 모른다. 어쨌든 눈치를 빨리 채고 말을 얼른 돌렸다. 그 때 김순영 어머니 얘기가 또 길게 시작되었다. 옛 시절을 떠올리니까, 어머니도 어렸을 적 얘기가 떠올랐나 보다.

김순영 어머니도 어렸을 때는 시골에서 일한 거밖에 없었다고 했다. 일하기 싫어서 도망가서 놀았다는 얘기를 할 때는 그 모습이 그대로 그려졌다. 지금 싱글벙글 늘 웃는 얼굴에다, 장난 잘 치고, 우스갯말 잘하고 하는 모습이 그대로 이어졌다. 남자들은 다 학교 보내 줬는데 나만 일시키는 게 억울했다고. 한번 몰래 나와 놀다가는 죽도록 맞았다는 거다. 1년에 딱 두 번, 추석하고 설날만은 너무 신났다. 나가 놀라고 하니까 그렇게 좋을 수가 없다. 늦게 들어와도 누가 뭐라 안 하니까 밤늦게까지 애들이랑 돌아다니며 놀았다. 그 때 큰아버지가 무슨 면사무소에 다니셨는데, 과외 공부처럼 아이들을 모아 놓고 집에서 글을 가르쳤다. 공부라는 게 너무 궁금해서 딱 한 번 구경 갔다가 붙들려 와서는 또 한 번 죽도록 맞았다고.

"······ 그 때는 얼마나 학교가 가고 싶었다고."

김순영 어머니 어릴 적 얘기를 하니까 생각나는 게 또 하나 있다. 우리 달반에서 산수를 가르치는 수정이가 말해 줬다. 김순영 어머니가 겪은 전쟁 얘기다. 어느 날인가 어른들이 갑자기 막 짐을 싸라고 했다. 김순영 어머니는 그 소리만 들어도 신이 났다. 일을 안 한다는 게 너무 좋았다. 짐을 다 싸면 어디로 간다고도 한다. 와, 정말 신난다. 어린 김순영 어머니는 그저 신나했다. 뭐, 멀리 소풍 가는 것처럼 좋았다. 그래도 전쟁인데 피난길에 힘들지는 않았냐고 물었더니, "일하는 것보다야 백 번 낫지." 하고 대답하셨다는 거다. 그 때는 정말 일하는 게 너무 싫었다고. 전쟁인지 뭔지도 모르고, 어디로 어디로 가는 게 날아가는 것처럼 좋았다고. 이 얘기를 듣고는 너무 웃음이 났다. 너무 김순영 어머니다운 얘기여서다. 우와, 전쟁을 그렇게 기억하시는 분도 있구나. 그 마음 또한 동심이다. 살아 있는 동심. 너무 어른스럽게 고향 떠나는 걸 슬퍼만 하거나 걱정을 하는 건 오히려 더 이상하다. 그 때 잠깐 김순영 어머니의 어린 시절을 그대로 살려서 동화를 써 보고 싶다는 생각을 가져 보았다.

오늘 공부 시간에는 어머니들 살아온 이야기를 많이 들어서 참 좋았다. 이제 어머니들은 금요일에 산수 공부를 할 테고, 나랑은 다음 주에나 만난다. 날씨가 갑자기 많이 추워졌는데, 다음 주에는 안 오신 어머니들도 다 왔으면 좋겠다. 손명월, 박영옥 어머니도 보고 싶다.

## 엄마가 쓴 일기

**7월 24일 토요일. 구름.**

내일 일요일은 15일 전부터 기도 가자고 약속을 했다. 내일은 아침 밥 지어 놓고 일찍 기도를 멀리 간다. 그래서 오늘 내일 저녁 준비까지 하느라고 바쁘다. 일요일은 고기 먹는 날이다. 오랜만에 함박스데이크 하려 한다. 학생들은 다 좋아하는데 우리 작은아들은 삼겹살 아니면 불고기를 좋아한다. 그래서 아들은 삼겹살 먹으라고 한 근을 따로 사 왔다. 숙제하고 일기 쓰고 나니 벌써 밤 1시 5분이다.

**8월 8일 일요일. 맑음.**

일요일 제주도 간호사 학생들이 온 지도 한 달이 다 되어 간다. 오늘 저녁에는 피자나 해야지 하며 시장에 가서 소고기 1근 사 갈고 표고버섯, 피망, 양파는 집에 있다. 피자 치즈, 양상추는 아무데도 없다. 일요일은 시장이 쉬는 날이다. 소 사골뼈도 사고 너무 짐이 많아서 힘이 들었다. 저녁 식사는 피자로 했다. 4판이나 구었다. 다들 맞있게 잘 먹는다. 우리 작은아들은 실어한다. 그래서 삼겹살 1근을 사 왔다. 나도 피자가 너무 맛이 있다. 그런데 요새 살이 찌어서 조그만 것 1쪽만 먹었다. 마음 놓고 먹으면 3쪽은 먹는데 먹고 싶은 것을 참는 게 힘들다.

11월 24일 수요일

# 우유 배달

날이 무척 쌀쌀해졌다. 아침에 일어나서 씻고, 줄넘기하고, 대충 방 안이랑 책상 위를 치우고 나니까 어느 새 열 시가 넘었다. 다른 사람들은 조금 있으면 점심을 먹을 시간이지만, 나는 아침을 먹으려고 집을 나섰다. 엄마 집으로 바로 가지 않고, 전철역 쪽에 있는 은행에 들렀다. 꼭 세금 심부름을 할 때는 달마다 말일쯤이라 몇십 명씩 기다려야 했는데, 아까는 가자마자 돈을 넣었다. 어디서 번 돈은 아니고 다른 은행 것을 찾아 옮겨 넣는 거다.

은행에서 엄마 집으로 가는 길은 둘이다. 하나는 찻길 따라 나 있는 큰길이고, 또 하나는 좁은 골목이 꾸불꾸불 이어져 있는 시장 길이다. 큰길은 대학생들이 많이 다니고, 시장 길은 아줌마, 아저씨가 많다. 좀더 돌아가는 길이기는 하지만 시장을 거치면서 갔다. 시장을 빠져 나와 집들이 나오는 길목에 호떡 리어카가 있다.

두꺼운 종이를 북 찢어다가 바람 막는 비닐에 붙여 놓았다.

'꿀 호떡. 맛도 양도 좋습니다.'

매직펜도 흐릿하고 글씨 크기도 제멋대로다. 호떡 파는 할아버지가 직접 쓰셨을 것 같다. 못생긴 그 글씨들은 거기에 써 놓은 말투랑 너무 안 어울렸다. 안 어울리면서도 '정말 맛도 좋고, 큼직한 호떡이겠다.' 싶은 생각이 들었다.

엄마는 호떡을 좋아한다. 정말 좋아하는지는 잘 모르지만, 엄마가 밖에서 뭘 사 먹었다는 얘기에는 호떡만 나온다. 그렇다고 입맛으로 즐겨 찾는 것도 아니다. 엄마는 어쩌다 끼니 시간을 못 맞추고 다니면 호떡을 사 먹는다. 출출하면 호떡 얘기를 했다.

엄마랑 길에서 호떡을 사 먹은 적은 딱 한 번 있다. 내가 초등 학교 2학년 때다. 엄마는 십 년 정도 우유 배달을 했는데, 그 때도 엄마가 우유 배달하던 시절이다. 여름 방학이었고 어느 날 형이 나한테 말했다.

"기범아, 우리 이번 방학에는 엄마 우유 배달 도와 줄래?"

나는 싫었던 것도 같고, 겁이 났던 것도 같다. 아니면 그냥 어리둥절했는지도 모른다. 그런 생각을 하는 형이 이상해 보였다. 형이니까 하는 생각, 이런 식으로 느꼈던 것도 같다. 나는 그런다고 했다. 형하고 나는 다섯 살 차이다. 그러니 거의 형이 하자는 대로 했을 거다. 물론 때로는 말도 잘 안 듣고, 대들고 하다가 혼도 많이 났지만.

엄마는 네 시쯤에 먼저 나가고, 형은 다섯 시쯤에 나를 깨웠다. 형이랑 나는 버스도 안 타고 뛰어갔다. 우리 집은 사당동 정금 마을인데 엄마가 일하는 데는 신반포 쪽 아파트였다. 가려면 이수 네거리도 지나고, 긴 정거장 두 개까지 모두 다섯 정거장이었다. 형이랑 나는 뛰다 걷다 했다. 어느 만큼씩 정해 놓고 누가 더 빨리 달리나도 했다. 물론 나는 열 발쯤 미리 앞선 다음에 출발하는 거다.

엄마는 대리점에서 개수를 맞춰 우유를 받아 놓고, 배달을 시작하고 있다. 나는 엄마가 적어 준 아파트 동이랑 호수를 보고 우유를 돌렸다. 엘리

베이터가 없던 아파트라 층층마다 뛰어다녀야 했다. 힘들기보다는 무서운 마음이 더 먼저 들었다. 어둑한 새벽 아파트 계단에 내 발자국 소리만 찰박찰박했다. 그래서 적어도 한 아파트 건물 안에서 쉬엄쉬엄했다거나 잠시라도 쉬어 본 적이 없다. 한번 건물에 들어가면 어쨌든 빨리 돌려 놓고 1층 밖으로 나가고 싶었다.

나는 아마 일기장 공책에서 '오늘의 착한 일' 칸마다 썼을 거다. 엄마가 우유 배달하는 거를 도와 드렸다고. 어쩌면 창피한 마음에 안 썼는지도 모른다. 자세한 것은 잘 기억이 안 난다.

우유를 돌리다 보면 점점 날이 밝았다. 아파트 입구마다 하루를 시작하러 사람들이 나왔다. 우유 넣는 집 문 앞에서도 사람들과 부딪혔다. 앞으로 며칠은 여름 휴가를 가니까, 아니면 집에 안 먹은 우유가 너무 밀려 있으니까 며칠 동안 우유를 넣지 말라는 얘기를 했다. 그러면서도 초등 학교 2학년짜리 어린애가 하는 걸 약간 이상한 눈으로 보았다. 그냥 내 느낌이다. 한번은 어떤 아줌마가 나를 보고 깜짝 놀랐다. 손도 잡아 보고 하면서 몇 살이냐고, 집은 어디냐고, 그런 것들을 물어 봤다. 방학이라서 엄마를 도와 주고 있다니까 아주 기특해했다. 그러더니 나를 집 안으로까지 데리고 들어갔다. 뚜렷하게 생각은 안 나는데, 다른 식구들한테 나를 두고 얘기를 했다. "얘가 엄마를 돕는다고 우유를 돌린대요. 얘가 아홉 살이래요……." 하는 얘기였을 거다. 그러더니 잠깐 기다리라고 하고는 빵이랑 무슨 주스 같은 걸 내줬다. 그 아줌마가 좋은 마음으로 그랬지만 따뜻하거나 고맙지는 않았다. 어렴풋이 나를 불쌍하게 여긴다고도 느꼈다. 나는 그저 빨리 나가고만 싶었다. 나는 나가 봐야 한다는 말을 먼저 하지도 못했다. 그저 빵만 먹으면서 아줌마가 나가라고 할 때만 기다렸다. 빵은 맛이 없었다.

우유 수레에서 또 우유를 한 봉지 가득 담고 다른 동 아파트로 뛰어갔다. 아는 애가 보였다. 철민이다. 우리 반 반장이다. 철민이는 식구들하고 운동을 했다. 아빠, 엄마, 여동생이 다 나와 있었다. 모두 좋아 보이는 운동복 차림이다. 금을 그어 놓고 철민이와 아빠가 달리기를 했다. 식구 모두가 즐거운 얼굴이었다. 나는 교과서에서나 봤음 직한 행복한 모습을 본다는 게 신기했다. '아침 일찍 식구들과 함께 운동한다는 게 저런 거구나.' 나는 길을 돌아서 다른 동 아파트부터 우유를 돌렸다. 요 기억만큼은 너무도 또렷이 떠오른다.

나중에 개학하고 학교에서도 나는 철민이를 보면 부러웠다. 얘랑 별로 친하지는 않았지만, 나는 속으로 좋아했다. 철민이는 선생님이 귀여워해 주는 애였고, 발표도 잘하고 야구 같은 운동도 잘하는 애였다. 그리고 지금도 우습게 기억나는 것 한 가지는, 나는 걔를 보면서 참 잘생겼다고 생각했다는 거였다. 아니, 겨우 아홉 살밖에 안 먹은 어린애가, 그것도 같은 남자아이한테 잘생겼다고 느끼다니. 내가 그랬지만 웃음이 난다. 나는 학년이 다 끝날 즘에 그 애에게 크리스마스 카드를 주었다. 쉬는 시간에 주었는데, 다음 시간에 그 애가 나에게 답장이라면서 봉투를 건넸다. 어떻게 벌써 답장을 주나 했는데, 봉투 안에는 내가 준 카드가 그대로다. 속에 있는 글씨도 다 내가 쓴 그대로고. '철민이에게', '기범이가' 하는 이름만 지워서는 바꿔 써 놓았을 뿐이다. 아마 내가 또래한테서 받은 첫 상처일 거다.

보통 우유를 다 돌리면 형하고 나는 먼저 집으로 왔다. 엄마는 남아서 남은 우유들을 더 팔아야 했다. 대리점에서는 달라고 한 우유보다 일부러 더 많이 맡긴다. 어찌 해서든 우유는 다 팔아야 했다. 대리점에서는 되받지 않기 때문이다. 그런데 한 날은 엄마랑 다 같이 일을 끝냈다. 찻길 따라오는데 엄마가 호떡 하나 먹고 가자 했다. 호떡 파는 아줌마랑 엄마는 많이 본 사람처럼 얘기했다. 아마 엄마는 우유를 다 돌리고 나면 호떡을 먹곤 했나 보다. 엄마가 잇달아 이 집 호떡이 너무 맛있다느니, 다른 데 호떡은 뭐가 어떻다느니 그런 얘기를 했다. 나는 왜 야채 호떡은 없냐고 찡얼

대다가 꿀호떡 하나를 먹었다. 일을 하고 나서 그랬는지 정말 맛있었다. 이것도 지금 다시 또렷이 떠오른다. 침이 고일 정도다.

우리 집에 하숙생들이 새로 들었다. 엄마 얼굴이 환하다. 부산에서 온 학생들이다. 체육학과를 지망하는 만큼 몸도 참 야물고 단단해 보였다. 수능 시험이 끝나고 실기 시험을 준비하려고 온 거다. 아마 여기 경희 대학교 체육 강사한테 과외 지도식으로 훈련을 받는 모양이었다. 이 학생들은 벌써 나보다 여덟 살이나 아래다. 엄마가 처음 하숙집을 할 때만 해도 대학생 형, 누나들이었는데. 이 학생들은 말씨도 참 착했고, 몸가짐도 되바라지지 않고 공손했다. 종종 눈살을 찌푸리게 하는 학생들에 대면 정말 좋다.

세 사람이 같이 왔는데 한 방에서 지낼 거다. 지금 남아 있는 방은 작은 방이 하나고, 크고 넓은 방에는 한 사람만 있다. 그 방에 있는 학생은 둘이 쓰는 방에 오기로 하고 왔다가, 한 명이 나가서 그냥 그 돈으로 독방처럼 지냈다. 그래서 셋이 한 방 쓰겠다는 애들이랑 방을 바꾸면 안 되냐고 했더니, 엄마 말이 그 애가 싫어하는 눈치라 했다. 할 수 없었다. 좀 불편하기는 하겠지만 애네 셋은 작은방 하나에서 같이 묵기로 했다. 애네들은 앞으로 시험 볼 동안 딱 한 달만 살게 될 거다. 애네들은 이불도, 다른 살림도 거의 없이 옷 가방만 들고 올라왔다. 엄마랑 나는 그 작은방을 치웠다. 그 방에는 전에 한 학생이 살았는데, 말도 없이 두 달이나 안 들어오고 있다. 무슨 일 때문에 그런 건지는 한 방에 같이 살던 이도 잘 모르는 듯했고, 집에서까지 연락이 안 된다고 했다. 엄마는 한 사람이라도 하숙비가 아쉬운 형편에 새로 학생을 들이지도 못하고 이제나저제나 하고 있었다. 그러다가 한 달을 살러 온 아이들에게 그 방을 내주기로 한 거다. 어쨌든 그렇게 남겨진 그 학생 짐들은 옆에 큰방으로 옮겼다. 그리고 새로 온 학생들에게는 우리가 안 쓰는 이불을 내주었다. 한눈에도 엄마는 기분이 좋아 보였다.
　삼사 년 전인가에도 체육학과를 준비하는 학생들 한 떼거리가 살았다. 그 때는 엄마가 스무 명쯤 하숙을 쳤는데, 걔네들만 열 사람쯤이었다. 우당탕탕, 집이 시끌시끌하고 사람들 기운이 넘쳐났다. 밥 먹을 때면 거의 아수라장이었다. 먼저 먹겠다고, 더 많이 먹겠다고 난리였다. 엄마는 쌀이 세 배는 더 든다고 말했지만, 그래도 좋아했다. 해 주는 반찬마다 맛있다고 잘 먹고, 더 달라고 야단이니까 뭘 해도 신이 났다고 했다. 요즘 밥상 앞에서 깨작깨작대는 학생들을 보면 그 때 얘기를 참 많이 했다. 요즘은 자꾸 반찬이며 국이 남으니까, 밥상에 다시 올려서 더 맛없게 먹고 하는 일이 서로 꼬리를 문다. 오늘 온 애네들은 뭐든지 잘 먹고, 몸가짐도 참 좋아 보였다. 게다가 돈이 똑 떨어졌다는 엄마에게는 구세주처럼 왔다.

## 11월 29일 목요일

# 엄마는 이제 식구들을 미워하지 않는다

어머니학교에 갔다. 과목 회의를 했다. 학교 총회를 준비하면서 평가도 하고, 더구나 우리 국어 과목은 교재에 대한 얘기도 해야 한다. 전에 인쇄해 놓은 교재가 다 떨어져서다. 회의는 한 번 열리지 못하고 오늘 다시 모인 건데, 가니까 나 혼자다. 아마 여러 선생님들이 직장이며 집안일들로 다 바빠서일 거다. 공부 시간 맡을 때도 겨우 시간을 빼는 거니까, 한번 다 모이는 건 정말 어렵다. 오늘 회의는 교감 선생님과 상근하는 조혜영 선생님, 그리고 나와 셋이 했다.

먼저 바쁜 건 교재 이야기다. 두 분 선생님들부터 이야기를 꺼냈다. 교재에 들어 있는 바탕글부터 조금씩 바꿨으면 좋겠다고. 어머니들이 재미없어하거나, 너무 어려워하는 게 많다고. 수업하는 자원 교사들도 이런 얘기를 종종 한다고. 선생님들은 나에게 먼저 어떠냐고 물었다.

"저도 반별 교재들을 어느 정도 다 보고 왔거든요. 그런데, 솔직히 말하면 처음부터 아주 싹 바꿨으면 좋겠어요. 예전부터 수업하거나, 저희 엄마 공부하는 걸 보거나 할 때마다 생각하던 거였거든요. 그런데 벌써 몇 년씩이나 학교에서, 어머니들을 만나는 선생님들 앞에서 그런 말을 한다는 게 용기가 안 났어요……."
 아주 조심조심 말했다. 어려운 처지에서도 이만큼이나 어머니학교를 가꾸어 온 선생님들의 노력만큼은 어디에 댈 수 없으니까. 자칫 혼자서만 잘났다는 듯이 떠들 수도 없는 노릇이다.
 나는 내 느린 말투대로 천천히 말했다. 말할 거리를 준비한 건 아니지만 시작하니까 술술 나왔다. 생각나는 대로 한 대여섯 가지를 나누어 얘기했다.
 하나는 우리말 바로 쓰기에 대한 거다. 나도 물론 깨끗하게 제대로 쓸 줄은 모르지만, 교재들을 보면 깜짝 놀랄 정도다. 어머니들이 쓰고 읽는 것만 배우는 게 아니라, 뜻까지 새로 배워야 할 정도다. 쓰지도 않는 한자말이 많다. 어머니들이 이제 와서 더 배워야 할 낱말이 뭐가 있나. 게다가 한글 교재에 외래어가 너무 많다. '레' 자를 알기 위해서 어머니들은 먹지도 않는 '레몬'을 맞게 쓰느라 진땀을 흘린다.
 선생님들은 내가 하는 얘기들을 잘 들어주었다. 우리 교사들부터라도 그런 걸 어떤 식으로 공부할 수 있겠냐고 묻기도 했다. 나는 《우리말 바로 쓰기》 같은 책들을 얘기해 보였고, 우리말 모임도 얘기했다. 선생님들이 얘기를 잘 들어 주니까 나는 더 마음이 편해져서 얘기를 했다.
 또 하나는 일기 쓰기에 대한 거다. 우리 엄마만 해도 내가 옆에서 늘 함께 썼지만, 일기 쓰는 걸 꽤 힘들어한다. 일기 쓰기는 글자 공부랑은 다르다. 아이들을 가르치는 선생님들도 일기장에 빨간 걸로 찍찍 긋는 게 가장 나쁘다 한다. 오히려 더 일기와 멀어지게 하는 거다.
 나는 윤태규 선생님이 쓴 '일기 쓰기'에 대한 책을 떠올리며 얘기했다. 교감 선생님은 어머니들도 자꾸 틀린 글자 보니까 쓰기 싫더라고 한다고 말했다. 틀린 거 신경 쓰지 말라고 해도 어머니들은 그게 아니었다면서. 하지만 아무리 말로 신경 쓰지 말라고 해도 어머니들한테 빨간 글씨는 두

려움일 수밖에 없다. '못 배운' 어머니들에게는 '실수'도 '무식'으로 받아들일 수밖에 없는 열등감이 있다. 하루 일기 몇 줄 위에만 해도 대여섯 개의 빨간 글씨가 있다. 어머니들한테는 작지 않은 상처다.

그 다음에는 일기 쓰기에 이어서 글쓰기에 대해 얘기했다. 하고 싶은 말은 가장 많지만 다 하지는 못했다. 나도 학교에서는 국문과를 다녔지만 '글쓰기'와 '글짓기'가 어떻게 다른지는 이제야 겨우 조금 알았으니까. 무얼 어떻게 얘기해야 할지 몰랐다. 겨우 한 말이 어머니들에게 백일장식으로 '작문' 쓰기를 강요해서는 안 된다. 강요는 다른 게 아니라 지금 공부 시간에 하는 건 다 강요다. 교사가 지나가듯이 하는 말에도 어머니들은 큰 부담을 느끼고 있다. 그러니 교재에서까지 내주는 것은 너무나 큰 강요가 된다. 문장반 교재에는 너무나 '작문'이 많다. 이런 건 자꾸만 '글'이란 어려운 것, '공부'란 어머니들 삶과 다른 것으로 멀어지게 하는 거다. '배움에 소외된 어머니'들을 만나서는 다시 어머니들을 소외시키는 거나 마찬가지다.

조혜영 선생님은 교재까지 함께 들추면서 어머니들이 특히 이런 거, 저런 거 쓰는 걸 어려워한다고 했다. 쓸 것도 없다 하고, 재미도 없어한다고 했다. 여태껏 교실에서는 교사도, 어머니들도 다 힘들어했던 거다.

단순한 문장을 읽고 쓰는 교실도 그랬으니 긴 글을 지어 쓰는 작문반 어머니들의 교재를 보면 그 제목만 봐도 놀랄 정도다. '지방 자치 시대', '지역 의원인가 국회의원인가', '신데렐라의 유리 구두를 벗어던지자'…… 저마다 '지방 자치'나 '여성', '환경' 따위 어떤 가치를 주제로 삼은 것이다. 아마 처음 교재를 만들던 선생님들은 한글 교육을 하면서 사회의 여러 분야에 대한 것에서도 어머니들을 일깨워 주고 싶어 그런 것 같다. 그런데 아무리 보아도 답답하다. '남성 우월주의가 팽배한 사회 분위기가……', '행정부가 입법을 주도하고 의원 개개인은 대통령이나 야당 총재에 철저히 예속되다 보니……' 하는 글로 어머니들의 글공부와 시민 정신을 깨우는 일을 같이 한다니. 이렇게 해서는 어머니들의 '글쓰기 공부'도, 그리고 하고자 하는 '시민 정신 교육'도 아무것도 안 된다.
"나도 그 동안 4년이나 수업을 해 왔는데, 그 때 처음 시작할 때랑 지금이랑 달라진 게 하나도 없어. 우리도 수업 내용이나, 수업 방식에 대해 공부도 하고 해야 하는데……."
교감 선생님이다. 나는 괜히 미안한 마음도 들었다. 그 동안 선생님들이 교실에서 해 온 노력과 정성을 한 번에 다 같이 아무것도 아닌 것처럼 말한 것 같아서다. 이렇게 함께 터놓고 얘기하면 좋은 걸, 혼자 속으로만 '말해 봤자 나만 이상한 소리 한 게 될 거야.' 하면서 끙끙대었던 것도 죄송했다. 내가 어리석었다.
어찌 했건 새 학기 때부터 써야 할 교재를 만들어야 한다. 한 달 남짓한 시간으로는 아주 싹 새로 만들 수는 없다. 할 수 없이 이번에는 있는 교재에서 들어 있는 내용을 조금씩만 바꾸기로 했다. 그 대신 책을 조금만 찍기로 하고. 적어도 그 다음 학기부터 쓸 교재는 새로 만들어야 한다. 당장 모자라는 교재 세 가지를 먼저 봤다. 한 쪽 한 쪽 넘겨 가면서 살폈다. 다른 선생님들도 거의 다 빼고 고치자는 얘기를 했다. '지방 자치'나 '여성', 그런 주제를 담은 글들도 꼭 넣어야 한다면 어머니들이 쓴 생활글에서 찾아 싣자고 했다. 초등 학교 교과서에서 옮겨 실은 옛 이야기도, 동화도 그렇게 하기로 했다.
선생님들이랑 식당에서 저녁을 먹었다. 말하지 못하고 있던 생각들을 다 털어놓고 나니까, 그리고 선생님들이 그 얘기를 잘 들어주고 하니까 한결 마음이 좋았다. 선생님들도 더 가깝게 느껴졌다.
"선생님, 그런데 '독도는 우리 땅' 같은 노래는 왜 외워서 써야 해요?"
"어? 그건 외우지 마시라고 했는데."
"어젯밤에 엄마가 그 노래 외우느라고 끙끙댔어요. '애국가'는 잘 외워지는데, 이건 왜 그렇게 안 외워지냐고요."

"어머니들은 책에 있는 건 다 알아야 한다고 생각하시더라구. 노래도 다 부를 줄 알아야 하고."

"제가 아무리 외우지 말고 다른 거 하라고 해도 안 된다는 거예요."

조혜영 선생님은 교감 선생님과 같이 학교에 늘 있으면서 여러 수업을 맡아서 한다. 상근 교사다. 우리 엄마가 다니는 물오름반도 맡았다. '애국가'는 어머니들이 배울 때 되게 뿌듯해하더라고 했다. 그래서 일부러 따라 부를 수 있게까지 했다고. 하지만 '독도는 우리 땅'은 안 그랬다고 한다. 그런데도 어머니가 너무 빈틈없이 하시려고 하는 것 같다고 했다. 어제는 공부 끝나고 처음으로 노래방엘 갔는데, 연습해야 된다고 그 노래만 몇 번씩 불렀다는 거다.

정말 엄마는 그랬다. 내가 봐도 어머니들 가운데 가장 잘한다. 까다로운 낱말도 웬만해서는 다 가려 쓴다. 조혜영 선생님 말로도 그 반에서 어느 삼십대 어머니 한 사람이랑 엄마가 가장 잘한댔다. 글씨 모양도 참 예쁘게 잘 쓴다. 조혜영 선생님도 시간마다 칭찬해 준다지만 엄마 생각에는 아니다. 삐뚤빼뚤한 내 글씨가 더 잘 썼다고 한다. 엄마는 아직도 예식장에 가져갈 봉투 글씨를 나에게 써 달라고 한다. 가끔 하숙생들이 주소를 물을 때도 받아 적으라고만 하고 말이다.

엄마는 언제나 움츠려 있기 때문에 어딘가에서라도 못 배운 티가 드러날 것 같다고 생각한다. 거의 다 맞아 오는 받아쓰기를 한두 개만 틀려도 끙끙 앓는다. 학교를 다닌 사람들은 한 번 읽고 들으면 그대로 다 할 줄 안다고 생각한다. 어떻게 엄마에게 스스로 자신감을 더 찾게 해 드릴 수 있을까. 초등 학교 검정고시부터 보면 그럴 수 있을까? 아직 시험 문제는 한 번도 보지는 못했지만, 할 수도 있을 것 같다. 다른 어머니들을 봐도 안타깝기는 마찬가지다.

조혜영 선생님은 엄마 얘기를 더 해 줬다. 그 반에서 엄마가 반장이랬다. 놀랐다. 나는 여태껏 모르고 있었다. 아마 반이 시작할 때부터 지금까지 다니는 사람이 엄마 혼자여서일 거다. 물론 숙제나 공부를 가장 열심히 해 가기도 하고. 반장이니까 더 꼼꼼히 하시는지도 모른다고. 엄마한테는 못 들은 얘기다. 엄마가 반장이라니. 형식으로야 반장끼리 모여서 학교 행사에 대해 회의도 한다지만, 그건 거의 없다. 아마 '차렷 경례'나 숙제 걷기 같은 걸 하나 보다. 그래도 너무 웃음이 난다. 나는 여태껏 엄마가 어디 남들 앞에서, 나서서 뭘 하는 걸 본 적이 없다. 늘 못 한다 생각에 주눅이 들어 있었다. 어디 잔칫집에 가더라도 다 한 마디씩 하는 노래조차 늘 빼려고 하시는 것만 봤다. 어쩌다 해도 얼굴이 아주 얼어붙게 되었고.

  선생님들이랑 헤어져서 집에 왔다. 어머니학교에 대해 이래저래 얘기도 많이 했으니, 말한 만큼 내 몫을 져야 한다. 기쁘기도 하지만 부담도 크다. 다음 주 목요일에 다시 교재 회의를 하기로 했다.

  엄마는 방 안 상에 앉아 있다. 엄마 살아온 이야기로 글쓰기를 하고 있다. 엄마가 한번 글 앞에 빠져들기가 쉽지 않은 터라 나는 방해가 되고 싶지 않았다. 살며시 부엌에 나가 혼자 밥을 차려 먹었다. 조심조심 설거지 소리도 나지 않게 했다. 기쁘다. 부담스럽다고 하는 일기 대신, 오히려 더 편하다고 하는 '살아온 이야기'를 엄마는 지금 또 쓰고 있다. 사실, 날마다 꼬박꼬박 쓴 거는 아니었다. 내가 재촉하듯 오늘은 왜 안 쓰냐고 하면, 조르지 말라고, 쓰고 싶을 때 쓴다고 하면서 말이다. 그러니 먼저 손이 가는 건 하루하루 해야 할 숙제고, 집 안 남은 일거리다. 그래도 엄마를 믿고 기다리고 있으니까 엄마는 그 종이 앞에 앉았다. 나는 살그머니 엄마 방에 들어가서 오늘 써 온 '신묘장구대다라니'를 내밀었다.

  "애, 느이 작은외삼촌이 정말 뒤에서 누가 잘 돌봐 주기만 하면 잘 될 사람이었는데……."

  엄마는 외삼촌 얘기를 꺼냈다. 엄마는 아홉 살에 피난 나와 언니, 오빠들이랑만 살던 어린 시절 얘기를 쓰고 있었다. 그 때 어느 순경이 아이들을 모아 열었다는 간이 학교 얘기며, 열 살 차이도 넘는 언니와 형부 집에서 살며 받았던 고생 얘기를 썼다. 그 때 언니, 형부한테 받았던 구박과 설움은 지금까지 꿈에 나오고, 생각만 해도 숨이 가빠진다고 했다. 엄마는 시간을 따라 떠올리면서 작은외삼촌 얘기를 썼다. 지금은 거의 술로만 지내는 외삼촌이다.

"느이 작은외삼촌이 어땠는 줄 아니? 그 어린 나이에도 목에다 나무 판자를 걸치고 장사를 했어. 시외버스 정거장마다 다니면서 껌도 팔고, 오징어도 팔고. 얼마나 수단 좋고 악착같은지 추운 날에도 발발 떨면서 그걸 다 팔았어. 하루는 내 생일이었는데, 엄마 생일이 한겨울이잖아. 글쎄, 내 생일이라고 떡을 사 온 거야. 떡이 식고 얼까 봐 품속에 꼭 안고서 그 시내에서부터 걸어왔어. 떡만 먹으면 목이 멘다고 무까지 사 왔어. 그래서는 무국까지 뜨겁게 끓여 줬어. 외삼촌도 그 때는 열두 살밖에 안 됐는데. 얼마나 정도 많은지. 한번은 또 내가 동두천에서 길을 물어물어 포천까지 갔거든. 그 때도 외삼촌이 어린 게 얼마나 춥겠냐면서 인편에 빨간 스웨터를 보내 주었거든. 얼마나 고맙던지. 그렇게 정도 많고 재주가 많던 사람이 지금은 폐인처럼 되었으니……"

엄마는 눈앞에 지나가는 그림을 보듯 얘기했다. 엄마한테 '그 얘기들 그대로 다 써 보시면 좋겠어요.' 하면서 쓴 종이를 봤다. 그냥 짧게만 써 있다. '언니하고 사는 게 너무 고생이었다.', '작은오빠가 추운 날 생일이라고 떡과 무를 사 왔다.' 그런 식이다. 이제 와서 자세하게 쓰라고 일러 주면 오히려 참견만 되는 것 같아서 그냥 있었다. 그렇게 써 놓은 것만 봐도 나는 한 글자 한 글자가 다 애틋하다. 다른 누가 보면 뭐 그저 그럴 수도 있겠지만, 아들인 나에게는 가슴으로 다가온다.

작은외삼촌은 그 뒤로 어린 나이에 집까지 사고 했지만, 건달패 같은 친구들을 사귀면서 참 힘들게 사셨다. 노름으로 돈도 다 잃었다. 몇 해 전에는 환갑이 다 된 나이에도 일본에서 고생고생하며 돈 2천만 원을 벌어 왔지만, 그것도 또 노름으로 잃었다고 한다. 어렵게 공장 경비 일을 하게 되었지만 술 때문에 오래 다니지 못했다. 재작년에는 엄마랑 가깝게 지내던 먼 친척이 돈을 빌려 달라고 했을 때, 엄마가 돈이 없어서 작은외삼촌에게 이어 주었다. 그런데 먼 친척 쪽에서 돈을 못 갚아서 작은외삼촌은 엄마에게 대고 화를 냈다. '사기꾼 같은 년'이라고 '도둑년'이라고 술만 잡숫고 나면 엄마를 괴롭혔다. 엄마는 사이에서 다리를 놓아 준 것뿐인데, 나중에 그 돈은 엄마가 대신 갚았고, 작은외삼촌이랑은 서로 연락도 안 했다. 그렇게 지내다가 작은외삼촌이 올 여름에 불쑥 찾아왔다. '정수기'나 '공기청정기'를 파는 회사에서 외판 사원을 시작했다. 큰외삼촌네도 들르고, 엄마에게도 왔다. 큰이모네 형들 집에도 다 다녔다고 한다. 몇 대만 팔면 관리직으로 간다고 팔아 달라 하시는 거다. 우리 집에서는 정수기가 있으니까 공기 청정기를 샀다. 필요도 없는 게 2백만 원이나 했다. 무슨 사무실이나 큰 가게에서나 쓰는 걸 필요하다고 막 들이밀다시피 해서다. 설명서에 써 있기로도 오십에서 팔십 평 되는 곳에 쓰는 거라고 나왔다. 그래도 엄마는 안 살 수가 없었다. 1년도 넘게 얼굴도 안 보고 지내다가 오죽했으면 다 찾아왔겠냐고. 술로만 지내더니 그래도 먹고살겠다고 일을 시작했는데 하나 팔아 줘야 하지 않겠냐고. 엄마는 말없이 계약서를 썼다. 그리고는 수돗물을 걸러 준다고 하는 연수기인가 하는 것까지 사서 형네 집에 달아 주었다.

 이 작은외삼촌이 바로 오십 년 전 추운 겨울에 엄마에게 떡과 무를 사다 준 어린 오빠다. 엄마는 살아온 이야기를 돌아보며 쓰다가 이 어린 오빠 마음이 떠올랐나 보다. 나이 많은 언니 밑에서 학교도 못 다니고 온갖 구박으로 살다가 따뜻했던 한 기억이 말이다. 나도 엄마가 자주 하는 어린 시절 얘기는 많이 들었지만, 이 얘기는 처음이다. 엄마는 글쓰기를 하면서 오십 년 가까이 잊고 지냈던 따뜻한 기억을 만난 모습이었다.

## 11월 26일 금요일

# 엄마와 아빠가 헤어지던 날

엄마가 이불에 누워 있다. 엄마가 집에 있을 시간은 아니다. 단학 선원에 가거나, 고전 무용하는 학원에 갈 시간이다.
"엄마, 어디 아파?"
"으응."
엄마는 그냥 한쪽으로 돌아눕는다. 부시시하고 많이 아픈 모습이다. 눈도 약간 충혈된 것 같다.
"몸살이야?"
"좀 자야겠어."
"어떻게 아픈가 말해요. 내가 약 지어 올게."
"놔 둬. 내가 이따 나갈 때 지어 먹게."
"그럼 더 누워 있어요."
나는 나가서 밥을 푸고 국을 떴다. 냉장고에 있는 김치랑 고사리, 시금치를 꺼냈다. 전자레인지로 고등어조림 한 도막을 데웠다.
"생선도 데워 먹어."

"알아서 먹어요."

엄마가 나와서 앞에 앉았다.

"얘, 영등포 고모 할머니는 돌아가셨니?"

"몰라. 왜?"

"보광동 고모 할머니 돌아가셨다는 얘기는 들었는데, 그 할머니는 어떻게 됐나?"

"난 얼굴도 잘 모르는데 뭐. 형한테 물어 보면 알지 모르겠네."

엄마는 고모 할머니들 얘기를 꺼냈다. 엄마가 시집 왔을 때, 엄마에게 참 잘해 준 분들이다. 할머니가 엄마에 대해 이것저것 없는 얘기들을 만들어 하고 다니고, 엄마를 나쁘게 말하고 다닐 때도 고모 할머니들은 엄마를 아끼고 감싸 줬다. 엄마를 위로해 주었고, 엄마 마음을 알아주었다.

엄마를 가장 사랑해 주신 분은 할아버지다. 할아버지는 내가 나기도 전에 돌아가셨다. 형이 세 살 때까지 살았는데, 엄마를 참 아껴 줬다고 했다. 말수도 없고 인자하신 분이라고 했다. 엄마에게 너무 잘해 주면 그게 또 할머니 눈에 벗어나게 될까 봐 속으로, 뒤로 참 따뜻하게 해 주었다. "우리 기홍 에미, 우리 기홍 에미." 하면서 말이다. 엄마는 할아버지를 그리워했다.

엄마는 어젯밤에 살아온 이야기를 쓰면서 이 시절을 떠올렸나 보다. 엄마는 한숨도 못 잤다. 그대로 앉은뱅이책상 앞에서 밤을 꼬박 새웠다. 아직 엄마가 쓰는 종이를 보지는 않았지만, 몇 자 적지는 못했을 거다. 혼자 가슴을 쓸어 내리고, 아득한 기억들에 그대로 빠져 있었을 거다. 그렇게 설움이 많았던 가운데에서도 잠깐잠깐 좋았던 기억이 떠올랐을 거다. 그래서 더 그립고, 마음이 아팠을 거다. 엄마는 고모 할머니들도 그래서 떠올렸다. 엄마는 새벽에 절에 갈 시간이 되어도 그대로 있었다. 날이 밝아 겨우 몸을 일으키고 하숙생들 아침밥을 지었다. 그리고 이제야 기운이 빠져서 이불 위에 누운 거다. 엄마는 감기 아닌 몸살을 밤새도록 앓은 거다.

나는 엄마에게 미안한 마음이 들었다. 엄마더러 살아온 이야기를 써 보라고 한 게 엄마를 괴롭히기만 하는 일이 되는 건 아닌가.

엄마는 한 십 년 전쯤부터는 힘들게 했던 식구들을 미워하지 않는다. 아빠 생각을 해도 그나마 좋았던 기억이 더 떠오른다고 했다. 할머니가 아프실 때는 할머니 걱정을 했다. 칠순이 넘은 큰이모에게도 마찬가지다. 멋없는 아들들 탓에 혼자 미역국을 끓여 생일을 맞는 날에는 꼭 큰이모가 찾아왔다. 포천 구석에서부터 그 힘든 몸을 이끌고 쇠고기를 사 온다. 밭에서 거둔 콩도 한 줌 가져오며 콩밥을 하라고 한다. 이제는 아저씨가 다 된 큰이모 집 형, 누나들도 엄마에게는 그전부터 잘했다. 엄마는 어저께 밤에 피난 나와 지낸 얘기를 쓰다가, "이거 큰이모가 보면 어떡하냐? 순 구박받은 얘기뿐인데." 하면서 멈칫했다.

엄마는 할머니가 돌아가시기 전에도 가끔 안부를 나누었다. 할머니도 나를 보면 엄마 소식을 늘 묻고. 엄마도, 할머니도 늘 염주를 굴리며 얘기 끝에는 '관세음보살'을 외웠다.

할머니는 오랫동안 아프다가 재작년 봄에 돌아가셨다. 내가 볼 때는 아빠나 작은아빠들이 별로 잘해 드리지 못한 것 같다. 할머니가 쓸쓸히 돌아가셨을 때, 엄마는 손님으로 문상을 왔다. 이십 년 가까이 맏며느리였던 엄마는 십 년 만에 그 식구들 속으로 손님처럼 왔다. 엄마는 절에서 '천도제'를 하는 식으로 몇백 배 절을 했다. 나는 상주 자리에 앉아서만 엄마를 보았다. 엄마는 다른 식구들처럼 목놓아 울지도 않고 절만 했다. 차례마다 염불을 외던 스님은 엄마를 알아봤다. 그래도 할머니와 함께 절을 열심히 다녔던 사람은 엄마뿐이다.

엄마는 아빠도 기연이 엄마도 미워하지 않았다. 아빠와 기연이 엄마는 엄마가 아빠와 헤어지기 십오 년쯤 전부터 함께 살았다. 그러니 젊은 시절 엄마는 얼마나 가슴이 아팠을까. 나는 엄마가 이혼하던 해까지 그걸 몰랐다. 그저 아빠는 관광 회사에 다니니까 출장이 많아서 안 오는 날이 많은 줄만 알았다.

지금 막 떠오르는데, 이건 아마 내가 예닐곱 살쯤 되었을 때인가 보다. 기억에 그림 하나가 또렷하다. 나는 심심하다고 다락문에 매달려 흔들흔들했고, 엄마는 부엌에 쪼그리고 앉아서 뭘 빨고 있었다.

"엄마, 아빠 왜 안 와?"

"내일 와."

"거짓말 마. 어저께도 내일 온댔잖아. 왜 안 와?"

"출장을 멀리 가서 그래. 내일 아니면 모레 올 거야."

"엄마 거짓말쟁이야. 엄마 미워. 빨리 아빠 오라고 해."

나는 내가 목놓아 울면서 떼를 쓰던 기억은 또렷한데, 그 때 엄마 얼굴이나 표정은 기억나지 않는다. 왜 요 한 장면이 종종 뚜렷이 기억나는지는 모르겠다. 그 방 모습도, 방바닥에 깔려 있던 이불까지 그대로 보이는 것처럼 말이다.

내가 6학년 때 엄마는 이혼을 생각했다. 엄마는 여기저기 전화도 많이 한 것 같고, 어딜 많이 다녔다. 어느 날 나보고 아빠 사는 데를 같이 다녀오자고 했다. 형은 고등 학생이라 늦게 끝나서인지 나랑 엄마랑 둘이 갔다. 뭘 하다 왔는지 모르겠다. 아빠는 없었고, 기연 엄마만 있었다. 아직 기연이는 낳지 않았을 때다. 기연 엄마는 나에게 밥을 차려 줬고, 나는 먹기 싫은 걸 억지로 먹었다. 엄마와 기연 엄마는 큰 소리를 내지도 싸우지도 않았다. 그렇다고 해서 분위기가 좋은 건 물론 아니었다. 엄마는 떨리는 걸 억지로 참으면서 딱딱하게 몇 마디를 했다. 아마 아빠를 기다리는 것 같았는데 아빠는 오지 않았다. 기연 엄마가 부엌엘 갔을 때인지, 화장실에 갔을 때인지, 자리를 잠깐 비웠을 때다. 엄마가 무슨 서류 봉투인가를 꺼내 봤다. 사진들이 붙어 있는 무슨 서류들이었다. 엄마는 창문 밖으로 내던졌다. 그게 뭐냐 하면 고소에 대한 서류들이다. 엄마는 며칠 전에도 이 곳에 왔다고 했다. 혼자는 아니고 너무 떨려서 외숙모랑 같이 왔다. 나는 나중에 안 거다. 아마 가끔 아빠가 집에 올 때, 엄마가 그 집 열쇠를 복사해 두었을 거다. 아무도 없는 집에 들어왔는데, 엄마는 눈이 뒤집혔다고 했다. 우유 배달을 하던 엄마는 잘 꾸며진 그 집을 보고 너무 놀랐다. 장롱을 열어 보고는 기연 엄마 옷들을 다 가위로 자르고, 살림을 엉망으로 했다. 서류에 있던 사진들은 그러고 난 것들이다. 아마 무슨 증거 사진쯤 되는. 아빠는 엄마를 고소하려고 했다. 아빠는 깜깜해질 때까지 오지 않았고, 엄마와 나는 집으로 왔다.

 그 날보다 먼저였는지, 나중인지는 잘 모르겠다. 엄마는 아빠와 기연 엄마를 간통죄로 신고했다. 나는 엄마와 함께 경찰서에 간 기억이 있다. 아빠를 봤고, 기연 엄마도 봤던 것 같다. 아마 어떻게 합의를 해서 며칠 뒤에 아빠와 기연 엄마는 풀려났다. 그리고 나서부터는 이혼 이야기들이 바쁘게 나오기 시작했다. 엄마는 이혼 준비를 하면서도 쩔쩔맸다. 위자료 문제 때문이다. 우리 집은 엄마가 우유 배달을 해서 겨우 마련한 건데, 아빠 이름으로 되어 있다. 그리고 그 쪽 집은 기연 엄마 이름으로 되어 있다. 그래서 우리 집마저도 엄마 게 될 수 없었나 보다. 아빠가 손수 나서지는 않았지만 작은아빠들이 엄마에게 왔다. 그 집은 엄마 게 될 수 없다는 얘기들인 것 같았다. 엄마는 혼자였다. 이치를 따지면서 똑똑하게 말할 줄도 몰랐다. 작은아빠들은 엄마가 거의 뒷바라지를 하다시피 해서 큰 분들이다.

 엄마, 아빠가 이혼한 날도 생각난다. 엄마는 한복을 곱게 입었다. 나는 엄마와 버스를 타고 노량진역에 갔다. 육교 아래 아빠가 나와 있었다. 아마 차를 세우면 안 되는 곳인지, 아빠는 교통 순경에게 봐 달라는 식으로 말을 하고 있었다. 엄마와 나는 아빠의 갈색 포니 승용차를 타고 마포 구청으로 갔다. 엄마, 아빠가 들어가고 나서 나는 한참을 기다렸다. 무슨 일이 일어나고 있는 건지 제대로 실감도 못 했다. 그리고 며칠 뒤에 형과 나는 아빠 집으로 가게 되었다. 엄마랑 한 번 가 봤던 그 집이다.

생각해 보면 나는 6학년이 되기 전에도 그런 일들을 아예 모르지는 않았다. 5학년 때 선생님이 나랑 친했는데, 선생님이 종종 그런 말을 했다.

"기범아, 요즘 아빠 자주 들어오시니?"

"잘 안 와요."

"아빠 오면 그래. 아빠 왜 안 오냐고 울고 매달리고 그래. 그래야 아빠가 잘 들어오시지."

그 때는 선생님이 왜 그런 말을 하는지 잘 몰랐다. 6학년이 없던 우리 학교에서 나는 그 해 전교 어린이 회장이었다. 그래서 그랬는지 아빠는 가끔 학교에 다녀갔고 선생님이랑도 친해졌다. 학교 바로 아래 연립 주택이던 우리 집에서까지 몇 번이나 술을 드셨다. 선생님이랑 아빠는 같이 취해서 친구처럼 보이기도 했다. 선생님은 엄마랑 나만 있을 때도 집에 들르곤 했다. 우리 집이 부자는 아니었으니까 무슨 촌지를 바라고 그런 건 아니다. 선생님은 엄마랑도 얘기를 많이 했고, 나한테도 참 잘해 주셨다. 여름 방학 때는 나랑 친구 몇 명을 선생님 고향에 데리고 가서 며칠씩이나 놀게 해 주실 정도였다. 선생님 고향은 청주였는데 속리산도 데려가고 무슨 골짜기에도 데려갔다. 그 동안 선생님 사모님은 빨래도 해 주고, 맛있는 거도 많이 해 주고, 참 잘해 주셨다. 그 정낙궁 선생님이 나한테 그런 말을 했다. 아빠한테 울며불며 매달리라고.

엄마도 그런 말을 했다. 나보다는 주로 형한테 했다. 엄마가 아파트에 우유 배달을 다니면서 들은 얘기를 해 주듯이 말이다.

"저 아파트에는 무슨 판사인가 하는 아버지가 바람을 피우니까, 고등 학생 되는 아들이 그랬댄다. '아버지, 우리 식구 다 죽자.'고 식칼을 들고 말했대. 그래서 그 아버지가 집으로 돌아왔더래."

형은 고등 학생이었고, 나는 5학년이나 6학년쯤이었다.

"너네들이라도 아빠한테 매달리고 해야지 아빠가 마음을 잡지."

나는 흘려들었다. 형은 어땠는지 잘 모르겠다. 하지만 형도 아빠 앞에서 아무 말도 못 하기는 마찬가지였다. 나는 그냥 우리 식구는 원래 그렇게 사는 걸로 알았다. 초등 학교 다니면서부터는 아빠가 별로 보고 싶지 않았다.

나는 그저 어쩌다가 아빠가 큰돈을 한 번씩 줄 때나 좋아라 했다. 아빠는 엄마가 사 줄 수 없는 이것저것도 잘 사 주었다. 아빠는 집에 거의 안 들어오던 때에도 형이랑 나한테는 전화를 걸었다. 일요일 같은 때 시내에서 아빠를 봤다. 좋은 식당에 가고 선물을 받고 그랬다. 한번은 백화점에 갔다가 지하에 음식 파는 데를 갔는데, 아빠가 보는 것마다 이거 먹을래 하고 물었다. 나는 싫다고, 싫다고 했다. 저녁때 아빠랑 헤어져서 형이랑 버스를 타고 집에 오는데, 형이 화를 내면서 말했다.

"야 임마, 아빠가 사 준다면 다 좋다고 해. 그래야 집에 가져가서 엄마랑 먹지."

나한테는 형도 무서운 사람이라 한마디도 못 했다.

이혼하던 날에도 나는 울지 않았다. 어떤 다른 표현도 하지 않았다. 사실은 그럴 게 없었다. 엄마랑 집에 오면서 아빠에게 "안녕히 가세요." 했다.

아빠는 무서운 사람이었다. 아빠가 큰 소리를 내면 엄마도, 형도, 나도 꼼짝 못 했다. 아빠가 엄마를 때리는 걸 보았다. 밥상을 엎었고, 주먹으로 얼굴을 때렸다. 엄마 얼굴에 피가 났다. 엄마보다 내가 먼저 울었다. 그때 아빠가 나를 보고 소리를 질렀다. 울지 말라고. 나는 무서워서 울지도 못했다. 엄마랑 나는 작은방에 문을 잠그고 있었다. 아빠는 문을 두드리고 찼다. 엄마는 나를 쭈그려 껴안았다. 그 때 형이 작은방에 같이 있었는지, 아니면 학교에서 안 왔는지는 잘 모르겠다. 적어도 나서서 아빠를 말리거나 한 기억은 없다.

아빠랑 살아온 기연 엄마는 엄마와도 아는 사이였다. 아빠가 무슨 식당 지배인을 할 때, 그 곳에서 기연 엄마는 돈을 받는 일을 했다. 아기인 형을 귀여워하기도 했다고 들었다. 그러니 엄마는 더 분했을 거다. 화가 나고 속상하고 억울했을 거다. 한번은 기연 엄마 사는 데가 우리 집에서 몇 정거장 안 떨어지는 데였다. 그런데 할머니는 우리 집에는 들르지도 않고 그 집에 다녔다고 했다. 아빠는 술 먹고 들어와서 엄마한테 값비싼 옷 영수증을 주기도 했다. 아빠가 실수한 거다. 엄마에게 사 준 옷이 아니다. 엄마는 아빠 앞에서는 말도 못 하고, 나중에서야 말을 꺼냈다. 그리고 그냥 혼자서 아빠 욕을 했고 기연 엄마 욕을 했다.

하지만 이제는 아니다. 엄마는 기연 엄마도 안되어한다. 아빠 성격에 기연 엄마도 억눌리면서 산다는 걸 안다. 기연 엄마 성격이 착하다고 말하기도 한다. 지금 엄마는 제 성질을 못 이기며 사는 아빠도 안되어한다. 몸이 많이 상했다는 얘기에 더 안되어한다. 그리고 기연 엄마에 대한 마음에도 이전처럼 가시가 없다. 그냥 다 흘려보내고, 이제는 평온하다.

엄마는 고모 할머니 아들 된다는 순호라는 분 얘기도 했다. 나는 처음 듣는 이름이다. 까불이였다고, 재미있었다고. 엄마는 밥상 앞에서 한참을 더 그 시절에 앉아 있었다.

저녁에도 엄마는 일찍 피곤해하셨다. 어젯밤에 한잠도 못 잤으니까 그런 거다. 그래도 엄마는 할 일이 많다. 마늘도 까야 하고, 하숙방에 있는 짐도 하나 치워야 했다.

"기범아, 마늘 좀 까 주고 가라. 그리고 요 방에 짐도 이따 밤에는 옮겨야 하는데."

"짐은 무슨 짐?"

"요 큰방에 하숙생 한 사람이 내일 온대. 몇 달씩 들어오지도 않는 그 학생 짐은 치워 놔야지 뭐."

"그럼 짐부터 지금 치워. 이따 밤에는 사는 학생 잘 거 아니야. 마늘은 밤에 와서 같이 까요."

"안 돼, 나 지금 저녁상 차리는데 어떻게 옮겨?"

"에이, 내가 혼자 하면 되죠."

짐을 옮겼다. 내일 들어온다는 학생은 임시로 한 달만 살 거랬지만, 이제 방이 다 찼다. 돈 타다 쓰는 내 미안함이 아무래도 좀더 가신다.

"엄마, 내가 '신묘장구대다라니'를 날마다 읽고 써서 그런가 보다."

"그래. 정성으로 기도하면 다 풀려."

나는 그냥 생색처럼 농담으로 한 말인데, 엄마는 진지하다. 아무래도 좋았다.

이 글을 쓰다가 밤에 좀 늦었다. 엄마는 혼자 마늘을 다 까 놨다. 주무시려 했다. 나는 미안하니까 괜히 타박하듯이 말했다.

"엄마, 나 오면 같이 까자니까."

"에이, 뭘 기다리니? 그냥 까야지."


나는 집에 다시 돌아와서도 아까 떠올리던 기억들이 더 이어졌다. 엄마가 이혼할 때까지만 해도 아무 느낌 없다가, 아빠한테 가야 한다는 얘기를 듣고 나서부터는 밤마다 울었다. 날짜를 세면서 울었다. 아빠와 엄마는 좀더 있다 보내라, 안 된다, 이 날이 좋다고 하니 이 날 데려가라, 전화를 하면서 싸우듯이 실랑이를 했다. 그러다가 형과 나는 어느 날 밤에 택시에 짐을 싣고 아빠 집으로 갔다. 그 때는 내가 초등 학교를 마치던 겨울이었다.

겨울이 지나고 형은 힘겨운 고3이 되었고, 나는 중학생으로 사춘기를 시작했다. 아빠는 나한테 잘해 주려 했지만 나는 하나도 곱게 받아들일 수가 없었다. 나는 주소를 그대로 두고 있다가 엄마 집 바로 위에 있는 중학교에 들어갔다. 그전까지만 해도 우리 집이던 데는 엄마 집이 되었다. 이 얘기는 내가 쓴 동화에도 잠깐 나온다. 아침에 아빠는 광명시에서 사당동까지 나를 데려다 주었고, 나는 학교가 끝나면 엄마랑 늦은 저녁까지 있다가 왔다.

그 해에 기연이가 태어났다. 나는 기연이가 예뻤지만 둘이 있을 때만 예뻐했다. 나는 기연 엄마를 새엄마라 부르지 않았다. 좋은 얼굴을 보이지 않으려고도 노력했다. 밑에 집 누나가 기연 엄마를 가리키면서 '너네 엄마…….' 하는 얘기에 내가 화를 냈다는 것도 기연 엄마는 다 알게 되었다. 기연 엄마(이제는 새엄마라고 한다.)는 나에게 잘해 줬다. 일부러 문방구에 가서 조립식 장난감을 사다 줬고, 싫다고 하면 바꿔다 주었다. 아주 구석구석까지 맞춰 주려고 했다는 것도 안다. 한번도 나에게 혼내는 식으로 말을 안 했고, 미안해했다. "뭘 해 줄까? 뭘 해 줄까?"를 귀찮을 정도로 했다.

새엄마는 딱 한 번 내 앞에서 운 적이 있다. 기연이랑 아빠랑 새엄마, 내가 있는 사진에서 새엄마 얼굴이 연필로 직직 그어져 있는 거다. 새엄마는 그 사진을 보이면서 나를 보고 너무한다고 울었다. 나는 당황했다. 그 낙서는 내가 한 게 아니다. 아마 애기인 기연이가 아무렇게나 그린 게 우연히 그렇게 된 걸 거였다. 그래도 나는 내가 안 했다고 말하지 않았다. 그냥 가만 있었다. 나는 그렇게 나쁜 행동은 안 했던 것 같지만, 얼굴이 늘 굳고 기분 나쁜 표정만으로도 아빠와 새엄마를 괴롭히던 애였다.

중2가 될 때쯤 엄마는 의정부로 이사를 갔다. 처음에는 외삼촌네랑 같이 식당을 하다가 그 건너 동네에 조그만 식당을 혼자 차렸다. 국수도 팔고, 고기도 구워 파는 그런 데다. 나는 학교가 끝나면 갈 데가 없어졌다. 집에 일찍 가기는 싫었다. 만화 가게랑 오락실에서 밤 아홉 시가 되도록 있었다. 친구들을 따라서 학교 가까운 독서실을 다니기도 했다. 나는 사당동 독서실을 다니면서 주소는 목동이라고 썼다. 아빠가 하는 일 때문에 아마 작은집으로 주소를 해 놨을 거다. 나는 사당동이 학교고, 집은 광명시고, 주소는 목동이었다.

나중에서야 아빠는 일요일마다 엄마한테 다녀오는 걸 허락했다. 나는 일요일이면 개봉역에서 의정부까지 두 시간 걸리는 전철을 탔다. 엄마 식당 방에 있다가 심심해지면 하루 종일 그 옆 오락실에 있었다. 아마 엄마 곁에 꼭 붙어 있고 싶다기보다는 엄마 있는 데에서 놀고 싶어했나 보다. 엄마 식당 옆 오락실에서 몇 시간이고 '보글보글'만 죽어라고 했다.

1년쯤 뒤에 엄마는 전라도 벌교로 갔다. 무슨 산을 깎아 뭐를 만드는 공사를 하는 데서 인부들 밥을 해 주는 함바집을 했다. 여름 방학 땐가 한 번 형이랑 찾아갔다. 마을도 없고 일하는 재료들이랑 일하는 아저씨들뿐이었다. 식당도 이상해서 탁자도 그냥 뚝딱뚝딱 공사판 나무 판자로 만든 것 같았다. 나는 엄마를 보자마자 껴안았다. 나는 내 기억이 닿는 동안 엄마랑 껴안아 본 게 이 때 처음이다. 그리고는 그 전에도, 그 다음에도 한 번도 없다. 표현에 너무 서툴러서다. 물론 나는 엄마에게 사랑한다는 말을 이제껏 한 번도 해 보지 못했다. 엄마는 딱 한 번 훈련소에 있는 나에게 보낸 편지에서 했다.

아빠는 새엄마에게도 엄마에게 하듯이 했다. 화가 나면 무식해서 그런다고 소리를 질러 댔고, 무시하고 윽박질렀다. 내 방문 밖에서 뭐가 깨지고 넘어지는 소리도 많이 들렸다. 형도 재수를 하고, 대학생이 되면서부터는 아빠와 자주 부딪혔고 힘들어했다. 그러다가 형은 일찍 군대를 갔다. 나는 형이 군대 가는 걸 보러 간 영등포역에서 눈물이 나왔다. 방에 돌아오니까 나 혼자만 남게 된 것 같았다. 이상하게 형이 너무 보고 싶었다. 사실 내가 중학생이 되던, 우리가 아빠 집으로 가게 되던 그 때부터는 형하고 별로 말이 없었다. 신경이 날카로웠던 형도 나에게는 이미 무서운 사람이었다. 그 때 뒤로 지금까지도 거의 말이 없다. 겉으로 봐서는 남보다 더 서먹할 정도이다. 그래도 그 때만큼은 그랬다. 형 사진첩들을 보았고, 형이 대학교에서 가져오던 책 같은 걸 보았다. 나중에도 나는 틈틈이 이 책들을 보곤 했다. 뜻도 몰랐지만 그냥 신기하고 놀라웠다. 흔히 말하는 운동권 책들이다.

나도 아빠하고 부딪치는 게 많아졌다. 대들고, 큰소리를 내고, 울고, 그냥 있어도 못마땅한 얼굴을 지었다. 나는 아주 못되게 굴었다. 나는 사춘기로, 나만 스스로 불쌍하다는 생각을 했고, 엄마하고 살고 싶다는 생각을 했다. 중학교를 졸업하면서 나는 엄마에게 왔다. 엄마는 막 하숙집을 시작하고 있었다.

고등 학교 다니는 동안 나는 정말 나빴다. 공부한답시고 엄마에게 함부로 했다. 엄마가 고생한다는 생각은 한 번도 못 했다. 엄마가 힘들게 지내 왔다거나, 엄마가 외로웠을 거라는 생각은 해 본 적이 없다. 엄마한테 부잣집 아이들처럼 해 달라고 했고, 짜증만 냈다. 아빠한테는 가슴에 꽂는 말도 많이 했다. 명절이나 제사 때 한 번 가는 것도 싫어서 억지로 갔다. 가서는 편한 얼굴을 보인 적이 없었을 거다. 나는 담배와 술을 배워 아무렇게나 지냈고, 학교보다는 당구장에 있는 시간이 많았다. 그래도 엄마는 나에게 늘 미안해하고, 안쓰러워했다. "너를 그 때 그 집으로 보내는 게 아닌데, 아니었는데……." 하면서 말이다. 엄마는 그 3년 동안 내가 마음을 많이 다쳤고, 그래서 내가 비뚤게 되었다고 여기셨다. 그건 지금까지 마찬가지다. 내가 사람들과 잘 어울리지 못하고, 친구들도 잘 안 만나고 지내는 걸 보면서도 그런 말씀을 한다. 내가 어떻게 어긋나거나 엄마는 다 그렇게 생각을 한다. 나는 그런 엄마의 미안해하는 마음을 오랫동안 이용해 먹기도 했다. 내 멋대로 아무렇게나 막 하면서.

## 11월 27일 토요일

# 휴가 나온 사촌 동생

따르르르릉, 따르르르릉.

전화가 왔다. 엄마다.

"기범아, 집으로 와. 진수 와 있어."

진수가 왔다. 진수는 사촌 동생이다. 지난 7월에 입대한 군인이고 첫 휴가를 받아 나왔다. 겨우 1박 2일 첫 휴가인데 엄마 집으로 찾아왔다는 게 솔직히 놀랍다.

진수와 엄마가 사과를 깎아 먹고 있었다.

"야, 어떻게 여기부터 들렀어?"

"아, 큰어머니랑 형들이랑 보고 가려고 왔지."

벌써 어른이다. 저렇게 자연스럽게 '큰어머니' 소리를 하다니. 나는 아직도 '아빠, 엄마'에 '작은아빠, 작은엄마'다. 게다가 진수는 엄마와 다시 인사를 한 게 거의 십삼사 년 만이다. 그 때 진수는 예닐곱 살 아직 어린 아이였고.

나는 진수뿐 아니라 수경이, 기선이, 기란이, 사촌 동생들에게 별로 잘

해 주지 못했다. 고모 쪽 사촌들은 제사 때조차도 거의 못 보고 지냈으니 더하다. 나는 얘들 사촌 동생들을 명절이나 제사 때나 겨우 보고 지냈다. 동생들은 나보다 다섯 살, 여섯 살, 열 살, 열다섯 살씩 어리다. 하지만 내가 어렸을 때만 해도 나는 얘들을 무척 좋아했다. 가장 가깝게 차이나는 수경이가 태어났을 때만 해도 생생하다. 안아 주고 예뻐해 주고, 이불 속에 숨었다가 얼굴을 내밀어 까르르 웃게 해 주고 참 좋았다. 진수가 태어났을 때도 그랬고, 기선이가 태어났을 때도 그랬다. 너무너무 예쁘기만 한 동생들이었다. 기란이는 너무 멀다. 내가 사춘기를 심하게 겪으면서 식구, 친척들에 대한 삐뚤어진 감정을 키우고 있을 때 태어났다. 그래서 기란이도 기연이처럼 예뻤지만 예뻐해 주지 못했다.

  명절이 되어 엄마와 작은엄마들이 부엌에서 바쁠 때면 동생들과 함께 놀기를 좋아했다. 어떤 때는 나보다 다섯 살이나 더 많은 형과 같이 놀기도 했고, 고모 쪽 누나, 동생들이 함께 하기도 했다. 그러다가 어느 날 갑자기 엄마말고 다른 분이 엄마처럼 있는 집에서 살게 되었다.

  동생들은 새엄마를 너무 쉽게 큰엄마라고 불렀다. 크게 이상하지는 않았다. 어른들은 벌써 더 자연스러웠으니까. "큰엄마한테 국물 좀 더 달라고 해.", "큰엄마한테 세배드리자." 하고 말했으니까. 어린 동생들은 그냥 그대로 했다. 나는 그냥 다 모인 밥상이 싫기만 했다. 얼른 먹고 나서 우리 애들끼리 모이는 작은방으로 가려고만 했다. 그러면서도 얼마간은 동생들이랑 재미있게 지냈다. 동생들은 내가 이제는 시들해진 만화 영화에 막 재미들을 붙이고 있었다. 명절에는 특히 만화 영화가 많았다.

  사촌 동생들이 이제 중학생이 될 즈음부터던가, 고등 학생이 되면서부터던가 나는 얘들이랑 좀 멀어진 것 같았다. 시험 걱정에, 학원 다니는 얘기들로 더 잘 통하는 수경이, 진수, 기선이 들끼리가 할 말이 더 많았다. 나는 명절이 아예 싫을 뿐이었다. 세뱃돈이나 용돈을 받아 사당동 사는 친구들을 만나러 갈 생각이 들었고, 엄마한테 가고 싶은 생각이 들었다. 아빠

뿐만 아니라 작은아빠들이랑도 곁에 있는 게 싫었다. 아픈 데는 없냐고, 공부는 잘하냐고 묻는 말에 겨우 좋지 않은 얼굴로 "네." 하는 대답만 했다. 아마 내 마음 바닥에는 식구, 친척들 앞에서 좋은 얼굴, 웃는 얼굴이라도 보이면 크게 자존심이라도 상한다는 생각을 하고 있었을 거다. 그랬으니 사촌 동생들 얘기에 끼어들어서 재미나게 같이 어울리고 싶은 마음을 억지로라도 내리눌렀다. 조금씩 멀어진 느낌을 가졌다.

  내가 엄마랑 살면서는 동생들도 알았을 거다. 나는 명절이나 제삿날에 한 번씩 가는 것도 싫어서 억지로 가곤 할 때다. 하루 전날 저녁에 미리 가는 것도 싫어서 늑장을 부렸다. 나는 작은집 식구보다 늦게 오곤 하는 큰집 아들이었다. 혹 내가 먼저 가 있으면,

  "형, 언제 왔어?"

  "오빠, 벌써 왔네?"

하고 동생들이 말했다. 동생들은 아무렇지도 않은 얼굴이다. 나는 아무것도 모르는 기연이에게 마음이 쓰였다. 기연이는 어렴풋하게만 내가 학교 기숙사 같은 데서 산다고 알고 있었고, 방위를 받을 때는 군대에 산다고 알았다. 빨리 집에 와서 같이 살자고 매달리는, 어쩌다 내가 자고 가는 날이라도 있으면 아주 신나하는, 몇 밤 자고 갈 거냐고 불안해하는, 언제 또 올 거냐고 손가락을 걸자 하는 귀엽고 예쁜 어린 내 동생이었다. 나는 기연이 앞에서만은 말도 조심스럽게 했다. 오히려 아빠가 더 조심하지 못해서,

  "엄마는 아픈 데 없니?"

  "엄마는 지금도 하숙집인가 하고 있니?"

하고 말했다. 오히려 내가 놀라서 기연이 눈치를 살피곤 했다. 아주 가끔 기연이가,

  "오빠, 오빠네 엄마는 따로 있어?"

하고 너무나 순진하게 묻기도 했다. 나는 아니라고 당황하면서, 기연이 앞

에서 일부러 새엄마를 엄마라고 불러 말했다. 그런 사정을 알게 하는 건, 나를 그토록 좋아하는 기연이에게 내가 큰 잘못을 하는 것만 같았다. 나는 나중에 아주 조심스럽게, 슬프지 않게 얘기해 주겠다고 생각했다.

내가 온 친척이 모이는 자리를 싫어하기만 하던 동안에 사촌 동생들은 너무 컸다. 키만 해도 나랑 비슷했고, 어깨는 나보다 더 넓어졌다. 대학 입시 고민을 하더니, 대학생도 되었다. 기선이만 해도 이제는 고등 학교에서 동아리 활동도 했고, 아빠를 '큰아버지'라고 부르기 시작했다. 내가 간지럼을 태워 데리고 놀던 어린애들이 아니었다. 나는 얘들이 어렸을 적 그렇게 놀던 것들을 기억하지 못할 거라고 생각했고, 우리 엄마는 당연히 잊었을 거라고 생각했다. 그 동안 그런 얘기들을 한 번도 한 적이 없었다.

나는 얘들에게 미안했다. 좋은 책 한 권 권해 주지 못했고, 어디 시내에서 일부러라도 만나지 못했다. 얘들이랑 나이가 비슷한 학교 후배들에게는 그렇게 고민도 나눠 주고 마음써 주면서도, 동생들에게는 그렇게 못 했다. 그러기는커녕 명절 때말고는 연락 한 번 한 적이 없다. 종종 마음이 생길 때는 주소도, 생일도, 전화 번호도 묻곤 했지만 그것들은 지금 어디에 적어 놨는지 모르고 있다.

올해 들어서야 처음으로 수경이가 내 방에 한 번 와 본 적이 있다. 그리고 한번은 진수, 기선이가 엄마 집에 와서 저녁을 먹은 일이 있다. 진수, 기선이는 일곱 살, 세 살에 엄마를 보고 처음이다. 얘들은 엄마를 너무나 자연스럽게 '큰어머니'라고 불렀다. 몸가짐 하나 어색한 게 없었다. 나는 얘들이 너무 고마웠다. 생각하면 지금 눈물이 날 정도다. 나는 해마다 보아 온 작은집 어른들에게도 얘들만 못하다. 될 수 있으면 마주한 자리를 피하려 하고, 눈도 잘 맞추길 어려워한다. 어색해하고 싫어했다.

올 여름에 형이 장가를 갔다. 형은 한 달 걸러 시간을 두고 식을 두 번 올렸다. 형과 아빠가 가장 괴로워했다. 엄마는 마음이 많이 아팠지만 익숙하게 받아들이려고도 했다. 나는 가슴 속에서 일어나는 화를 참지 못했다.

　나는 형의 결혼식이 어렵게 되어 가는 사정을 보면서, 이번만큼은 절대 그럴 수 없다고만 했다. 아빠는 결혼식 자리에서 새엄마가 있어야 한다고 했다. 엄마는 품에서 내놨던 단 사 오 년을 빼고 삼십 년 가까이 형을 길렀다. 그런 큰아들을 장가 보내는 날에도 집에 있으라는 거다. 안 되는 거였다. 이번만큼은 엄마의 자리를 찾아 드려야 한다. 늘 억울하게 빼앗기기만 했고, 엄마 스스로 엄마 자리를 못 찾는다 해도, 이제는 우리라도 엄마 자리를 지켜 드려야 한다. 엄마도 삼십 년을 고생으로 키운 자식을 장가 보내며 이웃에게 축하도 받고, 기뻐해야 한다. 이웃에게 청첩장 하나 보이지 못하고 며느리를 들인다니. 아직 공부가 남은 형수는 엄마가 해 주는 밥을 먹고 다닐 건데. 나는 절대로 그럴 수 없다고 했고, 결단을 내리지 못해 보이는 형이 답답하기도 했다.

　하지만 형은 더 괴로웠다. 형은 아빠에게 빌기도 했고 큰 소리로 맞서 싸우기도 했다. 새엄마조차 아빠에게 생각을 돌리라고 했지만, 우리 식구 중에는 누구도 아빠를 이기지 못했다. 새엄마가 한 말이 아빠에게 들릴 리가 없다.

　나도 친척들이 다 모인 자리에서 말씀을 한 번 드린 일이 있다. 형이 없던 자리였다. 이전처럼 대들듯이가 아니라 아주 조심스럽고 침착하게. 우리 식구는 누구나 다 큰 상처를 안고 있다고. 아빠도, 엄마도, 새엄마도, 형과 나도, 그리고 아무것도 모르는 기연이도. 이젠 누구를 원망하지도, 미워하지도 않고 서로가 다 안되었을 뿐이라고. 나도 기연이에게만큼은 가장 더디게, 가장 덜하게 그 상처를 건널 수 있게 해 주고 싶다고. 그런데 왜 늘 양보해야 하는 사람은 정해져 있어야 하냐고. 왜 늘 엄마만 엄마 자리에서 물러나야만 하냐고. 엄마는 무슨 죄를 지은 것도 아닌데, 단지 어긋난 인연에 놓여 물러나기만 한 분인데, 왜 엄마만 늘 그 아픔을 다 져야 하냐고. 이렇게 서로가 다 아픈 사람들이라면 아픔을 조금씩 나누어 가지면 안 되냐고. 왜 늘 그걸 떠맡아야 하는 사람은 엄마여야 하냐고. 나는 말을 하면서 떨었다. 그건 대들어서 될 일이 아니었다. 한 마디 한 마디를 고르면서 느리게 조심조심 말씀을 드렸다. 하지만 아빠는 생각을 굳히고 있었고, 작은아빠들도 아빠 말을 도왔다. 나는 눈물을 흘렸다. 그 자리에는 엄마가 손수 키우다시피까지 한 작은아빠도 있었다. 물론 작은아빠들도 오랜 세월 동안 아빠와 맞설 수도 없었지만, 너무 섭섭했다.

 형은 예식을 한 번 올리고, 한 달쯤 뒤에 다시 식을 올렸다. 두 번째는 남산골 한옥 마을에서 전통 혼례로 했다. 엄마의 친척들이 왔고, 엄마 이웃들, 친구들, 절을 함께 다니는 분들이 왔다. 형 친구들은 두 번씩이나 와서 식을 도왔다. 그리고 이 날 수경이, 진수, 기선이가 왔다. 아빠와 사이가 좋지 않은 고모 댁 식구들도 왔다. 친정이 부산인 형수 댁에서는 사돈 어른 두 분만 왔다. 그래도 사람들이 꽤 왔다. 아주 큰 잔치가 되었다. 엄마가 그 동안 외롭게 살면서도 정을 나눈 분들이다. 사당동 살면서 비슷하게 셋방을 살던 아줌마들이 왔고, 우유 배달을 함께 하던 아줌마들이 왔다. 하숙집 아줌마들이 왔고, 엄마와 절에 함께 다니는 아줌마들이 왔다. 힘들게 다시 치른 잔치였지만 엄마는 환하게 웃었다.

 작은집 어른들은 오기도 힘들었고, 물론 안 왔지만 사촌 동생들은 잊지 않고 왔다. 수경이는 혼자 일찍부터 와서 준비부터 구경했고, 진수는 군대 간다고 바빴지만 잊지 않고 왔다. 기선이는 학교에서 간 극기 훈련에서 팔뚝을 다쳐서까지 허겁지겁 뛰어왔다. 그리고 고모 댁의 선경이 누나, 진경이 누나, 태연이, 문덕이가 왔다. 형은 사촌 동생들에게 정을 많이 베풀었을까. 나는 아닌데. 이렇게 조금도 어색함 없이 '큰어머니'를 대하는 동생들이 너무나 놀랍고 고마웠다.

"진수야, 밥 먹을래?"
"아니에요, 큰어머니. 저 배불러요."

"형도 아직 점심 안 먹었으니까 같이 먹어."

"예, 앞에 있으면 또 다 먹어요. 먹어도 먹어도 들어가는 배는 따로 있나 봐요."

엄마와 나는 진수의 군대 얘기를 묻고 들었다. 그 동안 진수 얘기는 대충 들어 왔다. 엄마는 형에게 들었고, 나는 엄마에게 들었다. 진수가 배치 받은 부대는 의정부 교도소 안에 있는 '경비 교도대'다. 그리고 형은 올해 공무원 시험에 붙어 의정부 교도소 직원으로 발령을 받았다.

"지난번에 너가 체해서 싸 간 음식들을 하나도 못 먹었다며? 엄마가 큰형한테 전화까지 했더래. 어디가 어떻게 아픈지 약 좀 지어 주라고."

"예, 그 때 면회 오셨을 때는 하나도 못 먹었어요."

"그러니 엄마가 얼마나 걱정을 하니? 엄마들은 그래. 얼마나 걱정을 한다고. 남의 집 아들들 군인 나간다 하면 그런가 보다 하다가도 자기네 아들 군대 갈 때는 얼마나들 가슴이 아파서 절절매는데. 엄마들도 며칠을 안 먹고, 웃지도 않아."

"어? 근데, 엄마. 왜 나 들어갈 때는 냉장고에서 반찬 찾아 꺼내 먹고 들어가라고 했어? 엄마는 나 들어가는 날에 쪽지만 써 놓고 새벽 일찍 어디 갔잖아. 와, 너무한다."

한바탕 웃음이다.

"아이, 그거야 넌 한 번 갔다 빠꾸 맞고 다시 가는 거였잖아. 그리고 그 날 해인사 가는 게 몇 달 만에 온 기회였는데."

나는 누가 군대 갔다는 얘기만 나오면 이 얘기를 꺼냈다. 엄마는 그 때마다 아까처럼 말했다. 별것 아니지만 서운하기도 하면서 점점 지날수록 웃기에 좋은 얘기다. 그런데 오늘은 엄마가 안 하던 말도 했다.

"나는 형들 군대 갈 때 솔직히 별로 그런 게 없었어. 다른 엄마들처럼 걱정되거나 그렇게 마음이 아프지도 않아. 그냥 어디 한참 가서 잘 있겠거니 했지. 그게 나는 너희들을 처음 저쪽 집에 보낼 때 너무 가슴이 아팠기에 그런가 봐. 그 때 너희들을 뗄 때가 정말 마음이 너무 아팠어. 그러니까 군대 내보낼 때는 별로 안 그랬어."

진수는 더 얘기를 나누다가 네 시가 넘어갔다. 진수는 이제 수경이와 친구들을 만나 보러 나갈 시간이다.

"큰어머니, 안녕히 계세요. 다음에 또 올게요."

토요일이지만 형은 오늘 밤까지 일하는 날 차례다. 형수는 부산에 내려갔다. 진수는 형과 형수를 못 보고 가는 걸 아쉬워했다. 아마 형을 보면 더 할 말이 많았을지도 모르겠다. 그 안에 있을 때 자유로이 못 한 얘기가 많을 테니까. 진수는 같이 나가면서 나한테 자꾸만 미안하댄다. 한참 같이 있지 못하고 서둘러 일어나서 미안하다고, 다음에 찾아올 테니 그 때 더 넉넉하게 보자고. 겨우 이틀짜리 휴가를, 그것도 첫 휴가를 나와서 여기를 찾아온 것만 해도 어딘데 자꾸 그 소리다. 명절 때나 겨우 얼굴 잊지 않고 십 년 가까이를 지내도, 먼저 전화 한 번 없던 나였는데 말이다.

요 앞에서 수경이 들을 만나기로 했다는데 아직 안 나왔다. 나는 같이 기다려 주겠다 하는데, 진수는 혼자 기다리면 된다고 그만 들어가라는 거다. 미안하기는, 휴가 나온 동생이 일부러 찾아왔는데 뭐가 미안하다고. 글쎄, 여자 친구라도 오니까 쑥스러워서 그런가 하고 알겠다고 했다. 그리고 오는 길에 엄마가 부탁한 전파사에 들렀다.

"엄마, 여기 전파사거든요. 그런데, 그건 안 고쳐지는 거래. 통째로 다 갈아야 한대."

"야, 지금 진수 어디 있냐?"

"학교 정문 앞에서 친구 기다린다고 있는데, 왜?"

"아유, 난 왜 이렇게 생각을 못 하냐. 오늘 부대에서 나오는 길인데 용돈이라도 좀 줘여 줘야지. 진수가 얼마나 섭섭할까? 지금 네가 와서 용돈 좀 갖고 따라 나가 봐라."

"에이, 엄마는 그러면 더 늦지. 그 새 친구들이랑 어디에 들어가 버릴 텐데. 그러면 엄마가 학교 정문 앞으로 한번 나가 봐요."
"너는 엄마가 생각을 못 하면, 니가 눈치라도 좀 주지. 어디? 정문이라고?"
나는 전파사에 일을 부탁하고 내 방으로 올라왔다. 아무래도 마음이 편치 않다. 엄마가 너무 안타까워 목소리를 바쁘게 내던 게 마음에 걸렸다. 뒤늦게서야 얼마나 아차 싶었으면 나까지 원망하고 그랬을까. 다시 엄마에게 전화를 걸었다.
"엄마, 진수 만났어?"
"벌써 가고 없어. 너는 엄마가 생각을 못 하면 너라도 귀뜸을 하지, 정말······."
"에이 괜찮아요. 뭘 그래?"
"야, 진수가 휴가 나와서 큰엄마라고 찾아왔는데, 용돈이라도 좀 쥐여 줘야지."
전화를 끊고 났는데도 자꾸 마음에 걸린다. 다시 엄마에게 전화를 했다.
"엄마, 작은집 전화 번호 좀 불러 줘요."
"왜?"
"내가 수경이 핸드폰 번호 물어 볼게요. 수경이랑 요 앞에서 만난댔으니까 만날 수 있을 거야."
"그래, 가만 있어 봐."
"구이팔에 뭐더라?"
"아유, 이건 도대체 못 찾겠네. 그냥 내가 써 놓고 보던 게 편한데 더 복잡해."
"왜요?"
"형이 전화 번호부 지저분하다고 여기 다시 정리를 했잖아. 난 그냥 보던 게 더 좋은데. 어디 안 보이네. 야, 수경이네면 기역, 니은에서 어딜 봐야 되니?"

"박수경이니까 비읍을 봐요."

"비읍……, 없어."

"그럼 수경이니까 시옷으로 봐요."

"아이, 없어. 그 때 그거면 어딨는지 금세 아는데, 정말."

"천천히 봐요. 진수하는 지읒은요?"

"없다. 없어. 도대체 어디에 써 논 거야?"

"그럼 친척들만 뒤로 모아 놨나 봐요."

"친척들도 엄마쪽 외삼촌들밖에 없어."

엄마는 마음만 바쁘니깐 전화 번호가 안 찾아져서 속상해했다. 엄마에게는 차례에 따라 차근차근 나누어 놓은 것보다 아무렇게라도 눈에 익고, 몸에 익은 게 더 좋았다. '합리'와 '살면서 몸에 익어온 것' 사이에서 엄마는 종종 부딪혔다. 전화 번호는 안 나오는데 마음만 자꾸 앞지르니까, 엄마는 짜증까지 냈다.

"야, 여깄다. 구이사에……."

엄마는 서두르다 지나쳤던 비읍 쪽에서 다시 찾아 일러 주었다. 나는 작은집에 전화를 해서 수경이 휴대 전화 번호를 물었고, 진수네가 있는 곳을 알았다. 엄마에게 다시 들렀다. 엄마는 그제야 마음이 놓인 듯 돈을 건네 줬다. 3만 원이다. 물론 엄마한테는 적은 돈이 아니다. 나도 요즘에는 1주일에 만 원도 타 쓰지 않는다. 어쩌다 그보다 더 돈을 타야 할 때는 너무 미안해서 얼굴도 돌리고 말했다. 그래도 아까는 넉넉하게 더 주라고 했다.

"그럼 얼마면 되냐? 5만 원 줄까?"

"엄마가 알아서 넉넉하게 줘요. 십 년도 넘게 처음 주는 용돈이잖아요."

"이 달도 하숙비 받은 대로 다 썼네, 얼마를 줄까?"

"엄마, 한 10만 원 줘요. 내가 쓰는 것도 더 안 쓰고 그러지 뭐."

내가 말하면서도 그 돈 크기가 좀 낯설다. 나도 한동안 그만한 돈을 주머니에 지녀 보지 못했다. 우리 형편에는 큰돈이지만, 아마 다른 집들에서는 그리 큰돈은 아닐 거다. 가끔이나 보는 조카에게는 보통 그 정도쯤 주지 않나? 그것도 첫 휴가 나온 조카에다 십여 년 만에 주는 용돈인데. 그래야 이왕에 주는 엄마가 초라해 보이지 않을 것 같았다.

나는 엄마가 건네준 돈을 진수에게 주었다. 진수 친구들 몇이랑 수경이도 와 있었다. 진수는 이렇게 일부러 찾아 나와 용돈을 주는 거에 무척 미안해했다. 이러면 이제 미안해서 못 찾아온다고. 진수가 참 어른스러워졌다고 생각했다. 어쨌든 그렇게 해서야 엄마는 마음이 편해졌다.

## 엄마가 쓴 일기

**7월 10일 토요일.**
비가 와서인지 날씨가 시원하다. 내일도 오늘같이 날씨가 시원했으면 하는 마음이다. 내일은 우리 큰아들 결혼 날이다. 전통 혼례로 남산 한옥 마을에서 잔치 국수하는 집에서 음요수는 안 한다 하여서 슈퍼에 음료를 맞추고 모든 준비가 다 되였다. 그런데 왜 이리 마음이 불안한지 모르겠다. 내일이 빨리 지나야야 하는 마음이 든다. 내일은 많이 바쁠 것 같다. 내일 새벽에 연화사 절에 가려면 일찍 자야겠다.

**7월 11일 일요일.**
오늘 새벽에 연화사 새벽 기도를 가는데 날씨가 서늘하면서 추운 느낌까지 들었다. 오늘 낮에도 날씨가 시원했으면 하는 마음이 들었다. 오늘은 우리 큰아들이 결혼하는 날이다. 모두들 한복을 입으면 더울까 봐 걱정이 됐다. 날씨 걱정이 된다. 다행히 오늘 날씨가 너무 좋았다. 비가 온 끝이라 맑은 하늘에 산들산들 바람이 불었다. 친척 친지 하객 손님들이 많이 오셨다. 결혼식은 무사히 마치고 집에 왔다. 친척들은 바쁘다 하시며 다들 각자 집으로 가셨다. 멀리에서 온 대구, 부산, 일본에서도 오셨다. 작은 시누이가 일본에서 와 주어서 정말 고맙다. 거의 한 달 동안 신경을 써서인지 너무 피곤해서 초저녁에 잠자리에 들었다.

## 11월 29일 월요일

# 시끌벅적하던 하숙집

밥을 먹는데 엄마는 허리가 아프다 한다. 오후에 어머니학교 갔다 오는 길에 경동 시장에 들렀다고 했다. 고사리나물 한 근, 오징어 열 마리, 물미역 한 봉, 마늘, 도라지 한 근에 이것저것 사 오는데 팔도 끊어질 것처럼 아팠다고.
"엄마는, 무거운 거 들고 올 때는 전화하라고 했잖아."
속상하니까 나는 타박하듯 말이 나갔다.
"어떻게 전화를 해. 전화하려고 이거 내려놓으면 다 쓰러질 건데."
"차라리 택시를 타지 그랬어. 청량리면 여기서 기본 요금인데. 오징어 한 마리 덜 사지."
"기본 요금은 무슨 기본 요금이냐? 2천 원도 더 나오는데."
"하여튼 약값이 더 나와요. 그럴 땐 택시 값 아끼지 마요."
속상했다. 요새 들어서 더 아프다는 말을 입에 달고 계신다.
"엄마, 버스에 앉아서는 전화할 수 있잖아."
"어."

"그럼 버스에서 핸드폰으로 전화하지."
"그래, 알았어."
"아이고, 그 핸드폰은 써먹지도 못하고."
엄마랑 같이 웃었다.
한 달쯤 전에 엄마랑 같이 가서 손전화를 샀다. 그전부터 하숙방 비어 있을 때마다 살까 말까 하던 거다. 집에 있는 하숙생들도 다들 가지고 있고, 요즘은 한 집에도 식구마다 있다는데 선뜻 사지를 못했다. 그러다가 하도 공짜가 어떻고 하는 난리를 치는 통에 하나 샀다. 그렇지 않았으면 어머니학교고 어디고 다 빠져야 했을 거다.
하숙집 아줌마들도 집에서 꼼짝을 못 한다. 그냥이라도 열 식구에서 스무 식구 되는 밥상이라도 차려 대려면 종일 부엌일이다. 그전에는 우리 집 가스레인지에 불이 꺼져 있는 걸 거의 본 적이 없다. 삶고, 끓이고, 찌고 하는 일이 없으면 늘 보리차 끓이는 들통이 올라 있었다. 여름에는 끓이고 끓여도 그 물을 다 못 당해 냈다. 지금은 정수기가 생겼으니 큰 일 하나는 던 거다. 그리고 지금이야 엄마가 여기저기라도 다니지만 그전만 해도 생각지도 못했을 거다. 전에는 하숙생들 수도 많았지만 분위기가 요즘이랑 아주 달랐다. 그냥 때 되면 밥 먹고 방으로만 콕 들어가는 학생들이 아니었다. 정말 스물도 넘는 대식구가 다 한 덩어리였다.
밥도 함께 먹고 텔레비전도 함께 봤다. 누가 사 들고 오는 군것질거리가 있으면 죄다 나와 앉아 먹었고, 과일들을 깎아 먹었다. 이상하게도 그 때 하숙생들은 누가 생일을 맞아도 바깥 다른 친구들하고 안 놀고 그대로 하숙집 잔치를 했다. 엄마는 생일마다 돼지 갈비를 구웠고, 자연히 소주도 사 왔다. 한 사람이라도 새로 들어오거나 나가면, '탈방식'이다, '입방식'이다 하는 자리가 이어졌다. 하숙생들은 연애하는 얘기에서 동아리 얘기, 시험 얘기, 데모하는 얘기까지 집에서 죄다 풀어 놓았다. 한솥밥만 먹는 게 아니라 정말 한 식구였다. 일요일이면 옆 하숙집이랑 축구 시합도 있어서 그 날은 누나들이랑 엄마가 김밥을 쌌고 응원을 했다. 봄에는 저마다 고운 옷을 차려 입고 경희대에 가서 꽃나무를 보고 사진을 찍었다. 우리 하숙집 사진 찍는 날이다. 형들, 누나들은 엄마를 모시고 극장에도 가고, 다른 구경도 갔다. 엄마는 '뒤풀이'도 알고 '세미나'도 알고 '엠티'도 아는 아줌마였다. 나도 대학교에 가서나 처음 들어 본 말이다. 그러니 집은 늘 시끄러웠고, 자연히 엄마는 잔소리할 것도 많았다.

"제때에 와서 밥 먹어. 끼니마다 두 번, 세 번 상 차리는 게 얼마나 힘든 줄 아니?"

"자기 빨래 다 말랐으면 좀 걷어. 다른 사람이 널 자리가 없잖아."

"너는 신 좀 빨아 신어. 너만 들어오면 온 집 안에 냄새가 진동한다."

"방 문 좀 가만가만 닫아라. 아주 집이 통째로 울리잖아."

"누가 화장실 변기에 담배 꽁초 넣는 거야?"

형, 누나들은 말들도 잘 들었고, 그 잔소리들도 재미나게 넘겼다. 첫해에는 아주 복학생 형 몇이 '규율 반장'처럼 엄마를 알아서 돕기도 했다. 아침 시간에는 방마다 '기상'을 시켰고, 일요일 같은 때에는 집 안 문을 활짝 활짝 다 열고 나서서 청소하자고 했다.

그 형들이 있으니까 집이 아주 화목하게 지낼 수도 있었던 거다. 서로 잘 모이게 하고, 허물없는 친형제처럼 지내게 하고, 밥상에서도 아주 맛있게 먹을 만한 분위기로 늘 이끌었다.

수도 많은 데다가 뭘 해도 다 잘 먹으니까 엄마는 며칠에 한 번 김치를 담갔다. 요즘처럼 깨작깨작 밥을 먹고, 밖에서 먹고 오는 학생들이 많으면 음식하기도 싫다고 한다. 어쨌든 수대로 모자라지 않게 차려야 하는데, 그러고 나면 국이고 반찬이고 자꾸 밀리기나 하고 참 재미가 없어서다. 그런데 그 때는 뭘 해 줘도 밥상이 떠들썩하고 즐거우니 좋았다. 하나라도 더 해 주고 싶고, 고기를 사도 한 근이라도 더 사고 싶은.

그러니 그전에는 지금보다도 훨씬 바빴다. 일거리도 많았고, 그 많은 잔소리마다 손도 쫓아다녀야 했다. 게다가 방이라도 한번 비면 새벽마다 풀이랑 종이를 들고 온 동네를 한 바퀴씩 돌았다.
'하숙생 구합니다. 963－65××'

공책 반만 한 종이다. 학교에서 전철역 가는 길마다, 시장 가는 길에서 저 쪽 상가 건너 동네까지 풀을 발라 붙였다. 엄마말고도 아줌마들이 많았다. 그것도 하루 붙이고 마는 게 아니다. 날마다 그렇게 돌아야 한다. 벽에는 하도 사람들이 덕지덕지 붙여 대는 통에 남의 집 전화 번호에다 자기네 종이를 붙이는 사람도 있었지만, 더 그런 까닭은 날마다 떼는 사람들이 있어서다. 동사무소에서 일을 시키는 할머니, 할아버지들이다. 발길이 가장 많은 큰길가는 날마다 뗐다. 물통에 주걱까지 차리고 나와서 흔적 없이 뗀다. 하숙집 아줌마들은 붙이느라 바빴고, 그 할머니, 할아버지들은 긁어 대느라 바빴다. 그래도 하숙집 아줌마들은 그만둘 수가 없다. 세를 내면서 집을 빌려 하숙을 놓는 건데, 방이 비면 큰일이니 말이다. 지금 이사한 집은 새로 지은 거고, 잘 다니는 길 앞에 있어서 전화 번호를 붙이러 다니지는 않는다. 그런 만큼 같은 세를 내지만 방은 몇 개 없다. 고등 학교 때는 엄마가 전화 번호 붙이러 가자는 게 그렇게 싫었다. 괜히 창피하다는 생각만 하면서.

전화 번호를 다 붙이고 나면 종일 전화 앞에 있어야 한다. 더구나 하숙생이 들고나는 방학 동안에는 더 꼼짝을 못 한다. 여름, 겨울 합쳐 네다섯 달 동안 방학에는 들어오는 하숙비가 모자라서 돈을 빌려 쓰기도 많이 했다. 그리고 방학이 끝날 즈음까지 다 방을 채워 놓지 못하면 돌아오는 한 학기 동안 아예 빈 방으로 놀리기가 쉽다. 보통 학기 중에는 학생들이 방을 찾지 않는다. 나가기는 해도.

하숙집 아줌마는 기본이, 시간에 맞게 밥을 대는 일이다. 어디 볼일을 봐도 반나절을 넘길 수가 없다. 잔칫집을 가도 밥할 시간에 쫓겨야 했다. 하루 이틀 어디 가는 건 생각할 수도 없다. 하숙집 일이라는 게 미뤄 놨다

가라도 몰아서 할 수 있는 게 아니어서다.

몇 년 전부터는 하숙집 분위기가 아주 많이 바뀌었다. 전처럼 한 식구이지를 못하고 잠만 자고 밥만 먹는 손님들처럼 말이다. 밥상에 마주해서도 조금씩 어색하기도 했다. 그러니 전처럼 웃음이 떠들썩한 재미도 없다. 편하게 서로들 반찬을 가지고 싸우면서 맛나게 먹지도 않는다. 입맛이 달라졌는지 밥상 즐거움이 없어져서인지 잘 먹지를 않았다. 그랬으니 차려 주는 엄마도 신이 안 났다. 밀린 국에 묵은 반찬에, 억지로 한두 가지 더 올리는 반찬이다. 엄마도 그전처럼 마음을 다해서 잘해 주지는 않는다.

또 십 년 동안 하숙집들이 참 많이 늘었다. 낡은 대문, 낮은 지붕 집들이 하나하나 헐려 나갔다. 그러더니 다 3층, 4층으로 집들이 세워졌다. 마루는 작고, 화장실은 여러 개, 방이 많아서 하숙집으로 짓는 집들이다. 정말 이 동네 집들은 거의 다 대문 앞에 '하숙'이라고 써 붙여 놓을 정도다. 집들이 새로 지어지면서 또 많은 건, '원룸'이라고 하는 건물들이다. 이 건물들, 하숙집들이 얼마나 많은가는 내가 골목골목으로 신문을 돌리고 다녀서 잘 안다. 구석구석까지 참 많다.

이렇게 되니까 하숙방은 더 잘 비어 있다. 학생들은 기껏해야 조금 많아졌겠지만, 하숙집만 해도 세 배는 더 많아졌으니까. 하숙집들은 빨래도 다 해 주겠다, 점심밥도 해 주겠다 하면서 학생들을 찾았다. 또 전에는 어딜 가나 하숙비가 같았는데, 이것도 서로 내렸다. 더구나 자기 집을 가지고 하숙을 치는 데서는 더 그랬다. 엄마처럼 세를 얻어 하숙을 치는 사람들은 하숙비를 그렇게 받으면 세도 잘 낼 수가 없을 정도다. 엄마는 종종 말했다.

"하숙집들이 너무 많아졌어. 이것도 못 해 먹겠네."

"그전에는 애들보고 말 안 들을 때 방 빼고 나가라면, '안 그럴게요.' 할 정도로 방이 모자랐는데, 지금은 거꾸로야. 하숙생들 붙드느라 죄 난리야."

"여기 대학생들은 무슨 돈들이 그렇게 많지? '원룸'들은 꽉꽉 차서 기다렸다 들어간대. 그게 방 하나가 천5백에서 2천5백, 3천이라는데……."

작년, 재작년은 더 어려웠다. 신문에서는 아이엠에프 때문에 대학생이 휴학을 많이 한다는 얘기들을 했는데, 엄마는 몸으로 느꼈다. 하숙집마다 방이 비어서 걱정들이었다. 다들 걱정인데 우리 집은 시끄러운 노래방 건물에 있기까지 했다. 방은 텅텅 비었고, 걱정걱정 끝에 새로 지은 집으로 이사를 온 거다.

여기 와서는 그래도 나았다. 방이 몇 개 없다는 게 문제이긴 했지만. 전화 번호를 따로 붙이러 다니지 않아도 학생들이 알고 찾아왔다. 그런데 지난 달에 또 갑자기 셋이나 나가게 된 거다. 엄마는 또 걱정을 놓지 못했다. 어서 방에 하숙을 놓아야 집세도 내고, 생활도 해낼 테니 말이다. 이제는 학기 중이라 방을 구하러 다니는 학생도 없지만, 그래도 기다려야 했다. 그래서 엄마는 단학 선원도, 무용 학원도, 어머니학교도 빠져야 하나 말아야 하나 했다.

"엄마, 핸드폰 사자. 받기만 하면 얼마 안 나온대요."

엄마는 손전화를 샀다. 손전화를 갖고 시장에도 가고, 학교에도 갔다. 그래 봤자 전화가 온 건 두어 번뿐이지만, 그 덕분에 엄마는 어머니학교에도 마음 불편하지 않게 다닐 수 있던 거다.

다행히 지난 주에 며칠 사이로 학생들이 왔다. 입시생 셋이 왔고, 한 달 머무를 학생 한 사람이 온 거다.

어머니학교로 갔다.

"아이고, 선생님이네."

손명월 어머니다. 벌써 2주일을 안 나오다가 오늘 오신 거다. 그 동안 경주 여기저기에 구경 다녀오느라 바빴다고 한다. 그 말씀에 또 어쩌나, 했다. 우리 반에서 일을 다니지 않는 분은 손명월 어머니뿐이다. 이전에도 교실에서 다른 어머니들은 일을 마치고서 힘들어서 앉아 있는데, 자전거 타러 다닌 얘기, 수영 다니는 얘기를 자랑처럼 했다. 그럴 때마다 나는 그냥 다른 어머니들 눈치만 보는 거다.

 공부 시간에 말을 만들어 짧게 글을 쓸 때도 그렇다. 다른 어머니들이 '글을 잘 쓰고 싶다.', '아프지 않고 일을 하고 싶다.', '영감에게 편지 한 장 쓰고 싶다.' 같은 걸 쓸 때, 손명월 어머니는 '좋은 옷을 사 입고 싶다.', '단풍 구경을 가고 싶다.'를 썼다. 그냥 나오는 얘기로 집 얘기도 하고, 자녀분들 얘기도 하는데, 그런 얘기들도 좀 자랑이 된다. 손명월 어머니가 나빠서가 아니라 다른 어머니들 처지를 떠올리면 그렇다는 거다. 육십이 넘은 나이에 궂은일로 겨우 살림을 꾸리는 분도 있고, 자녀 분들이 안타깝게 살고 있는 분들도 많이 있기 때문이다. 이번에도 또 경주 다녀온 얘기가 그럴까 봐 뜨끔 걱정이 된 거다.

 "야, 친구야. 그 동안 왜 안 나왔어?"

 어머니학교 교실로 올라가는 계단에서다. 김순영 어머니가 화장실에서 나왔다.

 "경주 갔다 오느라고요."

 "좋은 구경 마이 하고 다녔꾸만. 이렇게 추분데 어딜 그래 돌어다녔나?"

 "정말, 나는 추워서 이제 학교를 그만 다녀야겠나 봐. 추워서 어떻게 다녀?"

 "이 놀고먹는 여편네가. 나는 새북부터 일하고도 나온다. 나한테 혼 좀 나야겠네."

 김순영 어머니는 꿀밤을 들이민다. 손명월 어머니는 '어구, 어구.' 웃으면서 종종걸음으로 간다. 어머니들은 무척이나 반가운 모습이었다. 꼭 예닐곱 살 꼬마 계집아이들 같다.

 교실 문을 밀고 들어가니까 꽉 차 보인다. 김순영, 신을분, 박영옥, 손명월 어머니가 있다. 오랜만에 꽉 차는 교실이다. 어머니들 모두 너무 반가

위해 주셨다.

"와, 우리 선생님 어서 오세요."

"나는 선생님이 어떻게 보고 싶던지. 아유, 반가워라."

"아유, 선생님 죄송해요. 저 너무 많이 빠졌지요?"

이분도 벌써 여러 날 빠지다가 온 박영옥 어머니다. 꼭 교복 입은 여학생처럼 혼나는 시늉을 내면서 웃으신다.

"박영옥 어머니, 아이 때문에 병원 다니느라 못 왔다면서요?"

"뭐, 병원이야 금방 다녀오면 되는데, 여기저기 갑자기 일이 많았어요."

"아아, 제가 아저씨한테 다 일러 줄 거예요. 학교 간다고 나가서 순 놀러 다닌다고 말이에요."

"헤, 안 돼요. 그럼 저 죽어요. 큰일나요. 어떻게 되라고."

박영옥 어머니하고는 농담처럼 장난말을 하는 게 자유롭다. 박영옥 어머니가 젊고 성격이 좋아서다. 나이도 서른일곱 살로 매우 젊지만 실제로는 더 젊어 보인다. 정말 차림이나 얘기에서 묻어나는 생활들이 우리 집 앞으로 다니는 대학생들 같다. 그런 데다가 순진하기까지 하니까 더 젊고 어려 보인다. 여기 어머니학교에 처음 와서 상담을 할 때도 교감 선생님이 "결혼 안 하셨지요?" 하고 물었을 정도다. 그런데 박영옥 어머니는 고2 딸과 6학년짜리 아들도 있다.

박영옥 어머니는 고향이 강릉이다. 어려서는 너무 아팠다. 학교 들어갈 나이까지 너무 아프고 하니까 학교는 못 다녔다. 그러다가 스무 살에 시집을 갔다. 남편이 되는 아저씨는 군인이다. 지금도 박영옥 어머니네는 성남에 있는 부대 관사에서 산다.

박영옥 어머니는 순진하면서 성격은 참 활발하다. 부대 내에서는 정식으로 배우지 않은 기술로 미용실을 한다. 그러니까 이렇게 저렇게 예쁜 멋도 어떻게 해야 잘 낼 수 있는지도 잘 안다. 사람들이랑도 많이 어울리는 것 같다. 그 안에서는 다 군인들 식구니까 모임도 많고, 행사도 많아서 다른 군인 식구들과도 참 친하다. 남편들은 늘 '훈련'이다, '비상'이다, '검열'이다 바빠서 새벽에나 들어오고, 안 들어오고 하니까 아내들끼리 잘 만나나 보다. 저녁에는 이것저것 사 먹으러도 참 많이 다니는 것 같다. 그러면 맥주 먹으러도 갔다가 노래방까지 간다고.

 저번에는 어머니들과 저녁을 먹다가 정말 놀랐다. 박영옥 어머니가 있으니까 분위기가 다르다. 술도 먼저 나서서 시켰고, 한두 잔쯤은 하는 거라고 권했다. 나는 사실 어머니들 앞이라 자리가 좀 조심스러웠는데 말이다. 박영옥 어머니는 고기 집에 들어갈 때부터가 익숙했다. 회식 같은 크고 작은 모임이 많아서 그렇다고 했다. 처음에는 밥만 먹고 올라가서 공부를 하려고 했는데, 그 날은 아예 노래방까지 갔다. 김순영 어머니가 주춤주춤 무릎으로, 들썩들썩 고개와 어깨로 추는 춤에 너무 재미있고 좋았다. 하지만 박영옥 어머니를 보고는 더 놀랐다. 가수가 따로 없다. 노래를 잘 하는 것보다는, 뭐라고 하나? '무대 매너'가 보통이 아니었다. 고르는 노래부터 달랐고, 모두 일으켜서 같이 춤을 추게 했다. 춤도 정말 잘 췄다. 노래를 안 하는 동안에도 탬버린으로, 여러 가지 추임새로 아주 흥이 나게 했다. 그 모습이 조금도 이상하거나 나빠 보이지는 않는다. 정말 참 건강하고, 밝고, 솔직한 모습으로 젊어 보이는 거다.

 박영옥 어머니는 관사에 있다 보면 서로 어울리는 군인 아내들끼리 어디를 다니자, 운전 면허를 따러 가자, 하는 말을 많이 들었다. 식구말고는 글씨를 모르는 걸 모르는데, 그 때마다 쩔쩔매었다. 대충 넘어가고, 넘어가고 하면서 더 늦기 전에 글을 배우고자 했다. 아이들이 커 가는 걸 보면서도 꼭 글이 배우고 싶었다. 아마 오륙십 세가 넘은 어머니들보다 더 주눅이 들고 답답하고 괴로웠을 거다. 그분들이야 나이가 많으니까 그래도 이해라도 더 받을 수 있을 테니 말이다. 그러다가 어머니는 용기를 내어 어머니학교를 찾았다. 성남 가까운 데에서는 아는 사람이라도 만나게 될까 봐 일부러 서울 쪽을 알아본 거였다. 동네에서는 혼자만 뭐 배우러 다니냐고, 같이 다니자고 야단이어서 혼났다고 했다. 영어 배우러 간다고, 너무 멀다고, 동서 형님이 돈 내고 끊었는데 시간이 안 맞아서 대신 다니는 거라고 둘러대면서 말이다.

박영옥 어머니는 식구들이 참 많이 도와 주고 있다. 아이들도 참 착해서 엄마를 무시하거나 창피해하지를 않는다. 요새는 6학년이 된 아들하고 받아쓰기하는 걸 그렇게 즐거워한다. 집에서 화나고 속상한 일 있다가도 아들이랑 받아쓰기를 하다 보면 서로 웃느라고 다 잊어버린다고 말이다. 정말 엄마, 아들이 다 마음이 좋고, 밝아서 웃음이 많으니까 그럴 수 있겠다 싶다. 다른 집에서는 도와 준다고 받아쓰기를 하다가 서로 화를 내고, 나빠지는 경우가 더 많다. 아예 숨기고 공부하는 분이 더 많고. 그래도 박영옥 어머니네는 받아쓰기만 하면 웃음이 터져 난다고 했다. 이제는 뭐 안 좋은 일, 화나는 일이 있으면 엄마, 아들이 서로 '받아쓰기하자.'고 한다는 거다.

또, 남편 되시는 분 얘기를 들어도 참 좋다. 군인이라 새벽 일찍 먼저 나갈 때가 많은데, 어머니학교에 다니고 난 다음부터는 깨워 준다. 잠결에 눈을 뜨면 몸을 막 흔들면서 "숙제 다 했나? 공부해야지." 하면서 짓궂게 다정한 인사를 한다는 거다. 다른 얘기를 들어 봐도 남편 분이 참 아껴 준다는 걸 알 수 있다. 어느 날은 친척 아저씨가 박영옥 어머니를 가리키면서 "쟤는 예쁘고 착하고 다 좋은데, 배우지를 못해서 어떡하냐."고 여럿 모인 데서 말을 했다. 이 때 남편 분이 왜 그런 소리를 하냐고 화를 내어 대들기도 했다는 거다. 아무리 친척 어른이어도 남편 분은 박영옥 어머니가 마음이 다치게 될 것을 더 먼저 생각해 준 거다. 못 배웠다고 남편에게 더 먼저 무시당하고 사는 어머니들에 대면 참 좋을 것 같다. 처음 나오실 때 박영옥 어머니는 어깨 너머로 아주 조금 글씨를 읽는 시늉 정도를 낼 뿐 아예 몰랐다. 보통 다른 어머니들은 글씨는 몰라도 '가나다라' 정도는 들은 가락으로 입으로야 익숙하게 욀 줄은 안다. 하지만 박영옥 어머니는 그조차 처음이었다. 그래서 한 몇 달 동안은 한 시간씩 먼저 학교에 왔다. 너무 모른다는 생각에 교감 선생님이랑 앞에 쉬운 글자들을 보충해서 공부해야겠다고 해서다.

"어머니, 힘들고 귀찮다고 하다가 그만두면 안 돼요. 제가 같이 공부하는 동안 열심히 도와 드릴게요."

"그럼요, 그만두긴 왜 그만둬요? 이제라도 배워야지, 지금 또 못 배우면 언제 배우라고요. 여기 저보다 훨씬 나이 많은 아줌마들도 있는데, 제가 왜 그만둬요?"

우리 교실에서는 젊은 게 오히려 더 창피스러운 걸까 봐 걱정했던 건데, 내가 괜히 걱정을 한 거다. 박영옥 어머니는 모르는 걸 창피해하지도 않고, 배우는 대로 다 따라하려고 무지 애를 썼다. 숙제로 내주는 것도 빠지지 않고 해 왔다. 미용실에서 하는데 몇 자 쓰다 보면 자꾸 누가 오고, 손님이 오고 해서 가리느라고 진땀을 흘린다는 얘기도 들었다. 그래도 요새는 미용실에 있는 잡지 글씨들이 눈에 들어온다고 한다. 참 기쁜 일이다.

박영옥 어머니와 김순영 어머니는 우리 반 교실을 아주 즐겁게 만드는 분들이다. 김순영 어머니가 늘 싱글벙글하고 넉넉한 마음에다 어린애들처럼 장난을 치면, 박영옥 어머니는 밝고 순진한 성격에다 아주 솔직한 맞장구를 치는 거다. 나이 많은 어머니들이 자꾸 못 알아듣고 딴소리를 할 때도 깔깔깔깔 웃음을 터뜨리는 건 박영옥 어머니다. 나는 그 때까지 억지로 웃음을 참고 있다가 그제서야 함께 웃는다. 그러면 번번이 못 알아듣는 어머니들도 무안해하지 않고 다 같이 웃음바다가 된다. 이 두 분 어머니가 없다면 공부 시간이 얼마나 밋밋할까.

공부에 들어갔다.

"어머니들 오늘은 뭐 할 차례지요?"

"바이뱌 버이벼 보이뵤……."

김순영 어머니다. 정말 이 '바이뱌 버이벼' 들은 시간마다 들어도 새롭고 참 좋다. 괜히 내 느낌이 그래서인지 소리내기도 참 쉽다.
"아이고, 날 추워. 이렇게 추운데 한 자라도 더 주워 가겠다고……."
김석순 어머니다. 시작한 지 십 분이 지나서 허겁지겁 뛰어 들어오는 거다. 공장일을 마치고 오면 늘 이 시간이다.
"날씨가 왜 이렇게 추워?"
"춥지요? 지금도 눈 와요?"
"네? 눈 온다구요?"
갑자기 박영옥 어머니가 소리라도 지르는 것처럼 놀란다.
"몰랐어요? 지금 눈 와요."
"에이, 왜 웃어요? 거짓말이죠? 눈이 오면 이러고 있으면 안 되죠. 첫눈인데."
역시 박영옥 어머니다. 갑자기 우리 교실이 여고 교실이 된 것 같다.
"정말이라니까요. 김석순 어머니, 눈 오지요?"
"눈 와요. 아주 조금씩 내려."
"거 봐요."
"와! 정말 첫눈인데. 어우, 어떻게 해."
"왜요? 박영옥 어머니, 애인한테 전화해야 돼요?"
박영옥 어머니는 정말 아이 같다. 첫눈인데, 첫눈인데 하면서 자꾸 교실 뒤 창문 쪽을 본다.
"어머니, 우리 다음에 펑펑 눈 오는 날은 공부하지 말고 나가서 놀기로 해요. 알았지요?"
'바이뱌 버이벼'를 하면서 그 소리가 들어가는 글자를 어머니들이 얘기해 냈다. 바지, 바구니, 아버지, 버섯, 버선, 보리, 두부…… 들이다. 신을 분 어머니는 '비' 자에 가서 '루비' 반지를 아신다며 '루비'도 얘기했다. 이렇게 해서 얘기된 낱말들로, 어머니들은 자기 얘기로 짧은 말을 이었다.

한참을 하다가 김순영 어머니 차례가 또 돌아왔다.

"나는 바느질한 얘기할래. 내가 처음 바느질할 때 저고리를 만드니까 팔이 네 개가 나오는 거야. 친정 엄마는 제대로 가르쳐 주지도 않고 덮어 놓고 만들라는데, 와, 팔이 네 짝씩 나오대."

"그래, 처음 하면 저고리 팔이 네 짝 나와. 나도 그랬어."

어머니들은 다들 그랬나 보다. 나는 처음 들어보는 얘기다. 김석순 어머니도 그랬다고 한다.

"그래서, 뒷집에 찾아가서 배우고 나니까 팔이 두 짝만 딱 나오더라구."

"아아, 그러면 그 얘기 써 보세요. '바느질을 처음 할 때는 팔이 네 짝씩 나왔다.' 하고요. 자, 써 보세요."

그 다음에는 다시 박영옥 어머니 차례다. '나는 성남에서부터 공부하러 어머니학교에 왔다.'로 써 본다고 했다. 다 쓰고 났는데 손명월 어머니가,

"선생님, 나는 말 바꿨어요. 성남이 아니라 마석이라고 썼어요."

"와, 잘하셨어요."

그랬더니, 어머니들이 너도나도 지우개를 든다.

"나는 구리시라고 해야지."

"허허허. 그럼 나는 돈암동으로 해야 쓰겄네."

어머니들은 누가 부르면 다 똑같이만 쓰다가 자기 동네 이름들로 고치니까 재미가 나셨나 보다. 그 동안에는 자꾸 받아 쓰는 것만 해 오니까, 누가 불러 주면 거기에 맞춰 쓰는 데만 익숙했다. 그러니까 한 글자, 한 글자 맞춤법에만 얽매이게 될 뿐이다. 아직 긴 글은 못 쓰시더라도, 글씨가 좀 틀리더라도 자기 얘기를 스스로 쓸 수 있게 해야 할 텐데 했다. 그나마 보기 낱말이나 받아쓰기 예문만이라도 교재를 그대로 하지 않고, 일부러 어머니들이 꺼내는 얘기로 끌어 내려 했는데 문제는 그게 아닌가 보다. 받아쓰기라는 틀 자체가 어머니들을 자꾸만 맞춤법이라는 걸로 가두게 되는 거다.

어머니들하고 낱말을 넣어서 얘기들을 써 보다가 끝낼 시간이 다 되어 갔다.

하나 정도 더 써 보자고 해서 이번에는 내가 말을 지었다.

"이번에는 '바' 자 가운데에서 '바람' 들어가는 얘기로 할게요. '우리 영감 바람을 피웠다.'고 써 볼까요?"

"우리 영감은 바람 안 피웠는데 그렇게 써요?"

"그럼 '우리 앞집 영감'으로 해 볼까요?"

다 쓰고 보니까 김석순 어머니만 그대로 '우리 영감'이라고 했다.

"에구, 우리 영감은 바람 피웠어."

에이, 나는 재미있자고 그런 건데 조심하지 못했구나 싶었다. 그래도 어머니들이 나빠지는 않았다. 모두 가방을 싸고, 난로를 끄고 인사를 하고 나가셨다. 맨 뒷자리에 있는 김순영 어머니는 다른 어머니들 다 나가고도 더 있다가 나오셨다.

"이거, 우리 시골에서 보내 준 건데 갖고 가 먹어."

"와, 사과네요. 그럼 이건 상주 사과네요."

"아이, 빨리 넣어요. 좀 많으면 저이들하고 다 같이 주고 싶은데 몇 개 없잖아. 두 개는 교감 선생님 주고, 두 개는 먹어."

예쁜 사과다. 김순영 어머니 마음이다. 사과는 다 교무실 냉장고에 넣고 왔다. 지금 와서 생각해 보니까 한 알 정도는 가져올걸 그랬다. 책상 위에 올려놓고 보면 참 좋을 텐데 하는 생각이 든다.

집에 오니까 엄마는 빨래를 하고 있다. 요즘 엄마는 너무 바빠서 밤에 빨래를 한다. 궁금한 마음이 있지만, 엄마에게 전에 쓰기로 한 엄마 얘기를 쓰고 계시냐는 건 못 물어 보겠다.

## 엄마가 쓴 일기

**8월 12일 목요일. 맑음.**

제주도 학생들이 한 달이 다 되었다. 그런데 어제 돈을 이저버렸단다. 19만원이나. 이런 일이 없었는데 정말 알 수가 없다. 선미하고 오늘 아침에 이야기하다가 또 선미도 이저버렸다고 한다. 정말 알 수가 없다. 참 기분이 영 찝찝하다. 누가 그런 짓을 했는지. 문은 잠구고 나갔는데, 문도 잠겨 있었다고 한다. 웬일일까. 본인들은 얼마나 기분이 나쁠까 걱정도 되고 마음이 편치 안타.

**8월 23일 월요일.**

하숙 방 하나가 비어 있다. 학생을 채워 넣어야 한다. 그래서 집을 비우고 나갈 수가 없다. 그래서 기범이한테 집에 좀 있으라고 하고 어머니학교에 갔다. 수업이 끝나고 중부시장에 들려서 메레치, 다시마를 사 가지고 오니까 오후 5시. 집에는 아무도 없고 기미와 어진이만 있다. 기범이한테 전화를 했다. 기범이가 금방 왔다고 한다. 집을 비우고 나가면 불안하다. 빨리 하숙생을 채워야 하는데 걱정이 된다.

**8월 28일 토요일. 흐림.**

오늘은 학원도 안 가고 학교도 안 가는 날이다. 하숙방을 채워야 한다. 오늘은 하루 종일 집에 있어야 하고 숙제하고 마늘 까고 온종일 있어도 아무도 안 온다. 마음이 되게 불안하다. 방을 채워야 마음놓고 다릴 텐데. 정말 불안하다. 내일은 오겠지.

11월 30일 화요일

## 이제, 공부 시작할까요?

　어머니학교에 갈 시간이 되었다. 이오덕 선생님이 쓴 《일하는 사람들의 글쓰기》와 윤태규 선생님이 쓴 《일기 쓰기 어떻게 시작할까》두 권을 가방에 넣고 갔다.
　버스에 올라앉아서 《일기 쓰기 어떻게 시작할까》를 다시 살짝 훑어보다가 어머니학교에 대한 이런저런 생각을 하는 사이 금세 신설동이었다. 어둑한 계단을 올라갔다. 교무실에 먼저 들러 선생님께 한번 읽어 보라고 책 두 권을 드렸다. 우리 교실을 열고 들어갔더니 두 어머니가 계신다. 김순영 어머니와 신을분 어머니다.
　"선생님, 어서 오세요."
　"오늘은 되게 일찍 왔네. 나 아직 숙제 하나도 못 써 봤는데."
　누가 반가워해 주면 참 좋다. 우리 어머니들은 언제나 아주 크게 반가워하신다. 또 문이 열렸다.
　"어유, 추워라. 왜 이렇게 추워?"
　손명월 어머니가 보자기 같은 걸 둘러써서 귀를 덮고 턱 밑에서 묶었다.

춥다, 춥다 하지만 환하게 웃고 들어오셨다.
"선생님, 이거 먹고 해요."
귤이 한 보따리다. 어제 들어오는 길에 뭣 좀 사 오겠다는 걸 막았더니, 오늘은 기어이 사 들고 오셨다. 귤을 대여섯 개씩 나누었다.
"나머지는 선생님 다 드세요."
"에이, 아직요. 김석순 어머니랑 박영옥 어머니도 안 왔잖아요. 교무실에 선생님 좀 드리고 올게요."
귤을 손아귀에 받쳐 들고 교무실에 갔다.
"교감 선생님 이것 좀 드세요."
"그 반에는 먹는 걸 왜 그렇게 잘 가져와요?"
"몰라요. 헤헤헤. 어, 이건 뭐예요?"
"박영옥 어머니가 주고 갔어요."
"와, 만두랑 순대네. 씨이…… 난 안 주고, 피이."
"교실에는 안 갔어요?"
"예, 아직 안 오셨는데."
계단 아래 화장실에 들렀다가 다시 우리 반 교실로 갔다.
"선생님, 어서 오세요. 이거 먹고 해요."
박영옥 어머니다. 손에는 검정 비닐 봉투를 두 개나 들고 있다.
"밑에서 만두랑 순대랑 사 왔는데, 교무실에도 선생님이 한 분 계시잖아요. 그래서 다시 내려가서 사 온 거예요."
여덟 시가 다 되었다. 만두와 순대에서 김이 모락모락 난다. 책상을 붙이고 어머니들이 둘러앉았다. 박영옥 어머니는 종이 컵에 오뎅 국물 받아 오는 것까지 잊지 않았다.
"선생님도 많이 잡숴. 와, 난 만두가 그렇게 좋아. 우리 메느리들이 나만 가면 딴 건 안 해도 만두는 꼭 해 준다니까."
"추울 때는 이렇게 먹어야 맛있는 거야. 어허허헝."

김순영 어머니는 남을 것 같은 만두까지 다 드셨다. 신을분 어머니는 음식을 푸니까 어서어서 먹자고 불러 앉히시더니 몇 개 드시다가는 금방 물러앉았다. 만두, 순대 같은 게 자꾸 얹혀서 많이는 못 먹는다면서. 나도 배가 불렀다. 집에서 나오기 전에 이미 밥 한 그릇도 먹고 나왔다. 그런데 남은 순대를 다 나보고 먹으라는 거다. 뭐 먹을 때마다 꼭 그런다. 어머니들이 사 주시는 건데 남길 수도 없고, 배는 부르고, 이번에는 정말 더 못 먹겠다. 먼저 젓가락으로 한 개를 집고 신을분 어머니 입에 가져갔다. 안 드신다더니 좋아라 받아 잡수셨다. 또 하나가 남았다. 이번에는 김순영 어머니께 가져갔더니 아직도 입이 불룩하게 만두를 씹고 계신다. 손명월 어머니는 손사래를 치면서 달아나듯이 뒷자리로 갔다. 옆에 있는 박영옥 어머니 얼굴 앞으로 가져갔더니 아예 목을 웅크려 고개를 돌리신다. 어떻게 남자가 먹던 젓가락으로 먹냐고 웃으면서 장난이다. 박영옥 어머니답다. 할 수 없이 내가 마저 먹었다. 시계 바늘은 십오 분이나 더 지나갔다.

아직 다른 반은 겪어 보지도 않았지만, 우리 반은 분위기가 참 즐겁다. 날이 지금보다 덜 추울 때는 공부 끝나고 군것질도 많이 했다. 밖에서 사 먹는 군것질은 박영옥 어머니가 다니기 시작하면서부터 많이 했다. 그전에야 어머니들이 집도 멀고, 뭘 사 먹자는 등 얘기를 꺼내는 건 부담스러워하실까 봐 그러지는 못했다. 박영옥 어머니가 오면서부터는 달랐다. 공부가 끝나고 함께 학교 문을 나가면, "우리 초밥 먹고 가요, 너무 맛있어 보인다.", "저기 떡볶이 좀 먹고 가요." 하고 옷깃을 잡아끌었다. 너무 자연스럽게 이끌었다. 리어카 앞에 가서 오뎅을 집어 먹거나 떡볶이를 먹었다. 순대를 먹고, 튀김을 먹었다. 차츰 그런 분위기가 생긴 다음에는 다른 어머니들도 공부 시간에 "내가 오늘 떡볶이 살게." 하고 나서는 어머니들이 많았다. 그런 날은 어김없이 십 분 정도 일찍 끝내 놓고 우르르 학교를 빠져 나갔다. 밖에서 군것질만 하는 게 아니다. 학교에 오면서 어머니들은 이것저것을 주섬주섬 싸들고 들어오기를 잘했다. 신을분 어머니는 호떡이며 옥수수 들을 가져와서 하나씩 돌렸고, 김순영 어머니는 떡이며 감, 사과 들을 가져오셨다. 손명월 어머니도 이 때처럼 귤을 사 오거나 했고. 먹는 얘기로만 우리 반 분위기가 좋다고 한 것 같은데, 정말 그 덕이 크다. 나누어 먹는 속에서 더 편한 '친구'가 되고, '언니'나 '형님', '아우'가 되었던 것 같다. 우스갯소리도 더 많아지고, 허물없이 핀잔을 주거나 장난으로 놀릴 수도 있고, 마음도 더 가까워지고 말이다.

"이제, 공부 시작할까요?"

"예."

"배불렀으니까 이제 부지런히 한 자라도 더 배워야지."

"뭘 아직도 우물거려. 얼른 먹고 책 펴, 아줌마야."

공부를 시작했다. 김순영 어머니가 또 '사이샤 서이셔'를 읊는다. '사샤 서셔소쇼' 들을 써 가면서 한 글자씩이 들어가는 낱말을 서로 말했다. 사과, 사랑, 사람, 서울, 서리, 시장, 시골, 수박 들이 떠오르는 대로 나왔다. 다들 '샤' 자에 가서는 아무 말도 못 하고 있는데 손명월 어머니가 과자 이름 '샤브레'를 말했다. 한 번만 써 보고 지나갔다. '셔'에 가니까 박영옥 어머니가 무슨 코메디에 나오는 사투리를 흉내내면서 "안녕하셔?" 했다. 그렇게 말하는 사람들은 그렇게도 쓴다 하고 다 함께 그대로 써 봤다. 그러더니 '쇼'에 가서는 또 "안녕하쇼?" 하는 거다. "어서 옵쇼."도 나오고 막 나왔다. 그런 것들도 다 그대로 써 보고 했더니 어머니들은 재미있어하셨다.

이제 돌아가면서 앞에 내놓았던 낱말이 들어가게 말을 길게 해 보았다.

"나는 오늘 신당역에서 내려서 시장을 지나 걸어서 왔다."

김순영 어머니다. 보통은 버스를 한 번 더 타거나 했는데 그냥 걸어서 학교에 왔다고 했다. 그러더니 또,

"시장에서 김밥 한 줄을 사 먹었다."

하신다. 이렇게 한 분이 말하고 나면 다른 어머니들도 다 같이 그대로 공책에 써 보는 거다.

"수요일에는 길동 오세기 산부인과로 일을 하러 간다."

이번에는 신을분 어머니. '수' 자가 들어가는 말을 찾다가 떠올려 하신 말이다. 수요일이면 내일인데, 신을분 어머니가 내일 일 가는 곳이 병원이었다. 그러면서 그 병원이 얼마나 이름났는지를 설명했다. 그 끝에는 "애기들이 울어 쌓고 할 텐데 어떻게 일을 하나." 하는 거였다.

"나는 주말에 서울 예식장에 왔다 갔습니다."

박영옥 어머니다. 성남이면 거의 서울과 다르지 않다고 생각했는데, 그곳만 해도 '서울에 갔다.'는 말을 쓰나 보았다.

이제는 어머니들이 쓰기 예문을 말할 때 어머니들 자기 얘기로 한다. 훨씬 좋다. 얼마 전까지만 해도 내가 그냥 만들어서 내주거나, 어머니들이 직접 만들더라도 억지로 말을 지어 내느라 애를 먹었다. 이젠 하나하나 배울 차례 글자가 들어 있는 낱말을 찾거나, 그것들로 말을 해서 쓰기를 할 때도 어머니들 생활을 조금씩 담고 있다. 보통은 어머니들이 어제, 오늘 있었던 일을 떠올려 얘기를 꺼내신다. 이렇게 낱말을 찾고, 쓰기를 하니까 서로에 대해서도 더 잘 알게 되고 참 좋다. 조금씩 방법이 찾아지는 것 같다. 아직은 글씨를 써 가는 손도 느리고, 스스로가 뭘 쓴다는 자신감도 없는지라 그리 긴 글을 쓰지는 못한다. 하지만 우리 반 어머니들 정도에서는 이게 시작이지 싶다.

아, 참. 박영옥 어머니는 오늘 공부 시간 내내 귤을 까 드셨다. 뭐 하고 있나 보면 귤을 한 개 떼어내 입에 넣었고, 설명할 때도 입을 가리고 오물오물했다. 나중에는 다 먹고 모자라서 내 앞에 있는 것들까지 줬다. 먹다가도 나와 눈이 마주치면 입술을 오므려 혼나야 할 학생처럼 구는 모습이 어린 여학생 같았다.

공부를 다 마치고 교무실에 있는 교감 선생님까지 다 함께 내려왔다.

"어머니들, 오옥자 어머니 아세요?"

"오옥자 엄마? 알지. 어디 갔잖아."
"오옥자 어머니 오셨대요. 아마 다음 공부 시간부터 나오실지도 모른대요."
와, 오옥자 어머니가 오셨구나. 교감 선생님은 오옥자 어머니 얘기를 했다. 오옥자 어머니도 무지 열심히 하는 어머니시다. 깡마른 몸집에 글씨마다 힘을 줘서 아주 또박또박 잘 썼다. 공책 대신 버리는 낱장 종이들을 묶어 쓰기 시작한 분도 바로 이 어머니다. 나이는 김순영 어머니랑 동갑인 예순하나다.

집에 왔다. 열한 시가 넘어 늦은 저녁을 먹는 거다. 엄마는 외숙모네 가서 김장을 도와 주고 오느라고 허리가 많이 아프다고 했다. 이런저런 얘기들을 하셨다.
"얘, 스미 불쌍해서 어쩌니?"
"왜요?"
"스미가 지금 개 길러서 잡아먹는 그런 집에 있댄다."
"거기는 왜?"
"아니, 무슨 사람들이 그래? 잘 데려다 키워 준다고 해 놓고선. 뭐, 밥을 잘 먹어서 살이 피둥피둥하다더니 어째 그러냐?"
"아니 무슨 일인데요?"
"그 외숙모 동생 집에서 키운다고 데려갔잖아. 그 집이 방앗간을 내서 못 키운다고 했대. 그러니까 또 그 형네 집으로 보냈는데, 거기가 개 잡는 집이랜다. 벌써 넉 달이나 됐대. 그 사나운 개들이랑 어떻게 같이 있어. 주먹만 한 게 어떻게 견디냐구. 그냥 우리 같은 곳 안에서 발발발 떨고만 있을 텐데. 집에서도 추워서 오들오들 떠는데. 걔가 그 밖에서, 사나운 개들 틈바구니에서 어떻게 살어? 아주 눈에 선해 죽겠네. 외숙모도 그렇지, 나 들으면 속상할까 봐 알면서도 말을 안 한 거야. 여름에는 그 집에 보신탕도 먹으러 가고 했으면서."
"아유, 정말 왜 그랬지. 너무한다."
"내가 데려올까. 데려오면 쟤 어진이랑 싸워서 키우지도 못하는데."
"그럼 어떻게 해?"
"그래도 가슴에 쏙 안기는 것만 생각나서 뒷목까지 뻣뻣하네. 데려올까?"
"차도 없는데 어떻게 데려와요?"

스미는 우리 집에서 살던 개다. 정말 주먹만 한 치와와 개다.
엄마는 6년 전부터 집에서 개를 키웠다. 스미까지 모두 세 마리였다. 아니 한두 달씩 데리고 있던 소라, 예삐까지 하면 모두 다섯 마리다. 엄마가 처음 개를 키운 건 1994년이다. 나는 방위 복무를 시작하느라 훈련소에 한 달 동안 가 있었고, 형은 아직 아빠와 살고 있던 때다. 엄마는 물론 하숙집을 하고 있었다. 하숙생은 그 때가 가장 많아서 스물서넛 정도였다. 엄마는 훈련소로 보낸 편지에서 기미 얘기를 쓰기도 했다. 난 그 때 기미가 뭔지 몰랐다.

훈련을 마치고 돌아오니까 개가 한 마리 있었다. 그게 기미다. 눈은 크고 울고 있는 것 같았다. 다리는 짧고 뭉뚝한, 털에 윤이 나는 복실복실한 개다. 종류는 '시추'라고 했다. 그 때는 앳된 강아지였다.
"얘는 이름이 왜 기미야?"
"그냥. 니네 '기' 자 돌림에다가 엄마 이름에 있는 '미' 자 붙여서 했어."

기미라고 하면 사람들은 주근깨는 어디 있냐고 했다. 엄마가 기미에게 보인 정성은 보통이 아니었다. 외제 샴푸, 린스에 기미를 위한 빗이며 발톱깎이, 이를 닦아 주는 치약, 칫솔까지 있었다. 1주일만 넘으면 목욕도 시켜 주고, 머리 건조기로 말려 주고, 빗어 주고 했다. 왜 그런지 기미는 잘 씹지를 못해서 뭐든지 엄마는 먼저 씹어 낸 다음에 먹여 주고 했다. 갓난아기를 다루듯 하는 거다. 내가 지나가다가 딱딱한 오징어라도 주면, 엄마는 성질을 뺵 하고 냈다. 그냥 주면 어떻게 하냐고. 엄마가 먼저 엄살을 떠는 거다. 처음에는 그런 것들이 싫었다. 기미는 극성스럽지도 않아서 밥상 옆에 와도 그냥 앉아서 뭘 줄 때만 기다리곤 했는데, 나는 그것도 싫었다. 게다가 뼈를 하나하나 발라서, 그것도 곱게 씹은 다음 입에 넣어 주는 엄마한테 화를 냈다.

"아유, 엄마. 못 먹는 사람들이 사방에 깔렸는데, 왜 개 한 마리한테 그래. 밖에서 집 지키고 돌아다니는 개들도 다 잘 살아. 뭘 그렇게 호강시켜 주지 못해 안달이야?"

기미는 느리고 얌전했다. 그냥 곁에서 보면 털 뭉치가 살그머니 기어다니는 것 같았다. 눈도 얼마나 슬픈지 모른다. 무슨 말을 하면 다 알아듣듯이 눈을 껌뻑껌뻑했다. 그런데 이 녀석은 집 안에서 기르는 다른 개들처럼 눈치 있게 똑똑하지는 못했다. 아무데나 오줌을 싸고 똥을 쌌다. 게다가 뽀송뽀송한 건 또 좋아해서 툭하면 엄마는 이불 빨래를 해야 했다. 더 한심한 건 집을 찾을 줄 모른다는 거다. 잠깐만 대문 밖엘 나가도 금방 나온 대문을 못 찾는다. 그래서 엄마는 문단속 잔소리가 늘었다. 하숙생들한테도다. 벌써 기미 때문에 온 집안이 다섯 번은 뒤집어졌다. 거의 하숙생들이 문을 꼭 닫지 않아서인데, 그 때마다 엄마는 내가 봐도 무안할 정도로 야단을 했다. 그러면 문을 열어 두어서 기미가 집을 나가게 한 그 하숙생부터 온 식구가 출동했다. 엄마는 정말 피붙이 어린애라도 잃어버린 모습이었다. 한번은 학교 기숙사에서 어떤 여학생들이 목욕시켜 주는 걸 우연히 봐서 찾았고, 한번은 골목을 몇 바퀴 뒤진 다음에 털이 시커메져서 어슬렁어슬렁 걸어가는 걸 찾았다. 그 때마다 기미는 느린 목소리로 '무슨 일인데 그러지?' 하고 말하는 듯한 표정이었다.

어진이는 기미 딸이다. 기미가 새끼를 네다섯 번쯤 냈을 때 나온 녀석이다. 새끼 강아지들 어느 것 하나 예쁘지 않은 게 없었지만, 엄마는 어진이를 떼지 못했다. 아마 이 녀석이 많이 약하고, 털도 까실까실, 엄마 말로

'옷을 잘 못 입고' 나와서 더 그랬을 것이다. 다른 것들은 제 모습을 찾아가 투실투실 귀여웠는데, 어진이는 비쩍 말라서 제 몸을 일으켜 서는 데만도 한참 걸렸다. 엄마는 애견 가게에서 왔을 때 어진이만 남겼다. 그리고 이름을 '어진이'라고 붙여 주었다. 어진이도 우리 식구가 된 거다.

세 살 된 어진이는 이제 어미개다. 새끼도 여러 차례 냈다. 새끼도 저를 닮아서 좀 비실비실했다. 기미처럼 많이도 못 냈고, 서너 마리 정도였다.

이 때 엄마는 개 한 마리를 더 데려왔다. 얘가 스미다. 누가 키우다가 못 키운다고 애견 가게에 맡겼는데, 그 집에서 엄마에게 키워 보라고 한 거다. 얘는 털도 안 날리고, 말도 잘 알아들어 예쁜 짓도 잘한다고. 이제 새끼 가질 때가 되었는데, 새끼를 내며 키워 보라고 말이다. 당장 돈 걱정이 많던 엄마는 앞으로 새끼를 내다 팔면 돈이 되겠다 싶은 생각에도 그랬고, 얘가 가게에서 묶여 있는 게 너무 가엾다며 데리고 왔다. 엄마는 얘가 사슴을 닮았다고 "스미야, 스미야." 했다. 스미는 정말 말귀도 밝았고, 오줌 똥도 잘 가렸다. 털도 안 날리고 하니까 얘는 엄마가 그대로 방에서 데리고 살았다.

그래도 나는 스미보다 기미, 어진이가 더 좋았다. 스미는 너무 까불까불 했다. 가슴팍에 안기고, 손가락을 물었다 놨다 하고, 목이며 얼굴을 할죽할죽 핥았다. 예뻐해 주려고 해도 너무 정신이 없었다. 무엇보다 내가 스미에게 정이 안 간 까닭은 얘가 너무 샘이 많아서다. 샘이 많고 욕심이 많았다. 기미, 어진이가 엄마나 나 가까이 오지도 못하게 했다. 겨우 내 팔뚝 반만 한 녀석이 쫓아다니며 짖고 괴롭혔다. 기미, 어진이는 스미 눈치만 슬금슬금 봤다. 아예 기미는 멀찍이서 쳐다보기만 했다. 그래도 어진이는 엄마 옆에 와 앉고 싶어했다. 스미는 엄마 품안을 차지하고 쏙 들어앉아 있다가도, 어진이가 가까이 오면 가서 짖어서 쫓았다. 그리고는 다시 무릎 위로 폴짝 뛰어들었다. 엄마가 "스미야, 그러지 마." 하면서 어진이를 쓰다듬어 주기라도 하면 스미는 아주 못된 성질을 부렸다. 아주 크르릉 소리부터 내면서 어진이를 물었다. 둘을 뜯어 내느라고 엄마는 많이도 물렸다. 살점이 푹 파이기도 했고, 피도 철철 흘렸다. 나도 어진이를 떼어 내 안고 일어나다가 뒤쫓아 날뛰는 스미한테 허벅지를 그대로 물린 일이 있다. 엄마도, 나도 이제는 스미 눈치를 보고 둘이 엉겨붙지 않게 하려고 했다. 그래서 나는 스미가 얄미웠다. 덩치는 더 크면서 바보스럽게 느리고, 슬픈 눈으로 성질 한 번 못 내는 기미, 어진이에게 더 정이 갔다.

그리고 한 번 더 이사를 하면서 스미는 보내야 했다. 지금 살고 있는 집에서는 도저히 기미, 어진이와 스미를 함께 키울 수 없어서다. 그런 스미 소식이 1년 만에 전해진 거다. 엄마는 지금 스미 때문에 넋이 나간 얼굴이다.

## 엄마가 쓴 일기

**7월 22일 목요일. 새벽부터 비가 많이 온다.**

목요일은 무용 학원 가는 날. 9시 30분에 집에서 나간다. 12시경에 집에 온다. 하숙생은 다들 도서관에 간다. 집에는 어진이하고 기미가 있다. 어진이는 기미 딸이다. 사람이 아니고 우리 귀염둥이 씨추 강아지이다. 둘이 다 여자이다. 말은 못 해도 나하고는 의사소통이 된다. 엄마 시장 갔다 올게 하면 벌써 알아듣고 얼넝 집에 들어가 내 얼굴만 뚫어져라 바라보고 있다. 빨리 못 가면 걱정이 많이 된다.

## 12월 1일 수요일

# 스미와 어진이

전화가 왔다.
"여보세요?"
"기범아, 엄마야."
"어, 어딘데?"
"기범아 어떻게 하니? 지금 스미 수술하려고 해."
"스미 데려왔어?"
"어. 근데 아주 다 죽어 가. 어떻게 물렸는지 목이랑 가슴에는 이빨 박혔던 구멍들까지 뻥 뚫렸어. 온몸이 다 시퍼런 멍투성이고."
"어떻게 하래요? 수술하면 낫는대?"
"몰라. 지금 마취하고 있어. 너무 힘이 없어서 깨어날지, 못 깨어날지도 지금은 모른데."
"얼마나 걸리는데요?"
"모르지. 어떡하니? 나 지금 운동하는 학생들 밥 차려 주러 집에 들어가 봐야 되는데, 너가 좀 와 있을래?"

"언제 깨어날지도 모른다면서요? 그럼 엄마도 그냥 들어가고, 깨나면 전화해 달라고 해요. 내가 가서 지켜봐야 뭐 해. 이따가 데려오면 되지."
"어유, 그래도 어떻게 해. 아니, 무슨 사람들이 개가 이렇게 됐는데 잘 먹고 지낸다고 해?"
"지금은 들어가 계세요. 좀 있다가 나도 밥 먹으러 갈게요."
어젯밤에 그렇게 걱정을 하더니, 엄마는 스미를 데려왔다. 스미는 아주 볼 수가 없을 정도로 가여운 모습이었다고 했다. 제대로 서지도 못하고, 비실비실 아주 겁에 질려 있다고 말이다. 집에 안고 와서 목욕을 시키느라 보니까, 털 아래로 보이는 몸이 온통 시퍼런 멍투성이였다. 허리께와 등에는 이빨 자국이 몇 개나 푹푹 뚫려 있고, 목덜미도 그랬다. 가여워서 몸을 쓰다듬는데 가죽 밑으로 무슨 서걱서걱 소리가 났다. 엄마는 놀라서 바로 병원으로 뛰어갔다. 속살까지 이빨 구멍이 뚫린 바람에 몸 속까지 바람이 차오른 거다. 당장 수술을 해야 했고, 스미는 털부터 깎았다. 온몸에 벼룩들이 우글우글했다. 엄마는 아직도 가여워서 가슴이 발랑발랑한다.

엄마 집에 가서 밥을 먹고, 앉아서 엄마 얘기를 들었다. 밤 열 시가 훨씬 지나서 전화가 왔다. 내가 데려온다니까, 엄마는 벌써 잠바까지 다 입었다.

내 눈으로 본 스미는 정말 끔찍했다. 그 주먹만 한 개가 털가지 다 깎여 있었다. 보통 개들 털을 깎아 놓으면 속살이 뽀얀 살색으로 드러난다. 스미도 멍 없는 데는 그랬다. 하지만 첫눈에는 시퍼런 피멍들만 보였다. 지금 수술하고 꼬맨 자리말고도 긁히고 물린 자국들이 곳곳에 있었다. 예전에 까불대던 스미가 아니었다. 샘이 많아서 기미, 어진이를 내쫓으면서 깡총 뛰어다니던 스미가 아니다. 꼬리는 뒷다리 사이로 숨기고, 겁에 질린 눈을 했다. 스미 한쪽 앞발에는 링거 주사 바늘이 꽂혀 있었다. 아주 몸에 힘이 하나도 없어 보였다.

"엄마, 내가 안고 갈게요. 집까지 가려면 무거워서 팔 아플 건데."

엄마는 대답 없이 스미를 안았다. 입고 간 잠바 품안에 넣고 옷을 여몄다.
"그전에는 이렇게 안으려만 해도 기어 나오려고 야단이었는데, 아주 바보가 됐네."
엄마는 안쓰러워서 어쩔 줄을 몰라 했다. 집에 가서 따뜻한 자리에 이부자리를 마련해 주었다. 스미는 몸만 발발발 떨었다. 기미는 그저 멀뚱하니 쳐다보다가 느릿느릿 옆에도 가고 냄새도 맡고 할 뿐이다. 그런데 이번에는 어진이가 으르릉댄다. 따로 떼어 놓으려고 어진이를 마루로 내놓으니까, 집이 떠나가라 짖어 댔다. 큰일이다. 아무래도 스미하고 어진이는 궁합이 안 맞나 보다. 엄마하고 나는 어떻게 할까 했다. 스미를 내 방으로 데려가자니 스미는 지금 몸이 약하다. 내 방은 지붕 위에 얹혀진 곳이라 불도 잘 안 들어오고 꽤 춥다. 어진이를 데려가는 것도 어렵다. 어진이는 방에 혼자만 남겨 두면 종일토록 짖어 댄다. 스미 몸이 나을 때까지도 내가 어진이를 데리고 자기로 했다. 내가 밥 먹으러 엄마 집에 올 때마다 이 녀석을 안고 왔다 갔다 해야 한다.
나는 어진이를 안고 내 방으로 왔다. 어진이는 이 방이 낯선지 겁먹은 눈으로 킁킁거리며 두리번거렸다. 어휴, 지금 새끼까지 가져서 배까지 부른 이 녀석을 날마다 안고 다닐 생각이 깜깜하다. 그래도, 지금 이렇게 내 옆에 납작 엎드리고 있는 건 참 좋다. 내가 손만 올리면 제 배 좀 만져 달라고 몸을 발랑 뒤집는다. 내가 이걸 쓰느라 몰두하다 보면 어진이가 가만히 따라 읽고 있다. 꼭 읽는 것 같다.

## 12월 2일 목요일

## 어머니학교 교사 회의

스미를 잠바 품안에 넣고 병원으로 갔다. 새끼까지 가져서 묵직했던 어진이에 대니까 정말 가볍다. 뭘 안고 있다는 기분도 없었다. 그렇게 몸뚱이도 가벼우니까 더 가여웠다. 병원에 가서는 수술한 자리에 약만 가볍게 바르고 돈을 만 3천 원이나 내고 왔다. 너무 비쌌다.

스미를 다시 엄마에게 주고 왔다. 조금 있으면 나가 봐야 해서 어느 개도 내가 맡아 올 수가 없었다. 스미를 방 안에 재우고, 엄마가 어진이랑 같이 마루에 있으면 그나마 짖거나 싸울 일은 없다.

방에 돌아와서는 다시 정신 없이 늘어놓은 책들을 훑으며 교재 회의를 준비했다. 새 학기 교재에 담을 만한 글을 고르는 중이다. 내용이 좋고, 어울린다 싶으면 글 길이가 너무 길었다. 지금 있는 교재 짜임을 따르려 하니까 여간 까다로운 게 아니었다. 그래도 어떻게든, 어떻게든 대신할 만한 글들을 골랐다. 어머니학교에서 선생님들을 만나기로 한 게 세 시인데, 벌써 두 시 오십 분이 넘어갔다. 따로 복사해서 갈 시간도 없고, 가방에 책들을 다 담았다. 어휴, 두툼한 한 보따리가 되었다.

얼른 뛰어나가서 버스를 탔다. 한 보따리나 되는 책가방을 짊어졌다. 벌써 한참 회의가 다 지나가고 있으면 어쩌나 걱정이 되었다.

삼십 분이나 늦었다. 헐레벌떡 교무실 문을 열고 들어갔더니 아직 회의는 하고 있지 않았다. 시작은 했는데 중간에 어머니들이 와서 상담을 하고 있던 거다.

2, 3, 4권 교재를 앞 쪽부터 하나하나 넘겨 가며 얘기들을 했다. 처음에는 한 선생님하고 생각이 많이 부딪혔다. 전에 같이 앉아 얘기를 했을 때는 안 계셨던 김현숙 선생님이다. 나이가 많은 선생님인데 회의를 하면 할수록 참 재미있고, 사람 좋은 느낌을 줬다. 선생님은 많아야 삼십대 중반쯤인 줄 알았더니, 쉰 살이 된다고 했다. 말도 일부러 가려서 하지 않고, 편하고 쉽게, 그리고 재미있게, 좀 시끄럽기도 한 그런 분이었다. 여기 어머니학교에서는 벌써 2년째 자원 교사로 나오고 있다.

그런데 회의에 들어가서는 김현숙 선생님하고 생각이 많이 달랐다. 선생님은 자꾸만 무언가를 가르쳐 주는 내용을 담자고 했다. 국사 교과서에 나오는 내용 가운데에서 넣자고 했고, 열두 띠에 대한 내용이나 간지, 절기를 쉽게 설명해서 가르쳐 주자고 하셨다. 애국가를 배우는 차례에 가서는 태극기 그리는 법도, 나라꽃이 무궁화다 하는 것들도 한데 넣자고 했다. 나는 당장 무어라 말은 못 하고 마음으로만 불안했다. 그게 아니라고 하고 싶지만 어떻게 말을 해야 하나 겁이 났다.

나는 어머니들한테 자꾸만 어머니들이 모를 만한 어떤 것을 가르치려 하지 않기를 바랐다. 어머니들이 먼저 궁금해 알고 싶어하는 거면 모를까, 자꾸만 무얼 가르치려 하는 건 어머니들을 위하는 게 아니라고 생각했다. 초등 학교나 중학교 교과에 나오는 개념이나 단편 지식 같은 것들을 어머니들이 지금에 와서 배워야 하는 까닭이 어디에 있나? 어머니들은 그런 거야 모르고도 한평생을 살아왔다. 오히려 어머니들은 교실에서 새로 배우게 되는 것, 생전 처음 듣는 내용 앞에서 '나는 배우지 못한 사람'이었다는 열등감만 더 크게 느끼게 된다. 나는 여태껏 이런 걸 하나도 모른 채 살아온 거고, 나말고 배운 사람들은 그 옛날부터 이런 걸 다 알고 살아왔을 거라는……. 안 그래도 어머니들은 열등감 속에서 주눅이 든 채 서럽게만 살아왔다. 이 어머니들에게 진정으로 필요한 것은 어머니들이 스스로 자신이 살아온 삶을 소중하게 끌어안을 수 있도록 도와 드리는 것이다. 어머니가 살아온 세월이 그 누구의 삶보다 못나지 않았다고. 그런데 어머니들에게 못 배운 한을 풀어 주려는 한글 교실에서 거꾸로 어머니들이 그 열등감을 더 키우게 된다면 이건 아주 잘못된 일이다. 물론 어머니들에게 하나라도 더 가르쳐 주고 싶은 선생님들의 마음은 안다. 하지만 어머니들 처지에서 생각해 보면 아무래도 그건 오히려 어머니들을 더 힘들게 하는 것 같았다. 글자를 읽고 쓰는 걸 어느 정도 하게 된다면 그 다음부터는 정말로 어머니들이 하고 싶은 말을 쓰게 하고, 어머니들과 처지가 닮은 사람들의 글을 읽어 가면 그것으로 좋을 것이다. 그런데 쓰지도 않는 한자말, 외래어까지 맞춤법을 외워 쓰게 하고, 평생 쓰지도 않을 그런 유식한 낱말을 새로 배우게 하고, 나중에는 문법을 배우게 하고, '지방 자치'니 '삼권 분립'이니 하는 개념을 가르치고, 권위로 가득 차 있는 신문 기사를 오려서 같이 읽자고 하고……. 어머니들의 삶에 하나 소용되지 않는 그런 지식이나 개념들은 다 몰라도 좋은 것뿐 아닌가.

처음에 어머니학교를 알았을 때는 '배움에 겸손한 어머니들과 함께' 한다는 말이 더없이 좋아 보이기만 했다. 하지만 지금은 그 말을 '못 배움에 당당한 어머니들과 함께'라는 말로 하는 게 더 옳지 않을까 싶다. 어머니들의 못 배운 한을 푸는 것도 지식을 최대한 많이 가르치는 것에 있지 않다. 진정 배우지 못해 주눅들어 살아온 어머니들의 한을 푸는 건 지식 몇 줌을 채우게 해서 배운 티를 낼 수 있게 하는 게 아니라 배우지 못하고 살아온 자신의 삶을 더 이상 부끄럽게 여기지 않을 수 있게 하는 것이기 때문이다. 나는 이런 생각이었기 때문에 김현숙 선생님이 무엇도 가르치고 어떤 내용도 넣자 하는 얘기가 다 부대끼기만 했다. 내 생각은 우리 어머니학교가 기본으로 무얼 가르치는 교실이 아니라 서로 이야기를 나누는 교실이었으면 하는 거였다. 그래서 교재로 엮을 글을 고르는 것도 무슨 내용을 가르치기 위한 글이 아니라 어머니들이 읽으면 좋겠다 싶은 글로 넣으면 좋겠다는 거였고 말이다. 어머니들이 좋아할 만한 옛 이야기나 아이들이 쓴 글, 어머니들처럼 한글을 이제 갓 배우며 쓴 다른 어머니들의 글, 생활에서 쓰는 입말로 쓴 글이나 깨끗한 우리말로 쓴 글 따위를 말이다.

그래서 꼭지 하나, 글 하나를 정할 때마다 선생님과 자꾸 부딪혔다. 그런데 돌아와 생각하면 내가 지나치게 내 생각에만 굳어 있던 것 같다. 기본으로 선생님은 무얼 가르치자 하는 쪽이기는 했지만 예전 교재에 있는 내용처럼 시민 운동의 내용을 담는답시고 그런 개념을 가르치자는 것도 아니고, 교과서에서 배우는 죽은 지식만 가르치자는 건 아니었다. 어머니들이 생활에서 알면 좋을 만한 것을 내용으로 삼자는 얘기가 많았다. 이를테면 열두 띠, 간지, 절기 같은 것이 그렇다. 어머니들이 자식들을 시집 장가 보낼 때 그런 것을 많이 보고 하니까 아예 그런 것을 정리해서 배우는 시간을 가지면 어떻겠냐며 말이다. 그런 설명을 들으니 고개가 끄덕여지기도 했다. 그런데도 아까 회의를 할 때에는 그렇게 생각하지 못하고 무조건 무얼 가르치자는 게 그저 싫기만 해서 편하게 받아들이지 못했다.

하지만 선생님이나 나나 모두 한쪽 생각을 고집하지는 않았다. 그렇다고 선뜻 동감을 하면서 정하고 넘어가는 건 아니었다. 그냥 어느 정도 서로 의견을 얘기하다가 어느 선에서 정했다. 모르겠다. 집에 돌아와 생각하니 자꾸 내가 내 생각을 고집하려 하지는 않았나 싶어 마음이 편치 못했다. 그래도 우선 새 학기에 쓸 한글반 교재는 다시 엮었다. 그나마라도 아주 관념투성이 글이나 억지로 꾸며서 쓴 글 대신에 어머니들이 함께 보기에 좋은 글을 넣어 좋았다.

## 12월 3일 금요일

# 아빠가 엄마한테 청혼하던 날

밤에 열 시가 넘어서 엄마 집에 밥을 먹으러 갔다. 스미 병원 갔다 온 얘기도 하고 스미 약도 꺼내 놨다. 무슨 죽 같은 걸 버무려야 약을 섞어 먹일 수가 있을 거다.

"엄마, 이제 기분이 좋아졌나 봐요?"

"뭐가? 뭐 기분이 좋아져?"

"아니, 엄마 얼굴이 좋은데? 몸도 좀 나아지고 그랬나 보네. 얼굴이 그래."

"그래? 그냥 그런데."

엄마 얼굴이 좋아지니까 나도 기분이 참 좋다. 요 며칠은 날마다 엄마가 잠이 모자라다, 어깨가 아프다, 목이 뻐근하다 했기 때문이다. 게다가 또 한 이틀은 스미 때문에 더 얼굴에 걱정이 가득했다. 나는 일부러 엄마 옆에서 더 얘기를 하고 했다. 보통 식구들이 다 먹은 설거지는 엄마가 하고 했는데, 그것도 내가 먼저 팔을 걷고 물을 틀었다. 내가 밥을 먹는 시간이 하숙생들 밥 먹는 때랑은 다르니까 나는 내 설거지나 하곤 했다. 그런데 아까는 더 늦어져서 내 점심이 하숙생들이 저녁을 먹던 시간이었다. 엄마가 그냥 두라는데도 쌓여 있는 설거지를 다 했다.
"얘, 이거 된장독도 좀 뒤 베란다로 놔 주고 가."
"아참, 그리고 저 쪽 불이 나갔는데 전구도 좀 갈아 주고 가."
나는 기분이 좋아서 그 일들을 했다. 겨우 요만큼 도와 준 건데도 이렇게 기분이 좋다. 예전에 내 일만 바쁘다고 손가락 하나 까딱 않고, 잠자고 밥만 먹으면 바깥으로만 내뺐을 때는 알지 못하던 기쁨이다. 전에는 엄마가 다 했다. 전화선을 따내는 일도, 걸상을 딛고 형광등을 가는 일도, 낑낑거리며 독을 옮기고, 하숙생들 짐을 치워 주는 일도 말이다. 나는 십 분, 이십 분만 서두르면 될 것을, 늘 약속 시간에 늦었다고 하면서 내빼기만 했다. 내가 하는 일에, 아니 나를 위해 아끼던 시간에서 십분의 일, 백분의 일만 엄마에게 드려도 이렇게 기쁘다. 엄마도 기쁘고, 나도 기쁘다.

"엄마, 근데 이제 그 글쓰기는 안 해요?"
"아우, 나 못 쓰겠어. 한번 떠올리려면 그 때 생각들이 나서 꼼짝을 못해. 혹시 누구라도 보면 순 창피한 얘기들뿐인데 이걸 어떻게 써?"
"에이, 엄마. 누가 볼 거라고 자꾸 생각하니까 그래요. 누가 본다는 걱정 말고 써요. 그런 걱정 말고, 엄마가 가슴에만 묻어 논 얘기들을 흘려보내듯이 쓰는 거예요. 쓰고 나면 엄마한테 참 좋을 거예요."
"야, 너 형이 이거 볼까 봐도 나는 겁난다. 들락날락하면서 이것저것 다 보게 되는데, 이런 거 쓴다고 뭐라 하면 어쩌냐?"
"에이, 형이 왜 그래요. 안 그래. 그리고 엄마 쓰는 동안 누가 안 봐요. 나중에 다 쓰고 나면 뭐 부처님 앞에서 태우면서 기도하거나 그러면 되지요."
"야, 여기 쓴 얘기는 형도 모르는 얘기야."
"뭐가?"

"너 안 읽어 봤어?"

"그냥 후루룩 보긴 했어요."

"시영딸 얘기 있잖아."

"그게 뭐야?"

"내가 처음에는 느이 할아버지 집에서 시영딸로 있었어. 이런 얘기를 느이 작은엄마들이라도 알아 봐라. '시영딸로 들어와 살았대.' 하면서 얼마나 무시하겠어?"

나도 처음 듣는 얘기다. 엄마는 그 이야기들을 하기 시작했다. 사이사이에 나는 더 묻고, 엄마는 그것들까지 더 자세하게 얘기를 해 주셨다.

엄마가 이모 집에서 살고 있을 때였다. 하루는 엄마가 평창동 친척 언니 집에 갔는데 할아버지, 할머니가 그 집엘 놀러 왔다. 평창동 친척 언니하고 할머니는 언니, 아우 하는 사이라고 했다. 그 자리에서 첫눈에 보자마자 할아버지, 할머니는 엄마가 한눈에 쏙 들었다. 두 분은 엄마를 그렇게 예뻐해 주셨다. 두 분 중에서도 할아버지는 엄마를 그렇게 귀여워해 주셨다. 할머니는 성격이 좋은 거나 나쁜 거나 잘 부풀리고 하는 분이니까, 아주 엄마를 띄워 주면서 '우리 딸, 우리 딸.' 하며 좋아했다.

엄마도 어른들이 너무 좋고, 고마웠다. 엄마는 어려서 해방을 맞고, 전쟁을 맞으면서 부모님을 다 잃었다. 그 다음부터는 나이 많은 언니 밑에서 온갖 구박만 받고 고생만 했다. 따뜻한 정이라고는 느껴 보지 못했다. 그러니 할아버지, 할머니가 정말 부모처럼 느껴졌다. 엄마 나이가 스물두 살 때였다.

엄마는 수양딸로 들어갔다. 들어간 집에는 할아버지, 할머니가 있고 오 남매가 있었다. 아빠 밑으로 있는 작은아빠와 그 아래로 고모 둘, 그리고 막내 작은아빠다. 엄마는 아빠와 나이가 같았지만 오빠라고 불렀고, 작은아빠와 고모들은 엄마를 누나, 언니라 했다. 할아버지는 늘 아팠고, 할머니는 장사를 다니느라고 살림이 아주 엉망이었다. 부엌은 아주 때가 덕지

덕지하고 찌든 때가 딱딱했다. 엄마는 온갖 살림을 도맡아 했다. 부엌을 반짝반짝하게 해 놨고 온 집안 빨래를 다 했다. 이모가 나이 어린 엄마를 기르다시피 키운 것처럼 엄마는 작은아빠, 고모 들에게 엄마처럼 뒷바라지를 했다.

엄마가 이렇게 사는 동안에 여기저기에서는 중매가 많이 들어왔다. 무슨 의사, 판사 되는 이들이라고 했다. 할머니가 막 부풀려서 얘기하기를 좋아해서, 그 때도 엄마를 없는 얘기까지 지어서 자랑을 하고 다녔다. 대학도 나왔고, 뭣도 잘하고, 뭣도 배웠다는 식으로. 사실 엄마는 지금도 곱지만 젊어서 사진을 보면 참 예쁘다. 손도 차분하고 성격도 크게 모난 데가 없다. 때로 생활 때문에, 돈 때문에 몰릴 때 어쩔 수 없이 찡그려대는 모습을 보일 때를 빼고는 말이다. 하도 여기저기서 중매가 들어오고 그러니까 그 때부터 할머니는 딸이라고 안 하고, 며느리라고 얘기를 하고 다녔다. 그리고 실제로도 할아버지는 엄마를 깊이 사랑해 주고 있어서 정말로 며느리로 삼기를 바라셨다. 엄마는 그런 분위기를 알았지만 뭐 이렇다 저렇다 말도 못 하고 그냥 지냈다. 할아버지, 할머니는 아빠를 불러 그런 얘기도 하고, 둘이서 함께 구경도 다니도록 해 주고 그랬다. 이 때 아빠 친구 가운데 이준구라는 아저씨가 있었는데, 아빠를 찾아와서는 "내가 네 동생을 사귀고 싶다, 네 동생을 좋아한다."고 했다고 한다. 아빠는 그 자리에서 안 된다고 했고, 다른 친구들에게도 다 그랬다. 엄마도 나중에 아빠가 얘기를 해 주어서 들은 얘기다.

여기에서 순호라는 고모 할머니 아들 되는 분 얘기가 나왔다. 순호 아저씨는 엄마보다 세 살 아래라고 했다. 아주 재미있고 익살스럽고 귀여운 동생이었다. 몇 달 동안 한 집에서 같이 살게 되었는데, 이 순호 아저씨가 엄마에게 와서 이준구 아저씨 얘기를 전하곤 했다. 물론 아빠 눈을 피해서다. '좋아한다, 보고 싶다.' 하는 이런 얘기였을 거다. 그리고 또 순호 아저씨가 이준구 아저씨한테 가서는 '우리 누나는요, 이런 걸 좋아한대요.' 하면서 왔다 갔다 했다. 며칠 전에 엄마가 고모 할머니 얘기를 꺼내고, 순호 아저씨 얘기를 잠깐 꺼내더니 아마 이 때 생각들이 떠올라서 그랬나 보다.

하루는 엄마가 아빠하고 안양 유원지에 갔다. 술도 마셨다. 엄마는 아빠가 주는 대로 조금씩 받아 먹었다. 조금 취한 것도 같다고 했다. 그 자리에서 아빠는 엄마에게 결혼할 마음이 있다고 말했다. 엄마도 싫지 않았다. 하지만 엄마는 막상 그런 얘기를 들으니까 떨렸고 겁이 났다. 그래서 아빠에게 "나는 부모도 없고, 학교를 다니지 못해서 배운 것도 없고 그런데 어떻게 혼인을 하느냐."고 했다. 하지만 아빠는 그런 게 다 무슨 상관이냐며 괜찮다고 그렇게 청혼을 했다.

엄마는 이 얘기를 했다. 나도 이제껏 처음 듣는 얘기다. 엄마를 안고 싶다는 마음이 들었지만, 왠지 엄마한테는 아직 쑥스러워서 그렇게 잘하지 못했다.

"와, 그랬구나. 엄마, 그 뒷얘기도 이어서 더 쓰세요."

"아유우, 모르겠다."

"엄마, 그럼 지금 생각이 막 떠오를 때 써 보세요. 난 이제 갈게요."

엄마 집에서 내 방으로 돌아오는 동안 여러 생각이 났다. 엄마가 들려준 얘기도 다시 다 떠올랐다. 아빠가 밉고, 작은아빠들이 서운했다.

## 12월 4일 토요일

# 혼자 살고 있는 지붕 윗방

캉, 캉캉캉.
"스미야!"
스미가 짖고, 엄마가 문을 열고 들어왔다. 스미는 아래층에서 문 소리, 발소리만 나도 이렇게 '캉캉' 소리를 내서 나를 깨우곤 했다.
엄마는 스미를 안고, 쓰다듬고, 눈을 맞추고 했다. "스미야, 스미야." 부르면서 눈으로 이야기를 걸려고도 했다. 엄마는 우리 집 개들이랑 눈으로 얘기를 할 줄 안다. 한 삼십 분을 그렇게 스미를 안고 놀다가 엄마가 일어섰다. 나도 따라 일어섰다.
"어떻게 할 거야? 여기서 더 살 거야? 집으로 들어와."
"에이, 그러면 돈이 얼만데요. 그냥 살아도 돼."
"아유, 난 너 여기서 추운 거 생각하면 그냥 들어왔으면 좋겠는데. 저 가스 난로가 얼마나 위험한지 아니? 난 작년 겨울에 가스 걱정 때문에 잠도 못 자고 그랬어."
"난로 켜 놓고 자지 않는다니까요."

엄마는 벌써 지지난 달부터 이 얘기를 꺼냈다. 겨울 되면 집으로 들어오라고 말이다. 살기에는 이 방이 집보다 정말 나쁘기는 하다. 여름에는 달아오르는 찜통이고, 겨울에는 아주 서늘하다. 해가 비치는 날은 차라리 바깥이 더 따뜻할 정도다. 방바닥에 불기도 너무 미지근하고, 벽에서는 찬 공기가 숭숭 들어오는 것만 같다. 그래서 작년 겨울에는 내가 엄마 집에 가면 늘 "와, 이 집은 이렇게 덥네." 하면서 옷을 하나씩 벗어 놓고 그랬다. 이 방에서는 내복에 털로 짠 옷까지 입어도 추웠기 때문이다. 잘 때도 양말을 신고 잤다. 그런데다가 내가 워낙 추위를 잘 타고, 감기에도 잘 걸리는 약골이기도 하다. 그래서 그전 노래방 위층 하숙집 마루에서 쓰던 큰 가스 난로를 가져다 놓았다. 그 다음 날부터 엄마는 날마다 가스 난로 조심하라는 얘기만 했다. 엄마는 종종 밤에도 불안해서 자다가 일어나 전화를 걸곤 했다. 그러더니 올 겨울에는 들어와서 살라고 저번부터 하시는 거다.

그래서 엄마는 오늘 아주 주인아줌마를 만나 그만 살겠다는 얘기까지 할 생각으로 온 거다. 한참을 엄마와 실랑이를 하다가 그냥 더 살겠다고 했다. 아무래도 내가 집에 들어가 방 하나를 차지하고 살게 되면 하숙을 놓을 방이 모자랐다. 그리고 나는 이 지붕 윗방에 사는 것에도 벌써 정이 많이 들었다.

엄마하고 같이 방에서 나와 집으로 나섰다. 가는 길에 철물점에 들렀다. 하숙생들이 쓰는 목욕탕 세면대가 고장나서다. 물 내려가는 관이 몇 번이나 막혔는데, 이제는 아주 못 쓰게 되었다. 사 가지고 주인아저씨한테 그걸 맞춰서 끼우는 방법을 들었다. 무슨 소리인지 잘 못 알아들었다. 이런 데에 소질이 없어서 제대로 하지 못하겠으면 두 번, 세 번 다시 물어 확실하게 배우라도 해야 할 텐데 나는 괜히 아는 척이다. 알아듣지도 못하면서 예, 예, 하고 고개를 끄덕였다. 아무래도 헷갈리고 잘할 자신이 없었다. 어휴. 모르는 건 창피한 게 아니고 모르면서 아는 척하는 게 정말 창피한 거랬는데, 내가 영 그 짝이다.
 집에 가서 해 보려고 하니까 정말 헷갈렸다. 이걸 여기에 끼우는 건지, 이건 어디로 맞추는 건지 이리저리 해 봐도 통 모르겠다.
 "이리 줘 봐. 엄마가 해 볼게."
 엄마가 세면대 밑으로 들어가 앉았다. 척척 들어맞춘다. 물 내리는 구멍을 막고, 여는 것까지 척척이다. 엄마는 여태껏 이렇게 혼자 다 해 왔다. 흔히 남자 일이라 하는 것들도 엄마가 다 했다. 웬만한 걸 끼워 맞추는 건, 전기를 다루는 건, 부속을 뜯어고치는 건 엄마가 나보다 낫다. 내가 그런 쪽으로 소질이 없어서만은 아닐 거다. 피하려고만 들고, 한번 해 보려고도 하지 않고 그랬으니 더 손이 얼어서다. 내가 해 보려고도 하지 않고 전파사나 철물점 아저씨부터 부르려 하고 말이다. 엄마는, 10원이라도 아껴 살림을 꾸려야 했던 엄마는 뭐든지 팔을 걷어붙였던 거고.
 엄마가 대충 맞추기는 했는데, 물이 조금씩 샜다. 엄마가 힘이 부쳐서 꽉 조이지 못해서다. 이제 엄마랑 자리를 바꿔서 내가 꽉 조이는데도 더 돌지를 않는다. 아래 것만 돌려 조여야 하는데 위에 관까지 같이 돈다. 손 힘만으로는 어림도 없다.
 "엄마, 이거 더 안 돌아가. 대충 이렇게 써야겠어요."
 "왜? 그게 딱 맞는 건데."
 "이것 봐요. 여기가 빙빙 헛돌기만 하잖아."
 "그럼 뭘로 잡고 꽉 돌려야겠네. 얘, 외삼촌네 가서 뻰찌 같은 것 좀 빌려 와."
 뭘 해도 엄마와 나는 이렇게 다르다. 하다 안 되면 나는 그 정도에서 그만 귀찮다는 듯이 그냥 돌아서려 하는데, 엄마는 어떻게든 하게끔 한다.
 우리 집에는 공구가 별로 없다. 기껏해야 망치나 드라이버 몇 개뿐이다. 남자 못 하는 사람 없이 살아온 집이라서 그럴 거다. 형이 나보다야 좀더 잘 만지는 것 같기는 하지만 형도 별로다. 툭툭툭 해서 뚝딱 고쳐 내고, 이리저리 손을 봐서 고치고 다듬는 일은 형도 그렇게 즐기는 것 같지는 않다. 형이나 나나 뭐가 삐걱대는 것만 봐도 당장 공구들을 들고 투닥투닥거리기 좋아하는 그런 사람은 아니다. 게다가 형은 사회 생활로 늘 바빠진 때부터 엄마랑 같이 살기 시작했으니까. 그래서 크게 뭘 손봐야 할 때면 엄마는 큰외삼촌 도움을 받았다. 엄마가 혼자 살게 되면서, 식당을 하고, 하숙집을 해 오고 하는 동안 줄곧 큰외삼촌네가 가까이 살고 있는 건 참 다행한 일이다.

"외삼촌, 공구 좀 빌리러 왔어요."

"왜, 뭐가 고장났니?"

"세면대에 물이 안 내려가서요. 그것 좀 갈아 끼워요."

"그래. 그럼 이거 뻰찌도 가져가 보고, 쁘라야(플라이어)도 몇 개 가져가 봐야 될 거야."

빨간 공구 상자를 여는데 별의별 게 다 들어 있다. 나는 그것들만 봐도 왠지 주눅이 든다. 열등감이다. 대충 외삼촌이 챙겨 주는 대로 몇 가지를 가지고 왔다.

"빌려 왔어?"

"예. 내가 혼자 해 볼게요."

나는 혼자 낑낑댔다. 낑낑대고 헤매는 걸 지나다니는 하숙생 누구라도 보면 창피할 것 같아서 목욕탕 문도 꼭 걸어 닫았다. '쁘라야' 너비를 알맞게 벌리고 아까 그 부분을 힘주어 잠겄다. 에엥? 그런데도 물이 조로록 새어 나온다. 에이, 겨우 요거 하는데도 이마에 땀이 송글송글 맺혔는데, 실패다. 처음부터 다 다시 뜯어 냈다. 다시 엄마를 부르지 않으려고, 가만가만 차례를 기억하면서 거꾸로 풀어 냈다. 다시 조립해 갔다. 혹시라도 물이 새는 빈틈이 없게 하려고 하나하나 꼭꼭 죄었다. 손에 공구가 익지 않으니까 자꾸 헛바퀴질을 하거나 놓쳐 버린다. 땀을 삐질삐질 흘렸다. 그래도 끝까지 다 꼭 조이면서 맞춰 나갔다. 물을 틀었다. 새지 않았다. 휴, 이제 됐다.

"아직도 못 했니?"

헤헤. 나는 땀을 훔쳐 내며 대답했다.

"다 했어."

"물 한번 틀어 봐."

"이것 봐. 안 새지?"

뿌듯했다. 정말 별거 아닌 것 하나 해 놓고도 기분이 좋았다. 해 보고 나니까 그리 쩔쩔맬 것도 아니었다는 생각이 들었다. 늘 엄마가 해 오던 집안일을 내가 했다는 게 좋았고, 나도 공구를 쥐고서 내 혼자 뭘 해 놓으니 참 좋았다.

지금 생각해 보면 내가 전기나 기계 앞에서 잘할 줄 몰라 움츠리기부터 하는 게 꼭 엄마가 글자 앞에서 느끼는 두려움과 닮은 것 같다. 실제로 나는 드라이버나 망치 같은 공구만 봐도 벌써 주눅이 드니 말이다. 워낙 잘할 줄 모르는데 누가 곁에서 보고 있기라도 하면 더 그렇다. 지켜보는 사람이 속으로 흉이라도 볼 것 같다. 그러니 안 그래도 서툰 손으로 더 헛손질을 많이 하는 거다. 그래서 무슨 일을 해야 한다 싶으면 처음부터 아예 다른 사람이 나서기만 바랐다. 조금 다른 경우인가 몰라도 글씨를 쓰는 일에서 엄마도 그랬다. 나는 엄마가 이 정도면 웬만한 사람들보다 반듯하게 글씨를 참 잘 쓴다 싶은데, 그래도 엄마는 남 앞에서 쓰는 거면 뭐든지 나에게 써 달라고만 했다. 누가 봐도 엄마 글씨는 아주 깨끗하고 예쁜데 엄마는 아니라고만 한다. 나는 써 드리면서도 왜 그러나 답답해했다. 열등감, 그것은 갖지 않을수록 좋은 일이지만 무턱대고 버려라 버려라 한다고 버릴 수 있는 일이 아니다. 거기에도 다 오래 된 사연이 있기 때문이다. 문제는 그것을 어떻게 풀어 내는가 하는 것일 것이다. 주눅들고 움츠러든 마음이 자연스럽게 펴질 수 있게.

## 12월 5일 일요일

# 엄마는 외롭고 서러웠다

밤 열한 시가 다 되어 엄마 집으로 갔다. 저녁이 늦었다. 엄마를 부르지 않고 소리가 나지 않게 부엌으로 가 밥을 차려 먹고 그릇을 씻었다. 일어나 살짝 방문을 열어 보니 엄마가 상 앞에 앉아 있다. 엄마에게 이리 와 앉아 보라 하고 어깨를 주물렀다. 어깨가 더 딱딱하게 뭉쳤다.

"어우, 요새는 뒷목이 더 뻣뻣해졌어."

엄마는 주무르는 내 손이 아프다 하며 얼굴을 찡그렸다.

"어유, 나야 반찬거리 생각만 해도 얼마나 신경이 쓰이는데. 오늘은 뭘 해 먹나가 날마다 스트레스야. 하숙생들이 있으니까 먹던 것만 또 올릴 수는 없고. 시장에 가도 뭘 살 게 없어. 이제 또 방학 오면 1학년 애들은 다 내려갈 텐데. 이 달 지나면 또 어떻게 살아? 달마다 여기저기 낼 돈만 백만 원이 넘는데."

"여기 입시 준비하는 애들도 있고, 또 올 거야. 신경 쓴다고 없는 하숙생이 생기나, 뭐."

"누구 얘기 들어 보니까 이렇게 뒷목이 하도 뻣뻣해서 한의원에 갔대.

그러니까 중풍이라더라."

"엄마도 그럼 당장 아무 한의원이나 가 봐. 여기 동네에는 없어?"

"동네에도 맨 한의원이지. 근데 어디가 잘 보나, 그런 데로 가야지."

"에이 그러다가 이제나저제나 미루지 말고 그냥 가요. 크게 어디가 나쁜지는 아무 데나 가도 대충은 알 수 있잖아. 그래도 의사들인데. 나중에 정말 크게 나쁘다 하면 이름난 데 찾아가고. 진맥 정도 보는 거야 금방 하잖아."

"나는 이렇게 신경을 쓰면 그게 목으로 올라와. 저 외숙모는 가슴으로 가는데."

"나도 가슴이야. 어렸을 때부터 맨날 가슴이 아팠잖아. 지금도 속상한 생각만 하면 가슴에 돌덩이가 얹어진 것 같애. 밥 먹다가 누가 뭐라고만 해도 체하고 그러잖아요."

"애, 느이 아빠도 그렇게 가슴이 답답하대. 몰라, 그전에는 가만 앉았다가도 숨을 그냥 '흐으' 하고 들이쉬고 그랬어. 주먹으로 가슴을 퍽퍽 치면서 하는 말이, 아주 가슴을 쫙 째고 그 안을 들여다보고 싶대. 지금도 그러나 몰라. 아마 그 때 냇가에서 물고기 잡아먹고 하다가 그 간디스토마 하는 거 걸렸거든. 그 때부터 그랬을 거야."

"몰라요. 요새는 하도 안 좋은 데가 많으니까."

"어이, 시원하다. 그만 해. 그전에는 니 손이 그렇게 맵고 아프더니, 이제는 아주 부드러워졌네."

"그 때는 하기 싫은 걸 억지로 하니까 그랬지. 지금은 하고 싶어서 하는 거고."

엄마가 좋아하니까 쑥스러우면서 기분이 좋다. 엄마는 돌아앉았다. 그리고는 막 떠오르는 아빠 얘기들을 했다. 엄마는 울컥 눈물을 보이기도 했고 떨려서 목이 메기도 했다. 이전에 엄마랑 일기를 쓰면서 들었던 얘기도 있고, 처음 듣는 얘기도 있었다. 엄마는 앉은 자리에서 두 시간도 넘게 얘기를 이었다. 나는 사이사이에 "네." 하는 대답만 넣었을 뿐 듣기만 했다. 그리고 한 시 반이 다 되어 겨우 자리에서 일어났다. 나오기 전에는 화장실에 잠깐 들렀는데 갑자기 막힌 데가 열린 것처럼 눈물이 주룩 흘렀다.

엄마는 아빠가 늘 가슴을 답답해했다는 얘기를 하다가 그 때부터 이어 떠오르는 얘기를 시작했다.

"느이 아빠가 인정이 많을 때는 정말 둘도 없는 사람이야. 텔레비전 보면서도 눈물을 줄줄줄 흘리고. 자기 마음에만 들면 얼마나 잘해 준다고. 그러다가도 뭔가 못마땅한 게 성질을 한번 건들면 또 그렇게 지독할 수가 없어. 누가 듣거나 말거나 아주 온갖 소리를 다 퍼부어 대는데, 그럴 때는 또 그렇게 못된 사람이 없다. 조금 지나서 또 자기 마음이 풀리면 아주 세상없이 잘해 주고. 그리고 또 엄마를 어떻게 이용했는지 아니? 느이 아빠가 저기 수색에서 조교 할 때야. 나는 느이 형 낳고, 아빠는 수색에 있는 부대로 군대를 간 거지……."

엄마가 수양딸로 살다가 아빠와 결혼하고 나서 얘기다. 엄마는 형을 낳았고, 아빠는 군대에 가 있었다. 할머니가 하던 대폿집 가겟방에서 할아버지, 할머니가 살았고, 엄마는 그 가게에서 조금 윗동네에 세를 얻어 살았다. 그 집에서 시동생들 넷과 함께 살았다. 나에게는 작은아빠들, 고모들이다.

한번은 일본에서 시외삼촌이 서울에 올 일이 있었다. 할머니 동생 되시는 분인데, 일본에서 사업도 크게 하던 분이다. 아빠는 엄마에게 이번에 외삼촌 오면 비위도 잘 맞춰 드리고, 시중도 잘 들라고 했다. 아예 그 외삼촌이 서울 올 때마다 묵고 지내는 평창동에 가서 지내라고 했다. 외삼촌들이 엄마를 귀여워하니까, 그래서 양복 한 벌만 해 달라고 얘기하라고. 하기는 그 외삼촌만 한번 왔다 하면 친척들이 기웃거리면서 뭐 하나 얻을 거 없나 하고 했던 때다. 입고 왔던 옷도 다 벗어 주고, 시계니 뭐니 다 나누어 주었다고 했으니.

"그래도 엄마한테는 시외삼촌인데 얼마나 어렵냐? 그런데 나보러 비위도 맞추고 하다가 살살대면서 얘기를 하라는 거야. 젖먹이 느이 형 업고 그 집으로 가 있으래. 어떡하니, 나는? 형을 업고 그 집으로 갔지. 그 집에서는 벌써 다 알아. 뭘 또 얻으러 왔구나 하고. 그래도 느이 아빠가 시키는 대로 다 했지."

엄마는 형을 업고서도 시외삼촌이 다시 일본으로 돌아갈 날까지 열흘 동안 그 시중을 다 들었다. 어렵게 아빠 얘기를 했더니 양복을 해 줬다. 제대하면 입으라고. 명동 들어가는 소공동 쪽에 있는 양복집에 가면 아무 때나 해 입을 수 있는 양복 표를 줬다. 위에 걸쳐 입고 있던 양복까지 벗어 주고. 그렇게 열흘을 지내다 집에 왔다. 집이 아주 엉망이 되어 있었다. 첫째 시누이가 엄마 방을 쓰고 지냈는데, 요강은 찰랑찰랑했고 온 데를 다 늘어놨다. 하여튼 첫째든 둘째든 시누이들이 어지를 줄만 알았지 뭐 하나 치울 줄을 몰랐다. 가위고 빗이고 쓰기만 하면 없어졌다. 온 방에 빗어 놓은 머리카락들이 손에 쓸려도 손 하나 까딱할 줄을 몰랐다. 집에 와 보니까 정말 볼 수 없이 엉망이었다. 아마 그 동안 첫째 시누이가 대충 밥도 짓고, 막내 시동생 도시락도 싸 주고 했을 거라고 했다. 그 때 첫째 시누이는 어디 공장에 나갈 때라고 했다.

바로 그 날 아빠가 휴가를 받아 나왔다. 아빠는 집에 와서 방문을 열자마자 엄마를 붙잡고 뺨을 때리기 시작했다. 엄마는 까닭도 모르고 오는 매를 다 맞았다.

"느이 아빠가 오더니 니가 뭔데 내 얼굴에 먹칠을 하냐는 거야. 니가 도대체 어떻게 하고 다녔길래 지 여편네 교육이나 시키라는 소리를 하냐고. 내가 무슨 소리인 줄 어떻게 알아? 나는 그랬지. 나는 당신이 시킨 대로 그 동안 시외삼촌 시중들러 가 있다가 오늘 왔다. 당신이 양복 얻어 오라고 하지 않았느냐?"

나중에야 엄마는 사정을 알게 되었다. 아빠는 휴가 나오는 길에 할머니

대폿집부터 들렀다. 거기에는 할아버지 친구 분들이며, 동네 사람들이 북적거렸다. 마침 그 때 큰고모도 거기에 있었다. 그 때야 큰고모도 열몇 살쯤밖에 안 되었을 때다. 아빠는 가게에서 일을 제대로 못 하는 고모를 보고 뭐라고 야단을 치듯 잔소리를 했나 보았다. 그러니까 기분이 나빠진 고모가 문을 열고 나가면서 지 여편네 교육이나 잘 시키라고 소리를 지르고 내뺀 거다.

"그러니 느이 아빠가 그 소리를 듣고 가만 있니? 달아나는 느이 큰고모를 골목까지 쫓아가서는 머리채를 휘어잡았대. 그 길거리에서 머리채를 잡고는 길바닥에 패대기를 치고 그냥 쥑일 년, 살릴 년 한 거지. 그리고 그 길로 집으로 온 거야. 보자마자 나한테 귀쌈을 있는 대로 날린 거야. 니가 어떻게 했길래 그년이 나한테 그런 소리를 하게 하냐구."

엄마는 영문도 모르고 매를 맞다가 있는 대로 얘기를 했다. 아빠가 시킨 대로 외삼촌네 가 있느라 집을 비웠다고. 아빠는 그 얘기를 듣고 나서야 왜 그런 소리가 나왔는지 알게 되었다.

"아마 느이 고모가 그랬겠지. 저 혼자 편하려고 그 집에 가 있다고. 이러니저러니 욕을 했나 봐. 나중에 니 아빠가 다 듣고는 고모한테 있는 욕, 없는 욕을 또 하는 거야. 이년아, 내가 시킨 거 다 하면서 평창동에 좀 가 있으라고 했다. 이년아. 고 며칠 니 손으로 조금 밥해 먹은 게 그렇게 억울하냐, 이 개 같은 년. 아주 죽일 년, 살릴 년, 별별 욕이 다 나왔어. 있는 대로 성질을 부려. 느이 아빠 성질을 누가 막냐? 다들 벌벌벌 떨기만 했어. 그리고 이 날 또 느이 작은고모하고는 어떤 일이 있었는 줄 아니?"

그 때 작은고모는 중학생이었다. 무슨 무용을 배우러 다닌다고 학교에는 잘 안 나가면서 잘 놀기로 이름이 났다. 학교에서나 동네에서나 이름만 들으면 다 알 정도다. 지금이야 남자, 여자 애들이 손 잡고 다니는 게 아무렇지도 않지만, 그 때는 안 그랬다. 어울려 다니기만 해도 금방 눈에 나고 이상한 눈으로 보던 때다.

"하루는 밤중에 골목에 서 있었대. 가방 하나를 달랑 들고. 그런데 거기에 어느 휴가 나온 군인이 지나다가 봤나 봐. 이상하잖아. 웬 어린 여자애가 한밤중에 가방 하나 들고 서 있으니까. 그래서 왜 여기 있느냐, 이렇게 날도 어둡고 위험한데 여기서 뭘 하느냐 하고 물어 본 거야. 그랬더니 니 작은고모가 나는 고아라고 하면서 말을 했나 봐. 갈 데가 없다고. 그래서 그 군인이 집에 데려가서는 잘해 줬대. 그 집에 있는 자기 여동생 같고 하니까 잘해 줬겠지. 그런데 가만 보니까 이상한 거야. 고아라면 고생도 많이 했을 텐데 손도 곱고 하잖아. 그래서 잠이 들었을 때 가방을 살짝 열어 봤더니 명함이 한 장 나온 거야. 무슨 큰 사업을 하던 시외삼촌이 또 있거든. 아니, 일본 외삼촌말고 할머니의 오빠 되시는 분이야. 그리 연락을 해서 알게 된 거지. 그러니까 그 외삼촌이 느이 아빠를 불러서는 다 말한 거야. 니 동생 때문에 망신이라고 하면서. 그 외삼촌도 할머니랑 똑같아서 무슨 말만 하면 커다랗게 부풀리는 게 일이야. 일본 외삼촌 빼고는 느이 할머니 쪽은 하여튼 다 그래. 요만한 일도 이렇게 만들어서 그럴듯하게 만들어 내고. 그랬으니 느이 아빠를 붙잡고 어땠겠어? 또 그 말을 들은 느이 아빠는 가만히 있니? 그 날이 또 그 날이야."

아빠는 첫째 여동생하고 그 난리를 피우고는 이제 중학생인 작은 여동생을 기다렸다. 아주 머리를 다 깎아 버리겠다고 으름장을 놓고 기다렸다.

"느이 작은고모가 들어오니까 또 난리가 시작된 거야. 오자마자 꿇어앉히고는 큰고모한테 '야, 가위 가져와.' 하니까 벌벌벌 떨면서 갖고 왔지. 느이 막내 작은아빠만 아빠한테 매달렸어. 그 때는 형이라고 안 하고 누나들 따라서 아빠를 오빠라고 했어. 나한테는 언니라고 부르고. 느이 막내 작은아빠만 울면서 '오빠, 하지 마. 오빠, 하지 마.' 하고 매달렸어. 느이 아빠는 '이 새끼 저리 안 가? 꼴통을 아주 뿌셔 놓는다.' 하고 소리를 질러. 그러니까 누가 말려. 나는 느이 아빠한테 정신 없이 얻어맞고 저 쪽에서 이불만 뒤집어쓰고 울고 있었지. 그리고는 그 긴 머리를 가위로 싹둑싹둑해서 머릿속이 다 들여다보이게 해 놨어."

엄마는 아빠가 그래 놓고는 돌아서서는 자기도 괴로워했다고 했다. 이렇게 머리를 자른 게, 앞으로 말 잘 듣고 고분고분하기만 하면 저 하고 싶은 건 뭐든지 잘해 주려고 그런 거라고. 언제쯤이면 머리가 길겠냐고 엄마에게 물어 보았다고 했다. 그리고는 밖에도 안 나가고 내리 이틀 동안 술만 먹다가 부대로 들어갔다.

할머니하고 할아버지는 그 날 밤에 집에 들러 봤다가, 이 난리를 보고 작은딸 머리에 보자기를 씌워 가겟방으로 데려갔다. "이 집에 있으면 너, 죽는다."고 하면서. 그 뒤로 할머니는 빚을 내서 가발을 씌우고 학교까지 아침마다 택시로 데려다 주고, 또 끝나면 택시로 실어 오고 했다. 가발도 짧은 것, 긴 것 몇 개씩이나 해서. 그 때는 가발이라는 게 있다는 줄은 알았지만, 어디 가게에 나가는 사람이나 하던 걸로 알던 때인데. 엄마는 할머니가 그런 식으로 싸고돌아서 그 시누이는 점점 더 그렇게 된 게 아니겠냐고 했다.

"느이 아빠는 부대에서도 그런 얘기들을 다 듣지. 조교고, 서울에 있고 하니까 집에도 자주 들렀으니. 그렇게 머리를 해 놓고 나서 말만 잘 들으면 앞으로 뭐든 다 해 주겠다고 했는데, 들리는 소리에 더 미치는 거지. 그 때부터 아주 느이 작은고모 얘기만 나오면 성질부터 냈어. 이름도 못 꺼내게 하고."

할머니가 엄마를 미워하기 시작하던 것도 그 때쯤부터였다. 할머니는 엄마가 아빠 곁에서 늘 이런저런 얘기들을 다 일러바친다고 생각했다. 그 때 머리를 자르게 된 그 일도 엄마 때문이라고, 그렇게 없는 얘기들을 지어 냈다.

"느이 할머니는 다 나 때문이라고 떠벌리고 다니는 거야. 그냥 이웃이고, 친척이고 만나는 사람마다 붙잡고 내 욕을 하는 게 일이었어. 어떻게 사람이 말도 그렇게 부풀려서 없는 얘기도 있는 척 잘하는지 몰라. 진짜보다 더 진짜 같애. 처음에 나를 수양딸로 데려가서는 없는 소리, 있는 소리 죄 갖다 붙이면서 칭찬을 하고 자랑을 하더니, 그 때부터는 얼굴부터가 달라져서 욕만 하고 다녀. '기홍 에미가 소견이 바늘 구멍만 해서 지 시동생들을 아주 고깝게 다 일러바친다.'고 하는데, 나는 아무 말도 못 하지. 그러면 또 말대꾸한다고, 시에미한테 덤빈다고 별소리가 다 나오니까. 느이 아빠가 동생들한테 성질을 보통 내니? 아주 죽일 듯이 잡았는데, 그러면 그럴수록 느이 할머니는 나만 미워하는 거야. 내가 다 뒤에서 살살대면서 화를 돋우어 논다고. 정말 어쩌면 그렇게 나를 나쁜 년을 만들던지 서러워서 어떻게 할 줄을 모르겠는 거야."

아빠는 휴가를 나올 때마다 엄마에게 돈을 조금씩 쥐어 주었다. 그 때는 군대에서 조교 생활을 하면 여기저기에서 생기는 돈들이 조금 있었다고 했다. 그래 봤자 주는 돈은 몇 푼 안 되었다. 그 돈을 받아 봤자 아빠가 휴가를 나왔으니까 국이라도 하나 더 끓이고, 생선 토막이라도 상에 올리면 남는 게 없었다. 이런데도 할머니는 엄마가 제 남편이 군대에서 주는 돈을 혼자만 감춰 둔다고 온 데로 소문을 냈다. 저 혼자서만 돈을 싸 쥐고 있으면서 제 시동생들 시켜서 쌀 팔아 오라고 보낸다고.

"한번은 이랬다. 8월 추석이 되었어. 할아버지도 추석빔을 새로 입고, 느이 고모들도 쫙 빼 입었어. 아래는 쫄바지에다 위까지 맞춰서 말이야. 느이 작은아빠들까지 한 벌씩 다 사 준 거야. 누구긴 누구야? 느이 할머니가 사 준 거지. 근데 둘만 없어. 나하고 니 형. 얼마나 나를 미워했으면 그랬겠니? 나는 빼놓더라도 니 형은 내복 한 장이라도 사 줘야지. 젖먹이한테까지 그러는 거야. 아니, 지금 같으면야 '어머니 제 건 없어요?' 하거나 '어머니, 우리 기홍이는 내복 한 장 없어요?' 하고 말이라도 그냥 해 볼 텐데, 그 때는 마음이 그냥 오그라들고 너무 서러워서 아무 말도 못 했어. 그래서 나중에 아빠가 휴가 나와 주는 돈으로 내복 한 장을 사 입혔지. 그랬더니 또 그 내복을 보고 나를 욕하는 거야. 저 혼자 돈을 싸 짊어지고 있다고. 그 욕을 나한테 하는 것도 아니야. 여기저기로 찾아다니면서 떠드는 거야. 그 얘기들이 다 내 귀에도 들어오지. 어딜 가나 나만 나쁜 년이야. 그 고모 할머니들만 그래도 내 마음을 알아 줬어. 나는 어디서든 그 소리들을 들을 때마다 기가 막히고 숨이 다 막혔어."

"아까 말한 그 시외삼촌 있지? 사업한다던. 거기 외숙모가 엄마한테는 참 잘해 줬어. 엄마 약혼식도 다 그 숙모가 해 줬고, 니 형 백일도 그 집에서 차려 줬어. 나중에는 할머니, 할아버지만 빼고 우리가 다 그 집에 들어가서 얹혀 살았어. 하여튼 느이 할머니가 참 나빴어. 오빠한테 돈 받아 쓰고, 신세지는 걸 너무 당연하게 생각했거든. 그 집이 참 부자여서 밥해 주는 아줌마들도 몇씩 있고 했거든. 이 집에서도 할머니며 느이 고모들을 다 싫어해. 나하고 막내 작은아빠만 좋아해 줬어. 고모들은 늘 어놓고 온 데를 헤집어 놓기만 했지, 또 할머니는 한 번씩 와서 말로만 잔뜩 떠들지. 그 집에서 일하는 아줌마들도 모두 수군수군이야. 니 고모들은 밥상에서 맛있는 반찬만 나오면 그릇째 들고 제 밥 위에 뒤집어엎었어. 그러니 누가 좋다고 반겨. 이제 거기에서 살 때 느이 아빠가 제대를 했어. 그 외삼촌이 취직시켜 준 거야. 무슨 택시 회사에서 사고 처리 상무 자리를 줬어. 그러니까 그 때는 느이 아빠가 돈을 뭉테기로 벌었어. 그러다가 다시 조그만 집을 얻어 나가 살게 된 거야.

아빠가 돈을 그렇게 많이 벌었어도 내 손에 쥐어 주는 건 딱 고것만이야. 쌀값 얼마, 연탄 몇 장, 목욕 값 얼마 하는 식으로 십 원 한 장 더 주는 일이 없어. 그래 놓고는 자기는 돈을 펑펑 쓰고 다녔어. 누구 용돈을 주더라도 꼭 자기 손으로만 주고 하니까, 나는 얼마나 못되고 야박한 사람으로만 보여. 느이 아빠는 여기저기 다니면서 혼자 있는 인심, 없는 인심 다 쓰고 다녔지. 자기 위신만 세우고 다닌 거야. 나는 고거 받은 돈을 쪼개 쓰느라고 쩔쩔맸지. 그러니 시동생들한테도 동전 하나 줄 수가 없잖아. 그러니 할머니는 더 펄펄 뛰면서 온갖 욕을 다 하고 다니는 거야. 내가 뒷구멍으로 집 한 채 살 돈을 꿍쳐 놓고 있다는 거야. 그 소리들을 다 들어줄 수가 없어. 그래도 나는 아무 말도 못 했지.

한번은 섣달 명일이 돌아왔어. 내가 제사를 모셔야 하잖아. 다들 한복을 곱게 차려입고 온 거야. 느이 고모들이 치마저고리를 새로 했더라고. 그걸 보시더니 할아버지가 나한테 오셔. '기홍 에미야, 네 옷감도 끊어 놨단다.' 하는 거야. 할아버지는 당연히 엄마 것도 끊어 놨다고 알고 말한 거지. 그래서 그 소리를 듣고 마포에를 하루 갔지. 옷 치수도 재고 해야 하잖아. 고모들한테 그랬어. '어디야? 옷감 끊어 논 데가 어디야? 나도 가서 치수를 재야 할 텐데.' 하고 묻는데, 다들 딴청으로 미루기만 해. '고모, 바느질집에 좀 같이 가자. 어딘데?' 하고 더 물어도 아무 소리가 없어. 그래서 할머니한테도 '어머니 어디에요? 제 옷감도 끊어 놓으셨다면서요?' 했더니, 할머니가 그냥 고갯짓만 하면서 '저어기다.' 하는 거야. 그 때까지도 몰랐어. 왜들 그렇게 딴청만 피웠는지. 그래서 그럼 고모더러 같이 가 달라고 했지."

엄마는 고모를 따라 한복집으로 갔다. 가서는 아주머니께 "제 거는 어느 거예요?" 하고 묻는데, 그 아주머니도 한참을 난처한 얼굴만 지었다. 거기에는 맡겨 놓은 대로 이름들이 있었다. 벌써 고모들처럼 옷을 다 해 입기도 했고, 아직 안 찾아간 것들은 이름표가 붙어 있었다. 할머니가 맡겨 놓았다는 옷감을 아무리 찾아봐도 엄마 게 없었다. 심지어는 할머니가 수양동생을 삼았다는 해주 아줌마 옷감까지 따로 있었는데 엄마 건 없었다. 한복집 아주머니도 미안하다는 듯이 말했다. 처음에 옷감을 가져올 때부터 며느리 건 있지도 않았다고. 엄마는 할머니에게 "그럼 왜 거기까지 가 보라고 하셨어요?" 하고 물었다. 그제서야 할머니는 "어어, 나는 너가 그런 옷 입을 시간도 없어 보이고 해서……." 하며 말을 얼버무렸다. 엄마는 집에 돌아와서 너무 섭섭한 마음에 아빠에게 그 얘기를 꺼냈다. 그러니까 아빠는 "어머니가 옷 해 줄 돈이 어디 있어?" 하며 소리를 벌컥 질러 화를 냈다. 엄마는 너무 서러웠다. 너무 외로웠다. 그전만 해도, 수양딸 삼을 때는 그렇게 잘해 주던 할머니였으니 더 서러웠다. 일본에서 외삼촌이 시누이들 옷을 보내 줘도, 할머니는 '애야, 너가 입는 게 더 이쁘다.' 하면서 엄마만을 위했다. 엄마는 서러웠지만 아무에게도 그 마음을 털어놓을 수가 없어서 더 외로웠다.

 할아버지는 언제나 아프기만 했다. 움직이는 것도 힘드니 돈이라고는 벌어 본 적도 없다. 육이오 때 탄알 짐을 날랐다고 했는데, 그 때 군인들에게 너무 많이 맞아서 폐 한쪽을 떼내기까지 했다. 아마 잘못 맞아서 그렇게 되었다는 얘기인 모양이었다. 가슴에서 어깨로, 등으로 그 수술한 자국이 아주 넓게 있었다고 했다. 비만 오면 가슴께에서 삐익삐익하는 소리가 났고, 속옷에는 늘 핏물이 묻어 있었다. 할아버지는 이렇게 앓기만 하다가 면목동에서 살던 그 집에서 돌아가셨다.

 "할아버지는 나를 무척 아껴 주셨어. 하지만 할아버지는 늘 방에서 앓고만 있지, 할머니가 해 주는 얘기만 종일 들으니 그걸 다는 안 믿어도 그런 쪽으로 생각하지 않았겠니? 하루는 내가 너무 서럽고 속상해서 할아버지 앞에 앉아 얘기를 했어. '아부지.' 그 때는 내가 수양딸로 오래 살고 났으니까 그냥 아부지라고 불렀어. '아부지, 저는 어디 가서 애들 고모 얘기를 이상하게 한 것도 없고, 다 아범이 밖에서 듣고 화를 내는 거예요. 그리고 제가 무슨 돈이 있다고 돈을 뒤로 숨겨 놔요? 다 애들 아범이나 그러고 다니는 거지.' 그랬더니 할아버지가 그러셔. '그래도 모자 정을 끊을 수는 없다.' 무슨 소리인지. 하여튼 할아버지한테도 위로받지 못하고 나니까 정말 서러웠어. 같이 사는 식구들은 아무도 내 마음을 몰라주는 거야. 나는 친정 부모도 없지, 이 집에서는 나만 돌려세워 놓지,

세상에 나 혼자 갇혔어. 정말 수양딸로 들어와서는 그분들을 친아부지, 친어머니처럼 느끼며 살았는데 말이야."

그나마 엄마를 아껴 주던 할아버지는 얼마 뒤에 돌아가셨다. 나는 태어나지도 않았을 때다. 삼우제까지 다 지내고 식구들이 모두 몸살이 나도록 지쳐 있었다. 집에 돌아와 있는데, 또 할머니 구박이 시작되었다. 갑자기 어느 집 며느리 칭찬을 막 하면서 "기홍 에미는 그렇게 하루도 못 살지.", "에이, 저 기홍 에미가 반만 닮아 봐라.", "기홍 에미는……" 하는 얘기를 했다. 다른 때에도 할머니는 눈만 마주치면 그렇게 구박하는 말을 많이 했지만 엄마는 그 날 따라 더 서럽기만 했다. 장사 지내는 일도 할머니나 고모들은 손 하나 까딱 않고 엄마 혼자 다 하다시피 하고 겨우 녹초가 되어 돌아와 있는데 그런 소리를 들으니 더 그랬다. 지금 같으면야 "제가 뭘요, 어머니?", "어머니, 왜 그러세요?" 하고 물을 수도 있겠지만, 그 때는 아무 말도 못 했다. 아무 말도 하고 싶지가 않았다. 그냥 젖먹이 형만 안고 젖을 물렸다.

"밖에 나갔던 니 아빠가 그 때 막 들어온 거야. 내 얼굴은 속이 상하니까 찌푸려 있었겠지. 그러니까 또 니 아빠가 신발을 벗자마자 내 귀쌈을 후려갈기는 거야. '이년은 또 상판대기가 왜 이래?' 하면서. 니 아빠는 그렇게 뭘 알아보지도 않고 지 성질대로 무조건 귀쌈부터 갈기고 했어."

엄마는 무어라 한 마디 대꾸도 하지 못하고 그저 울다 지쳐 잠이 들었다. 장사를 치르는 동안 하도 몸이 시달렸고, 또 그렇게 울다 보니까 다음 날 아침에 일어나지를 못했다. 얼핏 잠이 깨기도 했는데, 큰고모가 밥을 하고 상을 차리는 것 같은 소리가 들렸다. 너무 속상한 마음에 그대로 애기만 안고 이불 속에 잠깐 더 있었다. 그 때는 큰고모가 시집을 가서도 고모부까지 한집에 살 때였다. 방에서 일어나 보니까 할머니는 고모가 차려 준 밥을 먹더니 쌩 하고 나가셨다.

"할머니는 그 길로 나가서 술을 진탕 드셨어. 그 수양 동생 삼고 지내던 해주 아줌마네로 간 거야. 밤에 통금이 다 되도록 술을 그렇게 먹고는 또 주정을 그렇게 했나 봐. 연락을 받고 이제 당신 사위 되는 느이 고모부가 모시러 갔지. 사위가 택시를 잡고 가자고 하는데도 그냥 길바닥에 퍼질러 앉아서 땅을 치고 그래. 아이고아이고 하면서. 그 때는 또 무슨 섭섭한 마음이 있었던지, 우리가 세들어 살던 주인집 아줌마 욕을 그렇게 하더래. 그런 걸 억지로 택시로 모셔 왔지. 집에 모셔 와서도 소리소리를 지르고 하니까, 느이 큰 작은아빠가 왜 그러시냐고, '어머니, 왜 그래요?' 하고 놀래서 묻는 거야. 그러니까 할머니가 갑자기 나를 두고 또 욕을 막 하기 시작해. '저년이 아침에는 밥도 안 해 주고, 시에미를 구박한다.'고 별별 소리를 다 해. 그러니까 느이 큰 작은아빠가 어땠는 줄 아니? 두 눈에 쌍심지를 켜고는 아주 눈을 부라리면서 나를 낚아채는 거야. 당장 엎드려서 어머니한테 빌라고. 아주 나를 낚아채 던지면서 무릎을 꿇리는 거야. 그래서 내가 어떻게 해? 무조건 엎드려서 빌었지. 물론 내가 아침에 일어나지 못한 게 잘못이긴 하지. 그래도 내가 무슨 그렇게 죽을죄를 지었니? 장사 치르느라, 그 전날 그렇게 억울하게 매 맞고 속이 상해서 좀 늦은걸. 그런데 온 식구들이 나를 아주 죽일 년 취급을 하는 거야. 할머니가 울며불며 나를 홱홱 밀고 하는데도 그냥 기어다니면서 빌었어. 그 때 또 문을 벌컥 열고 니 아빠가 들어온 거야."

아빠는 보자마자 엄마 얼굴에 손찌검을 해 댔다. 엄마는 세상에 그렇게 억울할 때가 없었다고 한다. 아무 말도 못 하고 날아드는 아빠 매를 그대로 다 맞았다. 뺨을 맞아 눈에 불이 나고, 머리로 주먹이 날아 들어오고.

엄마는 목이 메어 더 말을 못 하고 한참을 가슴만 쓸었다. 나는 방바닥으로만 눈을 꽂으면서 억지로 눈물을 참았다. 눈시울이 벌게진 엄마를 보면 나도 같이 울음이 나올 것 같았다. 엄마 말이 한참 끊기고서 나는 그만 자리를 일어나려 했다.

"엄마, 그렇게 너무 힘든 얘기들은 이제 됐어요. 저기 글쓰기 하는 데에다가도 억지로 쓰려 하지 말고, 좋았던 일들도 많이 생각해. 그럼 그만 자, 응?"

어떻게 엄마를 위로하며 달래야 할지 몰랐다. 벌써 한 시간이 넘게 엄마는 그 시절 얘기를 하면서 목이 메다가 코를 훌쩍이다가 힘들게 숨을 쉬었다. 내가 잘못한 건 아닐까? 나는 엄마가 살아온 이야기를 쓰면서 그 동안 누구에게도 말하지 못하던 것, 맺힌 설움을 풀 수 있기를 바랬다. 그런데 엄마는 지난 세월을 떠올리며 이렇게 힘들어한다. 나도 힘들었다. 지금 듣는 얘기는 모두 처음이었다. 전해 듣기만 하고 있는 나도 이렇게 힘든데 엄마는 얼마나 더 할까? 그리고 그 동안 누구한테도 말하지 못한 채 꾹꾹 눌러 오며 살아온 세월은 또 어땠을까? 나는 어떻게 해야 할 줄 모르고 엄마가 어서 마음을 가라앉혀 편한 잠에 들기를 바랐다. 하지만 엄마는 눌러 두기만 하던 얘기들이 한꺼번에 치솟고 있기라도 한 듯 다시 얘기를 꺼냈다.

"얘, 느이 아빠가 얼마나 나빴는 줄 아니? 막내 작은아빠가 중학교 다닐 때야. 그러면 학교 끝나고 친구들도 데려오고 그러잖니. 그럼 어떻게 해. 군것질도 없는 시절인데. 애들은 와서 '아이 배고파, 아구 배고파라.' 하지. 그 때는 쌀도 딱 고만큼만 아빠가 사다 줄 때야. 군식구가 와서 밥을 먹고 가면 당장 그만큼이 비지. 그래도 밥을 지어 주고 해야지, 어떻게 해. 하루는 쌀도 똑 떨어져서 가게에서 외상으로 국수를 갖다가 삶아다 줬어. 그 날 저녁에 느이 아빠한테 '저 막내 삼촌 친구들이 와서 국수를 좀 삶아 줬어요. 가게에 외상 진 국수 값 좀 주세요.' 했더니, 아빠가 화를 벌컥 내는 거야. 개네들 먹을 걸 왜 해다 주냐고. 이제 앞으로 느이 작은아빠가 친구들을 데려오면 인상을 팍팍 쓰래. 눈을 이렇게 눌러 뜨고 싫은 소리를 막 하래. 그러면 다시는 안 온다는 거야. 어떻게 그러니? 나만 나쁜 년 노릇을 하라고 그렇게 시켜. 그래 놓고는 자기는 동생 친구들 앞에서 아주 잘해 주는 거야."

엄마 얘기는 계속 이어졌다. 한 손은 줄곧 가슴을 쓸어 내렸다.
"한번은 느이 작은고모가 생일이야. 그 때 밥도 겨우 해 먹고 사는 시절인데 느이 작은고모는 생일이라고 친구들을 다 불러 모아. 그 때 중학생이던가? 아니야, 상명 중학교 다니다가 거기는 그만 나갔지. 짤린 거지 뭐. 그러구 나서는 그 무용을 계속한다고 무슨 예술 학교인가를 돈 주고 들어갔을 거야. 생일이라고 상을 차리라는데 어떻게 해. 할머니까지 나한테 와서는 '얘, 누구도 온댄다.', '얘, 몇 사람이 더 온댄다.' 하고 그러는 거야. 아빠가 나한테 주는 돈은 딱 연탄 몇 장에 쌀 몇 봉지 값이잖아. 그래도 있는 반찬에 조금씩 더 만들고 해서 겨우 상을 차렸지. 그것도 안 해 주면 그 친구들도 나를 얼마나 못된 올케로 생각하겠니? 그래도 하느라고 했어. 그랬더니 그 날 저녁에 또 느이 아빠는 소리소리를 지르는 거야. '뭐 한다고 그년 생일상을 차려 줬냐.' 하면서. 느이 아빠는 그러지, 느이 할머니는 또 어땠는 줄 아니? '고거 아까워서 음식도 하지 않았어. 좀 넉넉하게 이것저것 푸짐하게 좀 차리지. 소견이 아주 바늘 구멍만 해, 뒷구녕에 싸 논 돈으로 시누이 생일상 하나 안 차려 준다.' 하는 거야. 그 사이에서 나만 억울하게 나쁜 년이 되는 거야. 게다가 또 아빠가 느이 작은고모를 잡고 니가 무슨 생일상을 받아먹냐고 또 막 퍼부어 대지. 그러면 그것도 다 나한테 와. 할머니랑 고모들이 내 욕만 하는 거야. 생일상 차려 준 게 아까워서 지 남편한테 궁시렁궁시렁했다고. 니 아빠한테는 아무도 뭐라고 안 해. 나만 죽일 년 보듯 하는 거야. 그 때 느이 막내 작은아빠만은 그래도 엄마 마음을 조금 알아줬어. 나한테 '형수가 이렇게 돈도 없고 힘든데, 왜 누나는 친구들을 부른다고 하냐.' 하면서."
엄마가 시장에 가서 작은아빠들 것까지 함께 속옷과 양말을 사 올 때에도 아빠는 엄마를 못된 형수로만 만들었다. 구멍이 나고 해진 속옷이며 양말을 다 시동생들에게 주라 하고 새로 사 온 것들은 다 아빠가 입고 신었다. 엄마는 말도 못 하고 구멍 난 팬티들을 시동생들에게 내주었다. 제사를 지내면 아빠는 엄마에게 상을 대충 차리라고 했다. 과일도 알이 자잘한 것들로만 서너 개 차려 놓고, 고기며 나물들도 많이 할 것 없다고. 그저 구색만 맞추면 된다고. 그래 놓고 제사를 지내는 날이면 그 많은 사람들 앞에서 엄마를 타박했다. 이게 뭐냐. 과일도 좀 굵고 큼직한 것들로 푸짐하게 놓지, 이게 뭐냐. 엄마는 말도 못 하고 많은 손님들 앞에서 그저 벙어리처럼 가슴만 울먹울먹했다. 그래도 병신처럼 나쁜 년이 되어서 살 수밖에 없었다고 했다. 이랬으니 할머니며 고모들이 엄마를 험담하고, 나쁜 소리로 욕하고 떠벌려 놓은 것까지 해서 엄마는 모든 걸 다 뒤집어썼다.

"느이 아빠는 꼭 식구들이 다 모인 자리에서 이런 소리들을 한다. 자기가 쓴 돈을 적은 걸 내 보이면서 '아, 이 달에도 돈을 이렇게나 많이 썼네. 몇십만 원이나 되네.' 하는 거야. 내 손에 쥐어 준 돈은 그 때 돈으로 이삼만 원도 안 되면서. 그러니 식구들은 그 돈이 다 내 주머니에서 나간 줄로만 알지. 그럴수록 할머니는 나를 아주 못 잡아서 안달이었어. 하도 여기저기로 내 욕을 하고 다니니까, 몇 사람은 듣기 싫어하면서 속으로만 나를 안돼했지. 시고모 할머니들이 그랬어. 하루는 시고모 할머니가 우리 집에 왔어. 나한테 그러는 거야. 니 시어머니가 이러이런 소리들을 하고 다니더라. 니가 뒤로는 집 한 채 장만할 때돈을 숨겨 놓고 있다고, 그런 말 안 되는 소리까지 하더라. 그래도 우리는 다 니 마음을 아니까 걱정 마라 하면서 나를 위로해 줬어. 그런데 그 얘기를 막 집에 들어오던 느이 아빠가 문 밖에 서서 다 듣고 있었던 거야. 그러더니 문을 벌컥 열고 들어와 시고모 할머니한테 또 소리소리를 질러. 정말 성질 부릴 때는 위아래고 뭐고 없어. 입에서 나오는 대로야. 그런 소리를 들었으면 잠자코 계시기나 하지, 왜 또 여기 와서 에미한테 다 말해 주냐고. 시고모 할머니는 놀래서 겁을 먹고 그냥 우물우물이지. 아니 그냥, 하면서. 그러면서 느이 아빠가 또 뭐래는 줄 아니? 그 미친 년이, 그래.

아니 정말 그럴 때는 눈에 보이는 게 없나 봐. 자기 어머니한테도 미친 년이래. 너도 알지? 니 아빠가 할머니한테 어떻게 못되게 굴었는지. 그 미친 년이 헛소리를 한 걸 왜 여기 와서 떠들어요. 내가 얘한테 주는 돈이 딱 손톱만큼인데 얘가 무슨 돈이 있냐고. 내가 뻔히 다 알고 있는데 그런 헛소리가 어딨냐고. 미친 년 소리가 몇 번이나 나왔는지 몰라. 니 아빠 그러잖아. 누구한테도 잘해 줄 때는 세상없이 잘해 주고 위해 주다가, 화딱지만 났다 하면 가리지 않고 막 퍼붓잖아. 정말 사람이 어쩌면 그러는지 몰라."

엄마는 넋이 나간 얼굴이었다. 초점도 없이 멍하니 앉은 엄마는 내 앞에 있는 게 아니라 그 시절 속으로 들어가 있는 것 같았다. 그러더니 엄마는 아주 차분하게 공항동 살던 얘기를 시작했다. 오히려 그렇게 차분한 말투가 목소리가 떨리던 때보다 더 절절한 마음으로 하는 얘기라는 걸 느끼게 했다.

"아빠가 '공항 회관'에 지배인을 했어. 엄청나게 큰 식당이야. 그 때 거기서 기연 엄마를 알았지. 기연 엄마는 그 때 '조바'로 있었거든. 너 '조바'가 뭔 줄 아니? 응, 그래. 뭐 음식값 받고 계산하는 그런 일이야. 처음에는 둘이 가깝게 지내는가 했는데, 어느 새 거기에서도 소문이 쫙 났대. 둘이 그런 사이라고. 그러니까 니 아빠가 기연 엄마를 청주로 내려 보낸 거야. 청주가 그이 시골이잖아. 하루는 그 식당에서 총경리를 보는 아가씨가 나를 찾아왔어. 아마 그 아가씨도 느이 아빠를 좋아했나 보더라고. 그 비슷한 얘기까지 나한테 했으니까. 와서는 그래. 내가 너무 마음 아플까 봐 얘기해 주러 왔다고. 지금 식당 안에는 모르는 사람이 없다고. 둘이 지금 그러는 게 임시로 잠깐 그러고 말 분위기가 아니라고. 지배인님이랑 그 애가 어떻게 살까 하는 궁리까지 다 하고 있다고. 그러니까 미리 알고 있고, 마음을 단단하게 먹으라고……."

그 때 즈음에 아빠는 다른 때보다 엄마에게 무척 잘해 주었다. 물론 아빠는 엄마가 아무것도 모른다고 생각했다. 엄마는 배가 불러 오고 있었고, 아빠는 이것저것 사다 주었다. 커다란 식당에 있기도 하니까 고기도 한 보따리씩 가지고 왔다. 그러면서도 아빠는 하루 이틀씩 하던 외박이 더 잦아졌다. 엄마는 아빠가 안 들어온 날마다 달력에 동그라미를 그려 갔는데, 차츰 동그라미는 안 그린 날보다 그린 날이 더 많아졌다. 아마 청주에 있던 기연 엄마가 며칠씩 서울에 와서는 여관에서 함께 지내다가 내려가고는 했을 거라고 했다.

엄마는 알고 있으면서도 모르는 척했다. '임시로 그러다 말겠지.' 하는 생각으로 참았다. 기다렸다. 어쩌다가 아빠가 집에 와서 자는 날, 엄마는 예감이 이상해서 살그머니 일어나 아빠의 두툼한 양복 주머니를 보았다. 기연 엄마에게서 받은 편지가 들어 있었다. 엄마는 조심히 꺼내어 방문 소리가 나지 않게 열고 나갔다. 화장실에 앉아서도 부스럭 소리가 날까 봐 가만히 펴 가면서 읽었다. 앞으로 어떻게 어떻게 결혼해 살자는 그런 내용이었다. 엄마는 다 읽고 나서 다시 고대로 접어서 아빠 주머니에 그대로 넣어 뒀다. 가슴만 뛰었지 겁이 나서 어떻게 해야 할 줄을 몰랐다. 그 얘기를 가지고 아빠에게 말을 꺼낸다 생각하면 오히려 그게 더 두려웠다. 그리고는 밤새 숨을 죽여 울기만 했다. 그 뒤에도 그런 날 그런 편지는 계속 이어졌다. 그 사이에 엄마는 나를 낳았다.

하루는 엄마가 기연 엄마의 큰언니를 찾아갔다. 처음에 기연 엄마를 서울에 데리고 와 식당에 취직을 시켜 주던 언니다. 전부터도 아빠는 기연 엄마의 오빠하고도 형님, 아우 하며 지내던 사이였다. 엄마는 그 언니를 찾아가 얘기를 꺼냈다. 사실은 우리 애들 아빠하고 그쪽 동생하고 이런 사이라고. 어떻게 하면 좋으냐고. 나는 애도 둘이 있고, 그쪽 동생은 앞날이 창창한데 이 일을 어쩌냐고. 그랬더니 그 언니가 깜짝 놀라면서 어떻게든 말려야겠다고 얘기했다. 엄마가 "그걸 언니가 말한다고 지금 마음에 어디 듣기나 하겠어요." 하고 말하니까, 그 언니는 안 들으면 뜯어서라도 말려야지 어떡하냐는 말도 하고 그랬다.

"그렇게 그 언니를 만나서도 얘기를 잘하고 돌아왔어. 그런데 그 다음 날 니 아빠가 들어오더니 또 귀쌈을 갈기는 거야. 나는 그 때 너를 안고 젖을 물리고 있었어. 너는 그냥 자지러지게 울고, 니 아빠는 그 갓난쟁이한테도 운다고 소리를 지르고 난리가 났어. 아주 씩씩대면서 뭐라냐 하면, '나를, 나를 말이야. 공항동 바닥에서 내 이름 하면 모르는 사람이 없는데, 니년이 나를 망치려고 작정을 했냐.' 하면서 막 퍼부어 대. 니가 왜 그 집에는 갔냐고. 가서 무슨 소리를 했길래 그 오빠가 찾아와서 나를 못살게 구냐고. 오늘 하루 종일 내가 가는 곳마다 쫓아다니면서 나를 괴롭혔다고. 이젠 창피해서 공항동 바닥에 나갈 수도 없다고. 죽일 년, 쌍년 하면서 자기를 망친 년이라고 날뛰는 거야."

그 옆에서 듣고 있던 할머니까지 거들면서 거길 왜 갔냐고 엄마를 몰아세웠다. 엄마는 기가 막혔다. 엄마는 억울해서 울기만 하고 아무 말도 못했다. 그저 젖을 물고 있던 나를 안고 고개를 파묻었다. 엄마는 말도 못 하게 서러웠다. 친정 쪽으로 부모도, 어른도 없으니까 더 아무렇게나 무시를 당한다고 생각했다.

"그 다음 날부터는 느이 아빠가 그러는 거야. '나 저년 있는 방에는 들어가기도 싫어. 꼴도 보기 싫으니까 앞으로 이 방에서 잘 거야.' 그러더니 아예 나는 쳐다보지도 않아. 보면 눈에 아주 불을 켜고 잡아먹을 듯하는 거야. 그 때는 너랑 너 형이랑 엄마, 아빠가 안방을 쓰고, 작은방에는 할머니하고 시동생이 썼거든. 저쪽 곁에 방에는 막내 시동생하고 병진이 형이 썼어. 그 때 서울서 대학 다닌다고 올라와 있을 때니까. 고모 둘은 따로 방을 얻어 살았어. 저기, 그러니까 니 막내 작은아빠는 계속 나랑 같이 살아서 그래도 내 마음을 잘 알아. 내가 거의 길러 키우다시피 했으니까. 그랬는데 느이 아빠가 그 둘째랑 할머니가 쓰는 방에 가서 자는 거야. 아예 할머니가 그 방에다 이부자리를 펴 놓고 기다렸어. 아빠가 들어오면 벗어 논 구두까지 들고 그 방으로 가져갔다가는 아침에 내주고. 아니, 무슨 시어머니가 그래? 둘이 싸웠으면 '얘, 양말 좀 갖다 주거라.' 하면서 어떻게라도 서로 말을 붙이게 해야지. 아예 할머니가 나서서 양말이고 속옷이고 다 챙겨서 그 방에 갖다 주는 거야."

아빠는 그렇게 지내면서 엄마를 멸시했다. 한 밥상에 앉아서도 엄마에게는 눈도 제대로 뜨지 못하게 했다. 그리고는 엄마 보라는 듯이 할머니며 작은아빠들에게 얼마씩 쓰라고 돈을 쥐여 주곤 했다. 엄마는 아기에게 먹일 우유값조차 없었다. 아빠는 엄마에게는 우유값도 주지 않았다. 그런 식으로 용돈을 얻은 할머니조차 엄마에게 애기 우유 사 먹이라고 돈을 쥐여 주지 않았다. 할머니는 아빠에게 용돈을 타면 고모들이 살던 집으로 가서 며칠씩 머물다가 왔다.

엄마 얘기는 그치지 않을 것 같았다. 시계를 보니까 어느덧 새벽 두 시가 다 되었다. 나도 나대로 엄마 얘기를 들으면서 끔찍해하며 놀라기도 했고 힘들어하며 듣느라 시간이 그렇게 된 줄 몰랐다. 엄마 얼굴은 눈가가 벌겋게 되어 있었다. 아니, 벌겋게 되었을 뿐 아니라 아주 크게 울고 난 사람처럼 얼굴이 다 부어 있었다. 나는 엄마 이부자리를 펴 드리고 엄마를 주무시라 한 뒤 일어났다.

"엄마, 자요. 그리고 인제 그 생각들은 하지 마세요. 좋은 것들, 형이랑 키우면서 좋았던 때를 생각하고 그래요."

그리고, 내 방으로 돌아왔다. 방으로 돌아와 더 많이 울었다.

## 엄마가 쓴 살아온 이야기

아기 낳은 지 한두 달쯤 되어서 일본 작은외삼촌이 오셨다. 그 때 아기 아빠는 수색에 있는 부대에 와 있었다. 삼촌들이 너를 좋게 생각하시니까 뚝섬 삼촌 집에 가서 있으면서 얼마 안 있으면 귀대하는데 삼촌한터 양복 한 벌만 해 달라고 하라고 시켜서, 삼촌 집에 가서 삼촌 시중들고 양복 야기도 하고 제대하면 입을 옷이 없다고 삼촌 입던 옷도 달라고 해서 입던 양복도 한 벌 얻고 새 양복도 한 벌 티켓 얻어 왔다. (……) 그런데 어느 날 갑자기 뛰어 들어오면서 이년아 식구들한테 엇덕해 했길레 지 엽편네 교육이나 잘 시키라고 이런 소리가 나오느냐며 귀싸떠기르 올려서, 시키는 데로 뚝섬 막내 삼촌 오시면 뚝섬 가서 시중들고 양복 해 달라고 하고 옷 얻어 왔는데 삼촌 일본 가시고 바로 왔다고 했더니, 그제서야 큰시누이가 들어오니까 언니는 내가 막내 삼촌 오시면 뚝섬 삼촌 집에 가라고 시켜다 라고 하면서 시누이를 막 야단치며 하는 소리가, 이년아 그 사람 많은데 지 엽편내 교육이나 잘 시키라고 이년아 몇일 동안 밥 해 먹는 게 싫어서 하며 야단을 친다. 그 때 작은 시누이가 여러 날 만에 들어 왔다. 집이 살어름판이다. 너 이년 돌아다니며 집안 망신시킨다며 가위로 머리를 다 잘아 놓았다.

## 12월 6일 월요일

## 김순영 어머니

오늘은 교실에 김순영 어머니 혼자뿐이었다.
"아니? 어머니 혼자밖에 안 오셨어요?"
"와, 나밖에 안 왔어. 왜들 안 나오지?"
"날씨가 추워져서 그런가. 아유우, 어떻게 하지요?"
"어떡하긴 뭘 어떡해? 우리 둘이 공부해야지. 와, 좋네. 일루 와요. 가까이 앉아서 공부하게."
다른 어머니들이 빠진 건 속상하고 걱정이 됐지만, 그래도 좋았다. 김순영 어머니하고라면 날마다라도 둘이 공부를 하겠다. 어머니는 가스 냄새가 싫다고 여태 난로도 안 켜고 있었다. 잠바는 뚱뚱하도록 껴입고, 모자까지 눌러쓰고 있으면서 말이다. 벌써 세 시간 가까이 추운 빈 교실에서 저러고 기다린 거다. 마음이 안 좋았다.
김순영 어머니는 그 피난 나오던 얘기부터 시작했다. 언젠가 산수 시간에 수정이에게 해 주었다는 그 얘기다. 전쟁이 나서 피난을 나오던 이야기.
마을에까지 싸움하는 사람들이 떼밀려 왔다고 했다. 큰오빠는 이미 전쟁터에 끌려나갔다고. 군인 옷 입은 사람들이 집에 와서는 아들을 찾아오지 않으면 죽인다고 아버지에게 총부리까지 들이대서 어쩔 수 없이 큰오빠는 내준 거라고. 그러고는 피난 가기 전날에 보따리들을 다 쌌다. 그 밤 어머니는 어디 옆집에 돼지를 잡은 곳엘 가더니 비계를 한 보따리나 사 왔다. 먼 길을 떠나기 전에 그거라도 든든히 먹자는 뜻으로. 밤에 그걸 먹었는데 작은오빠가 탈이 났다. 피난길에서도 죽는다고 배를 잡고 굴렀다. 그런 걸 겨우 살려 냈다. 물도 없어서 못 먹는 걸 사람들 발자국에 고인 물을 먹여서 살려 냈다. 흙길 땅바닥에 생긴 발자국에나 요만큼씩 물이 있었다. 아버지는 소를 몰았고, 지게는 짤막하게 다리를 분질러 냈다. 비행기만 돌면 엎드리고 숨어야 하니까 지게 다리를 자른 거다. 비행기만 돌면 숨어 있고, 엎드리고, 수도 없이 그랬다. 그래도 김순영 어머니하고 작은오빠는 그저 좋아서 재밌다고 펄떡펄떡 까불었다.

"폭격하고 그러면 사람들도 많이 죽고 그러지 않았어요?"

"마이 죽었지. 떼로다가 마이들 죽고 했어."

"그런데 무섭지 않고, 재미나고 그랬어요?"

"에이 그 때 내가 뭘 알어? 우리 아람이만 한 나이였는데. 그냥 어디로 어디로 가고 하니까 신이 나고 좋았지. 헤헤헤헤."

어머니, 아버지는 울곤 했다. 그리고는 마냥 까불어 대는 어린 남매들에게 뭐가 그리 좋으냐고 혀를 찼다. 그래도 김순영 어머니는 그렇게 신이 날 수가 없었다고 했다. 가다가다 낙동강은 못 건넜다. 그래서 작은아버지 처가로 들어가 머물렀다. 지금은 얼굴 검은 사람들 봐도 아무렇지 않지만, 그 때는 시커먼 미군들을 보면 그렇게 무서웠다. "할로 할로." 하면서 껌도 주고, 사탕도 줬다. 다른 아이들은 다 가서 받아먹었지만, 김순영 어머니는 무서워서 가까이도 안 가 봤다고 했다.

얼마 지나 다시 살던 마을로 돌아왔다. 고향인 상주다. 마을은 산이 뺑 둘러 있었는데, 그 위에는 '벌갱이'들이 빽빽하게 숨어 있었다. 마을 반장들이 돌아가며 밥을 해다 줬다. 어쩌다가 보리밥을 해 주면 그 사람들이 내다 던졌다. 쌀밥 지어 오라고. 반찬도 맛없게 해다 주면 안 먹고 내다 던졌다. 그러고 있는데 상주에 군인들이 떼로 들어왔다. 한국 사람, 미국 사람이 셀 수 없이 많았다. 군인들이 마을 사람들을 다 뒤져서 사람들을 죽였다. 산에 있는 사람들에게 심부름해 줬다는 소리만 나와도 다 잡아 죽였다. 아마 반장 집 사람들은 다 죽었을 것이다. 마을에는 군인들이 바글바글하니까 밖에 나가지도 못했다. 방도 그 사람들한테 다 비워 줬으니까. 반장 집에는 미국 사람들이 들어갔다. 그 집 앞에는 흰말, 노랑말들이 몇 마리씩이나 서 있었다.

"그 때 우리 양키덜 어쩌구 하는 노래까지 지어서 부르고 했어. 애들끼리 몰래 불렀는데 어른한테 걸리면 아주 혼이 나고 그랬어."

"해 보세요. 한 번만 불러 주세요."

"양, 양, 양키덜 바라볼 때는 우리는 이긴다……, 아이고 잘 모르겠다. 안 되네."

"잘하시네요. 더 해 주세요."

"그게 다야. 그 때 생각만 하면 정말 산에다 굴을 파 놓고 그 밑에 들어가던 생각이 나. 비행기만 뜨면 엎드리고. 나랑 우리 오빠는 그냥 좋다고 뛰어놀았지. 뛰어논다고 혼나고. 또 그 때는 그렇게 흉년이 졌어. 그 때는 보릿가루로 죽 쒀서 먹고, 쑥떡에다 숭늉 한 모금 먹고 그렇게 살았어. 쑥이 없어서 산으로 산으로 뒤지고 다니고. 하도 흉년이 졌거든. '지왈'이라고 들어봤어요? 밀 껍데기를 '지왈'이라 했거든. 그걸 가지고 수제비를 해 묵었다니까. 아이구 지겨워. 지금은 먹으래도 못 먹지. 이런 얘기들인데 뭘 해 달라고 해?"

"와, 그 때 얘기 들으니까 좋아요. 오늘은 얘기만 듣고 싶다. 다른 얘기들도 더 들려주세요."

"왜, 내 얘기가 재미있어요? 이게 뭐가 재밌다고. 우리 아람이는 '할머니는 맨날 구식 얘기만 한다.'고 그러는데."

"저는 재밌어요. 어머니가 말씀을 재미나게 잘하시잖아요. 또 해 주세요. 어렸을 때 마을 친구들은 지금도 만나세요?"

"그럼. 뱃속 친구들이 그 때 서이 있었어. 지금도 부산 친구한테 전화하면 '야, 옛날 생각난다. 한번 놀러 와라. 이 가시나야.' 하지. 또 하나는 성남에 살고."

나는 김순영 어머니가 어렸을 때는 일만 죽어라고 한 줄 알았다. 그런데 어머니 얘기를 들어 보니 그게 아니었다. 어머니는 얘기를 얼마나 재미나게 했는지 그 옛날 김순영 어머니의 어렸을 적 모습이 눈앞에 훤히 보이는 것 같았다.

김순영 어머니네는 그래도 쌀독에 쌀 좀 퍼담아 놓고 살았다. 부자는 아니었지만 밥은 해 먹고 지낼 정도였다. 지금은 부산에서 살고 있다는 그 뱃속 친구네는 그렇게 집이 어려웠다. 그러니 늘 일만 했다. 김순영 어머니는 눈만 뜨면 뒷집으로 놀러 갔다. 그 부산 친구네 집이다. "야, 이 가시나야. 나와 놀자." 하고 부르면, 친구 엄마가 달려나와 쫓아 내곤 했다. 그래도 친구가 좋으니까 일만 하는 그 친구를 쫓아다니며 놀았다. 가마니를 치면 그 옆에 앉아서 구경을 하고, 들에 가면 들에도 쫓아갔다. 친구 따라서 일하는 시늉을 조금 내 보다가는 금방 공기놀이 하자고 꼬드기고. 아니면 혼자 "난 못 하겠다." 하면서 그 옆에서 놀거나 장난을 걸고. 뒷집 사는 애는 그렇게 고생을 많이 하고, 일을 많이 했다. 밥도 못 먹고 죽만 먹으면서도 밤늦게 가마니만 쳤다. 그걸 백 장씩 쳐서는 장에 내다 팔았다. 그래서 김순영 어머니가 친구 먹으라고 보리쌀도 몰래 퍼다 주고 했다.

김순영 어머니가 아침에 늦게 일어나면 어머니가 "야, 이 가시나야. 뒷집에는 밤새 가마니 치고도 새벽에 소여물 쑤러 나왔다. 저게 어떻게 살려고 하나." 하고 야단을 쳤다. 김순영 어머니는 느지막이 일어나서는 뒷집으로 놀러 갔다. 뒷집 친구 어머니는 버버리였다. 인물은 참 좋은데. 아마 어려서 침을 맞다가 잘못돼서 그랬나 보다 했다. 그 어머니는 버버리니까 말은 잘 못 하고 툭 하면 친구를 팼다. 뭐 하나만 잘못해도 말이 안 나오니까 무조건 후려패기부터 했다. 김순영 어머니가 찾아가도 막 손짓으로 왜 왔냐고 내쫓았다. 그러면 김순영 어머니는 몇 개 배운 손짓말로 친구 어디 갔냐고 물었다. (아마 김순영 어머니는 그 손짓말도 재밌다고 흉내내고 따라 했을 거다.) 하루는 그렇게 해서 친구와 풀을 뜯었다. 친구는 소 풀을 뜯고, 김순영 어머니는 쑥을 뜯었다. 친구는 어느 새 한 짐을 다 만들어 놨는데, 김순영 어머니는 소쿠리에 바닥도 못 채웠다. 그런 데다가 배싹 말라서 배들배들하고. 그걸 친구와 둘이서 물에 가서는 싱싱하게 살린다고 물을 쳐 발랐다. 친구는 너무 많이 뜯어 놔서 못 가져온다고 낑낑대는데, 김순영 어머니는 그 동안 겨우 말라 비틀어진 쑥 한 줌이었다.

   김순영 어머니는 상주 집으로 돌아와서도 밭 매기 싫어서 돌아다니며 놀기만 했다. 혼자서 저쪽 나무 그늘 아래로 가서 자거나, 일하는 친구한테로 내뺐다. 놀려고 해도 보통 친구들은 나무하러 가느라 없었다. 해지고 나면 뒷집 친구네 가서 잠들 때까지 있었다. 괜히 그 옆에서 가마니 치는 거, 새끼 꼬는 거 구경만 하면서 말을 붙이고 놀았다. 가끔은 아버지한테 붙들려서 아버지 왕골 짜는 걸 붙잡아 줬다. 그러고 앉아만 있으면 왜 그렇게 잠이 쏟아지는지 어느 새 고개가 꾸벅, 졸다가 혼나기 일쑤였다. 지금 생각하면 그 때가 우스워 죽겠다고 한다. 김순영 어머니가 자기만 놀았다고. 날마다 내빼서는 뒷집에서 오밤중까지 있으니까 "저놈의 가시나, 저 집 가서 살아라."고 욕도 많이 들어 먹었다고.

   피난을 다녀와서도 얼마 동안은 그렇게 지냈다. 그러다가 아버지가 관절염 때문에 일을 못 했다. 마침 크게 흉년까지 났다. 먹을 게 없어서 서숙하고 지장들을 갈아서 밥을 해 먹었다. 아버지도 아파서 들어앉았지, 흉년이 져서 먹을 것도 없지, 더 이상 놀러 다닐 수가 없었다. 그 때부터는 산에서 나무도 하고, 밭도 매고, 일만 죽어라고 했다. 실은 그 때도 너무 일을 하기가 싫어서 사이사이에 농땡이를 많이 부리기도 했다고.
 김순영 어머니가 시집을 간 해에는 더 큰 흉년이 졌다. 날마다 쑥을 뜯어서 쑥으로 죽을 쑤어 먹고, 쑥밥, 무밥을 해 먹었다. 무밥은 무를 쌀처럼 썰어서 쌀을 조금 넣고 짓는 밥이다. 그렇게 밥을 지어서도 쌀은 골라서 어른들께 주고, 며느리들은 찌끄레기나 우거지만 먹었다. 집에 식구가 열둘이었는데 그 빨래를 모두 김순영 어머니가 도맡아서 해야 했다. 김순영 어머니는 며느리 가운데서도 가장 꼬래비였다. 빨래는 날마다 한 버지기씩 나왔다. 버지기는 뭐냐 하면 '다라이', '큰 대야'라고 했다. 겨울에는 잿물을 타서 했다. 짚을 태워서 재를 가득 담고, 물을 자꾸 퍼부어 만드는 거다. 그러다 보면 물이 뻘그럼하게 되었다. 아주 미끌미끌하고 때가 잘 졌다. 아니면 소 먹이는 당가루에 양잿물을 받아서 소똥같이 만들면 그게 비누처럼 되었다. 겨울에는 냇물이 두껍게 얼었다. 거기를 나무 패는 도끼로 구멍을 요만하게 냈다. 지금 얼음은 그렇게 안 두껍다고. 그 얼음 구멍에 손을 넣고 빨래를 하자면 금세 손이 얼어붙었다. 그러면 동서가 물을 끓여다 주었다. 얼음 구멍에서 빨래를 비벼 빨다가, 얼른 뜨거운 물에 손을 담갔다가 하면서 빨래를 했다. 그래도 그 끓여다 준 물이 오 분도 안 가고 미지근하게 식었다. 요즘 며느리들에게 그 빨래를 하라면 아무도 안 한다고.
 "그뿐인 줄 알아? 그 큰 집에서 제사만 지내면 나만 불러. 사촌 동서가 서이나 있어도 그네들은 안 와. 큰 제사에만 한 번씩 오지. 내가 막내잖아. 죄다 나만 시켜. 어유, 지금 같으면 하지도 않아. 그 때만 해도 어른들이 죽으라면 진짜 죽어야 했어."
 "정말 고생이 많으셨겠어요. 그럼 서울은 어떻게 해서 올라오게 됐어요?"
 "그거야 남편이 오자니까 왔지."
 "서울 와서는 어떻게 지내셨는데요?"
 "별거 별거 다 했어. 막노동판에도 가고, 식당일도 하고, 포장마차도 하고, 지금 하는 청소 하고……."

처음 서울에 와서는 식당일부터 했다. 한 달에 4만 원씩 받았다. 횟집이었는데 일하는 사람들도 참 많았다. 술 부어 주는 색시, 주방에서 일하는 사람들, 바깥에서 일 보는 사람들까지 열다섯 명이 넘었다. 김순영 어머니는 그 사람들에게 밥해 주는 일을 했다. 이것저것 일을 빨리 잘하니까 사장이 살살살살 하면서 일을 더 시켰다. 밤에도 열한 시 넘어까지 시키고는 겨우 택시비만 쥐여 줬다. 그래서 거기를 그만뒀다. 아마 그 때 회 맛을 들여서 지금도 회를 잘 먹는다고. 그 다음에는 무슨 한식집에 주방장으로 들어갔는데, 하도 남자가 잔소리를 심하게 해서 거기도 그만뒀다.

그 다음에는 모래 짐 지는 일을 했다. 너무 무겁고 힘들었다. 그 때는 아저씨가 돈을 못 벌어서, 김순영 어머니 혼자 벌었다. 애들 셋 도시락을 싸 주고 일을 나갔다. 처음 막일 나간 데는 군인 막사 짓는 데였다. 일을 하다 보면 배가 너무 고팠다. 배가 고파 일을 못 할 정도였다. 그런 일을 하면 사이사이에 불을 때 주고 참을 준다. 쉬는 시간이다. 김순영 어머니는 그 때마다 쉬지 않은 채 나무도 지펴 주고, 먹은 그릇 설거지도 해 줬다. 부엌에 들어가서 국수라도 더 얻어먹고 싶어서다. 밥 때에도 밥을 먹고는 가만 쉬지 않았다. 상도 같이 치워 주고 설거지도 도왔다. 그래야 조금이라도 더 얻어먹을까 했다. 그런 모습이 어떻게 잘 보였는지 나중에는 일도 사포질로 하는 쉬운 데로 보내 줬다. 그래서 그 다음부터는 일도 살살하면서 밥도, 국수도 공짜로 얻어먹고 그랬다.

누가 소개를 시켜 줘서 병원 청소하는 일을 얻었다. 그런데 다른 청소하고는 다르게 병원 청소는 너무 힘들었다. 그래서 다른 데를 구해 달라고 했다. 강남에 와이엠씨에이 건물로 청소를 갔다. 먼저 하던 사람이 어찌어찌 하라고 가르쳐 줬다. 그런데 그 사람보다 더 깨끗하게 하고, 빨리 하니까 사장이 참 좋아했다. 돈도 잘 줬다. 건물 사장말고도 소개해 주는 용역 회사 사장, 부장도 참 좋아하고.

"서울에 와서는 이렇게 살았지 뭐. 아들 셋 키우면서. 이제 손주들도 생기고."
그러더니 어머니가 느닷없이 내 두 손을 잡으며 말을 했다.
"선생님, 어디 가도 나 잊지 마요."
"네? 제가 가긴 어딜 가요?"
"아니, 무슨 다른 일 하고 그러면 여기 못 나올 수도 있잖아. 그래도 나 잊지 마요."
"그럼요, 못 잊지요. 어떻게 잊어요? 어머니는 저 잊을 거예요?"
"나도 안 잊어. 나는 일하다가도 선생님 생각 마이 난다. 보고 싶구 그래."
나는 무슨 말을 해야 좋을지 모를 정도로 가슴이 떨렸다. 그러다 시계를 보니까 벌써 열 시가 훨씬 지나 있었다. 나도 김순영 어머니도 시간 가는 줄을 몰랐던 거다. 잘못하다가는 구리시로 가는 막차를 놓칠까 싶어 어머니와 나는 교실을 정리하고 서둘러 큰길로 나갔다.

## 12월 7일 화요일

# 책가방을 메고 뛰는 어머니들

어머니학교에 갈 준비를 하는데 전화가 왔다.
"여보세요?"
"여보세요? 선생님이시죠?"
"예, 실례지만 어디세요?"
처음에는 목소리를 못 알아들었다. 그래서 처음에는 잘못 걸린 전화인 줄 알았다. 이처럼 나이 많은 할머니가 나를 선생님이라고 부르면서 전화를 걸 줄은 생각도 못 했기 때문이다.
"여기 마석이에요."
"아아, 손명월 어머니지요. 안녕하세요?"
마석이라는 말을 듣고 나서야 비로소 전화를 건 분이 손명월 어머니라는 걸 알았다. 손명월 어머니는 밤에 너무 춥고, 멀어서 이제 학교를 그만 나오겠다고 했다. 에이, 앞으로 두 주일만 더 나오면 이번 학기 수료식이 있는데, 마저 나오시라고 했다. 그리고 1월에 새 학기가 시작하면 그 때 오전이나 낮 시간으로 옮기시라고. 손명월 어머니는 그러겠다고 했다. 1

월부터는 지금 다니는 수영장 시간을 옮겨서라도 공부를 낮에 해야겠다고. 하지만 남은 겨울은 그냥 빠지면서 쉬겠다고 했다. 새벽부터 궂은일을 다 하고 오는 어머니들도 많은데 하는 생각이 들었지만, 마석이 집이니 멀기는 멀다. 나도 요새는 학교에서 열 시에 나오면 그렇게 추운데, 힘이 드실 만도 했다.

"그러면 어머니, 우리 수료식날 떡도 해 먹고 잔치도 하거든요. 그 날 하루라도 꼭 오세요. 알겠죠?"

"네, 선생님. 그 날 연락 주시면 꼭 갈게요. 미안해요, 선생님."

좀 전에 이 전화를 받고 학교에 갔는데, 교실이 비어 있다. 박영옥 어머니 한 분밖에 안 와 있었다. 대여섯 시면 벌써 와 있어야 하는 김순영 어머니도 안 왔다. 날이 추워서인가 했지만, 마음이 여러 가지로 축 처졌다. 다른 어머니들이야 가끔 빠진다 해도 김순영 어머니는 왜 안 오셨을까. 혹시 어제 공부 시간에 내가 공부는 안 하고 애기만 들어서 안 오셨나. 이런저런 생각이 들었다. 그러면 할 수 없이 박영옥 어머니 한 분만 모시고 공부를 해야 하는데 왠지 어제하고는 다르게 어색할 것만 같았다. 어저께 김순영 어머니하고 둘이 공부할 때야 어색하다거나 이상할 게 하나도 없었다. 그건 아마 김순영 어머니가 정말 엄마같이 편해서일 거다. 내가 아무렇게나 어리광을 부려도 좋고, 어깨를 주무르면서 아무 얘기나 엄마한테처럼 하니 말이다. 그런데 박영옥 어머니가 어디 그런가? 그렇다고 불편하다는 건 아니다. 나이가 많은 다른 어머니들한테 하는 것처럼 어리광을 부리거나 안겨들고 그럴 수가 없다는 거다. 그냥 박영옥 어머니는 교실에 혼자 앉고 나는 칠판 앞에 서서 공부를 시작하려고 했다.

"어유, 추워라."

김석순 어머니가 찬 바람을 몰고 들어왔다. 나는 "와, 와." 하고 소리를 지르며 손뼉을 쳤다. 애써 숨기던 어색함이 풀리면서 터져 나온 거다. 김석순 어머니가 자리를 잡고 앉으려고 하니까 또 문이 덜컹 열렸다. 김순영 어머니다. 나는 또 막 소리를 지르며 손뼉을 쳐 댔다. 처져 있던 기분도 싹 가고, 너무 기뻤다.

"어머니, 오늘 왜 이렇게 늦었어요?"

"아유, 오늘 고사를 지낸다고 해서 빠져 올 수가 있어야지."

"무슨 고사요?"

"건물 사장이 고사를 지낸다잖아. 그러더니 보내 주지도 않아."

"와, 아줌마 그럼 맛있는 거 안 싸 왔어요?"

이렇게 끼어든 건 박영옥 어머니다.

"뭐 하나 집어 먹지도 못했어. 끝나자마자 이렇게 정신 없이 왔잖아. 저 전철역부터 여기까지 쉬지도 않고 뛰어왔네. 아이구, 다리야."

책가방을 둘러메고 뛰는 김순영 어머니 모습이 떠올랐다. 상상이 갔다. 좀 늦더라도 그냥 슬슬 걸어올 수도 있을 텐데, 시간을 맞추느라 그렇게 뛰시다니. 기쁘다. 고맙다. 숨을 헉, 헉 쉬면서도 이빨을 내놓고 웃는 김순영 어머니를 꼭 끌어안고 싶었다.

"김석순 어머니는 어제 왜 안 오셨어요? 어저께는 김순영 어머니 혼자 하고만 했는데."

"아유우, 난 계속 여기저기 쫓아다니다가 왔어. 지금도 잠 한숨 못 잔 걸 억지로 왔어."

"왜요? 어디 다녀오셨어요?"

"시골집에도 가고 여기저기 갔어."

"집에 뭐 안 좋은 일 있었어요?"

"동생이 쓰러져서 중환자실에 들어가서, 울산으로, 부산으로, 안동으로, 오늘도 새벽차 타고 올라와서 여태까지 공장에 가 있다가 온 거야. 졸려서 큰일났네."

"네에, 어머니, 그럼 커피 타 드릴까요?"

"커피 먹으면 안 돼. 오늘 밤에도 또 못 자면 어쩔려구."

안 그래도 김석순 어머니는 피곤에 지쳐 있는 얼굴이었다. 그렇게까지 고단한 몸으로도 공부하러 오셨다니, 오늘따라 어머니들이 다 새롭게 느껴졌다.

어저께 김순영 어머니만 왔을 때 '아야어여'를 조금 하다가 말았으니, 그걸 다시 했다. 'ㅏ'부터 어머니들과 돌아가면서 낱말들을 찾고, 그 낱말이 들어가는 이야기들을 꺼냈다. 차츰 하다가 이제 'ㅕ' 차례가 되었다.

"'여우'도 돼요?"

"그럼요, 되지요. '여우'도 'ㅕ' 하는 말이 들어가잖아요. 그럼 '여우' 한 번 써 보세요. 이건 받침도 없고 쉽지요?"

"쉽네, 뭐. 이거."

"이렇게 쓰면 돼요. 선생님?"

"네, 다들 잘 쓰셨어요. 어머니들 예전에는 여우 많이 봤어요?"

"그럼, 많이 봤지. 산에 많아."

"그 여우들이 막 이것저것 잡아먹고 그래요?"

"잡아다 먹지."

"사람한테도 덤벼요?"

"아니야, 사람만 봤다 하면 달아나. 얼마나 빠른데."

"우리 큰아버지는 여우한테 홀렸잖어. 옛날에는 정말 그렇게들 홀려. 하루는……."

'여우'라는 낱말을 찾아서 글자를 써 보다가 얘기는 이제 김석순 어머니에게 갔다. 김석순 어머니는 힘들다고, 졸리다고 눈을 찡그리면서 억지로 글자들을 적고 있더니, 여우 얘기가 나오니까 눈이 번쩍하셨다. 김석순 어머니는 큰아버지가 여우한테 홀리던 얘기를 들려주기 시작했다. 큰아버지가 약주를 하고 집에 오는데 조그만 여우 한 마리가 앞에서 그렇게 꼬리를 쳤다고. 빨간 불빛을 반짝거리면서 요 몇 걸음 앞에서 조금씩 조금씩 달아나더라고. 그러더니 하염없이 꼬리를 치며 갔다고. 큰아버지는 그 길로 여우를 따라가다가 산 속까지 들어가서는 어느 댓돌에 머리를 꽝 찧었다고 한다. 그제서야 술도 깨면서 여우한테 홀린 걸 알았다고 했다.

"그러면 그건 여우가 아니라 도깨비 아니에요?"

"그래, 그건 도깨비지. 우리 동네에도 그런 얘기가 많아."

이제는 김순영 어머니가 그 도깨비 얘기를 받았다. 친척 삼촌 얘기다. 술에 취했는데 도깨비 한 마리가 그렇게 따라와 보라고 했다는 거다. 깜깜한 밤에 도깨비는 빨간 불빛을 반짝반짝거렸다고 한다. 삼촌이 그렇게 도깨비를 한참 따라갔는데, 나중에 보니까 가시나무 넝쿨에 옷이 다 찢기고 몸이 긁혀 있었다. 그 뒤로 그 삼촌은 술이라면 고개를 설레설레 흔들었을 정도였다고.

"그거 혹시 개똥벌레들이 내는 반딧불 아니에요?"

"아니야. 색깔이 다른데, 반딧불은 우리가 알지. 정말 도깨비불이 있다니까."

"그럼, 도깨비도 정말 있던 거예요?"

"있구말구. 그 때는 도깨비한테 홀린 사람이 여럿 있었어. 낮에도 몸에 도깨비가 붙었다고 이리 뛰고 저리 뛴 사람도 있었다니까."

"어휴, 그럼. 그 땐 엄청 많았지. 근데 지금은 없어졌나 봐. 서울 와 살면서는 누가 도깨비에 홀렸다는 소리를 들어 본 적이 없어."

도깨비 얘기들을 한참 하고 있는데 문이 덜컥 열렸다.

"에그머니나."

"엄마야."

문 바로 앞에 앉아 있던 김석순 어머니도, 나도 몸을 뒤로 한 채 깜짝 놀랐다. 문을 밀고 들어온 사람은 신을분 어머니다. 도깨비 얘기에 한참을 푹 빠져 있다가, 갑자기 문이 열리니까 도깨비라도 들어오는 줄 알았다. 나이가 많은 김석순 어머니도 도깨비인 줄 알고 놀랐다니까 웃음이 나기도 했다.

"아이고, 얼른 한 자라도 더 배워야 국문을 깨치지. 인자 일이 끝나고 오는 거야."

여덟 시 사십 분이었다. 여태껏 이렇게 시간이 지나서 교실에 온 어머니는 없었다. 와, 정말 대단하시다. 깜깜해지도록 일을 하고도 시간을 넘긴 그 시간에야 학교로 오시던 신을분 어머니 마음은 어땠을까.

"신을분 어머니, 정말 멋있어요. 와, 아까는 정말 박영옥 어머니 한 분만 오시는 줄 알고 얼마나 속상했다구요. 이제 다 오셨네요?"

"한 분 안 왔잖아요. 마석에 사시는 그분요."

"저기 손명월 어머니는 일이 생겨서 이제 못 오신대요. 참, 수료식날은 온댔어요."

"아니, 집에 있으면 언제 국문을 봐? 여기라도 나와야 한 자라도 더 보지. 나는 지금은 일 다니느라고 집에 가면 책 한 번 펴 보지 못하지만, 나중에 일 안 댕기면 국문도 다 배우고 산수, 영어도 다 할 거야. 그래서 운전면허도 따고, 방송 통신 대학까장 다 할 거야. 그러니까 선생님, 나 국문 다 깨칠 때까장은 어디 딴 데 가면 안 돼요."

신을분 어머니는 그냥 하는 말 같지가 않다. 가끔 지방 일로, 밤일로 학교를 어쩔 수 없이 빠지는 때가 많은 게 정말 안타까웠다. 신을분 어머니는 걸상에 앉자마자 앞서 칠판에 적힌 글자들을 보며 안타까워했다.

"아고, 나는 이제 와서 어떡한다냐. 저 글자들도 한 번씩 다 써 봐야 할 텐데."

다시 공부를 이어나갔다. 어머니들이 다 와서 기분이 좋았다. 늦게 일을 마치고 오면서 학교까지 쉬지 않고 달려온 어머니, 잠 한숨 못 자고도 공장에서 바로 온 어머니, 이 늦은 시간에 한 자라도 더 배우겠다고 온 어머니들을 생각하면 정말 없던 힘도 절로 났다. 그런데 어머니들이 졸려했다. 김순영 어머니는 날마다처럼 겨우 네 시간밖에 못 잤을 거다. 보통은 학교에 두세 시간을 일찍 와서 조금이라도 눈을 붙였는데, 오늘은 일도 늦게까지 했고 잠시 눈도 못 붙였다. 김석순 어머니는 더했다. 어제, 그제 종일토록 부산, 울산, 안동으로 다니다가 새벽차로 올라와서는 바로 공장에 다녀왔으니 얼마나 잠이 모자라나. 힘들어하는 어머니들과 겨우겨우 공부를 마쳤다.

공부를 마치고 나가니까 별반 어머니가 교무실 앞에 있다. 별반 어머니는 김석순 어머니와 오래 학교를 같이 다닌 사이다.

"형님, 형님이 우리 반으로 와라."

"내가 잘하지도 못하는데 어떻게 그 반으로 가?"

"에이, 그래도 형님이 와라. 우리 반은 나 혼자뿐이라 없어진대."

별반 어머니와 김석순 어머니는 계단 아래로 내려갔다.

마음이 안 좋다. 별반 어머니는 그토록 공부를 더 하고 싶어하는데, 반이 없어져서 저렇게 걱정이니 말이다. 지난번에 별반 어머니께 대충 그 사정을 듣고는 어제 교감 선생님께 여쭈었다.

"별반은 없어지나 봐요?"

"아무래도 힘이 들 것 같아요. 선생님도 모자라고. 저 어머니가 혼자지만 그 반에 계속 새로 들어오는 어머니라도 있으면 모를까. 저 어머니가 너무 잘하셔서, 그 정도 하시는 어머니가 새로 들어오지는 않아요."

"그러면 어떻게 해요? 저기 우리 집 가까운 데 있는 그 '푸른 주민 연대'인가 하는 곳에 소개시켜 주면 그래도 나을 것 같은데요."

"그렇게 하려구요. 그쪽 선생님들하고도 잘 아니까. 그쪽에는 아마 저 어머니하고 수준이 비슷한 반이 있을 거예요."

"그래도 여기서 더 하시면 좋을 것 같은데······."

"여러 가지를 따져서 의논을 해 보구요."

아마도 별반은 없어질 듯싶었다. 아니, 별반이 없어지는 게 아니라 우리 달반 어머니들이 별반으로 가고, 저 어머니를 위한 반은 새로 만들어지지 않을 가능성이 컸다. 저 어머니는 집이 장안동이니까 '푸른 주민 연대'가 있는 이문동에서는 바로 가는 버스도 없다. 학교를 옮기는 것도 내키지 않는 일일 텐데, 차까지 두 번을 갈아타야 하니 별로 좋지가 않다.

공부를 마치고 교무실에 들렀더니 한문 선생님이 나와 있었다. 선생님은 누런 봉투를 줬다. 그 안에는 심청가 판소리 공연표 두 장이랑 거기에 대한 얇은 책자가 함께 있었다. 엄마 보라고 준 거다. 엄마가 좋아할 것 같았다. 기분이 좋았다. 안을 들여다보니까 나오는 사람도 그렇고, 하는 곳도 그렇고 값이 비싸 보였다. 두꺼운 종이로 만든 안내 책자만 봐도 그랬다. 이런 걸 공짜로 얻어서라도 엄마에게 보여 주게 되니까 기분이 좋았다. 복사기 위를 보니까 이 누런 봉투가 꽤 많이 쌓여 있었다. 아마 여기에 나오는 어머니들께 하나씩 주려나 보다.

## 12월 9일 목요일

# 형이 목 수술을 했다

"얘, 배 안 고파? 이제 아침을 먹어서 어떻게 해."
"그래도 몇 시간 못 자고 왔어. 엄마 목 나았어?"
"뭐, 벌써 나? 꾸준히 먹어야지."
"나도 밥 먹고 약 한 봉지 더 먹을게요."
"아니, 제때에 자고 제때에 밥을 먹어야지."
"신묘장구 읽느라고 잠을 못 자지. 하하하하."
"얘, 이 쪼고만 방에 학생 하나 더 온대. 얘네 시험 치고 1월에 가면 그 때부터 들어오겠대"
"그럼, 쭉 사는 거야?"
"어, 그 때부터 방학에도 다 산대. 개학해도. 지금은 요 아래에서 자취를 하는데, 너무 힘들어서 그런대. 방 보더니 너무 좋다고 그러더라."
"잘 됐네. 며칠 있다가는 또 운동하는 애 한 명 더 온다며?"
"죽을 만하니까 이제 겨우 살겠네. 니가 맨날 신묘장구대다라니경을 열심히 써서 그래. 그걸 열심히 읽으면 뭐든 바라는 게 다 이루어진다니까."

엄마는 정말 그렇게 생각했다. 내가 '신묘장구……'를 같이 읽으니까 하숙생이 많이 왔다고. 그 말이 맞나를 떠나서 그저 기쁘다. 학생들이 방학이라 다 내려가면 어떻게 겨울을 나나 했는데 이제 한시름 놓을 수 있다.

밥을 먹고 내 방으로 돌아왔다. 내가 바깥 바람을 몰고 들어오면 스미는 정신이 없다. 열쇠를 돌려 문을 열 때부터 문 앞에서 귀를 쫑긋하고 있다. 그리고 내가 방 안에 들어서면 냄새를 맡느라고 코를 실룩실룩거린다. 이리 깡충, 저리 깡충 바지를 타고 오르며 코를 들이민다. 내가 안아 주려고 몸을 기울이기라도 하면, 어느 새 녀석의 혀가 내 입 안에 들어왔다 나간다. 에잇, 퉤 퉤. 제 밑구녕까지 핥아 대던 그 혀다. 어찌나 빠른지 미처 내가 고개를 돌릴 겨를이 없다. 더 야단인 건 내가 엄마 집에서 기미, 어진이를 안고 뒹굴다가 올 때다. 스미는 아주 큰일났다는 듯 수선을 피운다. 내 몸을 타고 올라와 온갖 군데에 다 코를 들이민다. 실컷 기미, 어진이를 만져 주고, 빗어 주고, 쓸어 주던 내 손도 마찬가지다. 스미는 내 손을 핥고, 냄새를 맡더니 그것도 모자라 막 깨물어 댔다. 정말 세게 무는 건 아니고, 안 아프게 무는 거다.

스미는 몇 시간, 때로는 반나절씩 요 방 안에 혼자 있다. 이제는 내 말도 잘 알아들어서 내가 시장 갔다 온다 하고 말하면 이불 속에 쏙 들어간다. 그 말 없이는 내가 움직이기라도 하면, 먼저 문 앞으로 뛰어가 깡충깡충 뛴다. 제자리에서 앞발만 들었다가 따닥, 따닥 하며 바닥을 쳤다. 스미가 문을 열어 달라고 말하는 신호다. 그래도 참 신통하지. 시장에 갔다 온다고만 하면 어떻게 아는지 이불에 쏙 들어간다. 애기 주먹만 한 얼굴만 빼꼼 내밀고는 눈을 깜빡깜빡거린다. 그 얼굴은 꼭 무슨 말을 하는 것만 같다. 자기도 같이 데리고 가 달라는 말인 것도 같고, 빨리 들어오라고 하는 얘기인 것도 같고.

스미는 이제 "시장 갔다 올게." 말고 몇 가지 말을 더 알아듣는다. 그 가운데 하나는 "약 바르자."고 하는 말이다. 워낙 몸이 날쌔니까 자기가 피하려고만 하면 얼마든지 달아날 수 있지만, 그러지 않는다. 내가 약 바르자 하고 말하면 몸을 웅크리고 가만 있는다. 목을 뒤로 빼면서 싫다는 표정은 분명히 하고서. 아직도 목이며 등에 수술한 자리들이 많이 흉하다. 그래도 이젠 먹는 약도 다 먹었으니, 내일쯤이면 병원에서 실밥도 뽑고 하겠다. 몸에 있는 푸른 멍들도 많이 없어졌다. 멍이 없어질수록, 물리고 할퀴어진 자국들은 더 눈에 띄었다.

집에 가 밥 먹고 났을 때 엄마는 형이 목 수술하던 때 얘기를 했다. 이 얘기는 어렸을 때부터 아주 여러 번 들은 거다.

"그 때 생각하면 정말 가슴이 아퍼. 하루는 니 형이 와서 그러는 거야. '엄마, 나는 미술이 너무 어려워, 나 미술 학원에 조금만 보내 주면 안 돼?' 하는데 어떻게 해. 니네 아빠는 돈을 한 푼도 남게 주질 않았는데. 목욕탕엘 가고 싶어도 니네 아빠한테 목욕비를 타야 갈 수가 있었어. 연탄도, 연탄이 똑 떨어지면 외상으로 두 장씩 사 왔어. 새끼줄로 묶어서 파는 거 있지? 그걸 들고 오는데 창피하기도 하고 그래서, 아빠한테 그랬지. 연탄 좀 미리 들여다 놓고 살면 좋겠다고. 그랬더니 소리를 지르는 거야. 그러면서 뭐래는 줄 아니? 저기 공사장에 가면 애기 업고도 벽돌 쌓는 여자들이 많다는 거야. 행복한 줄 알라고. 어떻게 그럴 수가 있어? 물론 그런 사람들도 있지만, 자기는 지갑에 돈이 그렇게 있으면서. 자기 위신 세우는 데는 펑펑 쓰고 다니면서. 식당에서도 누가 계산할까 겁나서, 먼저 나가서 돈을 척척 다 내고 다니면서. 그 정도인데 느이 형 학원 얘기를 꺼낼 수가 있니? 너야 내가 우유 배달도 하고 그랬으니까 학원도 여기저기 보내 줄 수 있었지. 니 형은 동네 친구들이 다 다니는 데도 한 번 보내질 못했어. 그러다가 내가 푼돈을 조금씩 모아 놨을 때야. 니 형이 하도 숫기가 없고 해서 태권도를 보냈거든. 근데 형이 와서는 그러는 거야. '엄마, 엄마. 사범님이 나 목 비뚤어졌대.' 그래서 깜짝 놀랐지. 나는 그 때까지는 몰랐거든. 그냥 니 형이 10원만 달라고 할 때, 돈 없다고 혼내고 그랬으니까 늘 그렇게 기가 죽어 있는 줄만 알았지. 기가 죽어서 한쪽으로 목을 숙이고 있는 줄만 알았거든……."

그래서 놀란 엄마는 "기홍아, 너 똑바로 서 봐." 했는데, 정말 형 목이 삐뚤었다고 했다. 엄마는 놀랐다. 그래서 형을 낳았던 그 병원으로 당장 가 보았다. 한쪽 신경이 마비되었다고, 더 어렸으면 마사지로 풀어 줄 수 있었지만 이제는 늦었다고, 당장 수술을 하자고 의사가 말했다. 엄마는 돈이 없었다. 수술비는 30만 원 되는 돈이었고, 그 때 전세 들어 살던 방은 70만 원이었다. 엄마는 아빠에게 사정을 했다. 방을 빼서라도 형 수술을 시켜 주자고. 아빠는 소리를 버럭 질렀다. 지금 사는 방도 손바닥만 한데 어디로 방을 옮기냐고. 엄마는 혼자 애만 끓였다. 형과 나를 베개에 눕히고 보면 나는 목이 그대로 곧은데, 형은 자꾸만 한쪽으로 넘어갔다. 한쪽 턱이 점점 어깨로 붙을 정도로 내려갔다. 엄마는 그걸 보며 눈물만 줄줄줄 흘렸다. 엄마는 그 해 여름에 겨우 돈을 마련했다. 25만 원이다. 계를 들었는데 차례를 뽑아서 1번이 나왔던 거라고 했다. 그 돈으로 수술을 준비하려는데, 아빠는 그걸로 방이나 좀더 넓히자고 했다. 방이 너무 좁으니 누가 와도 창피스럽다고. 엄마는 이 말을 할 때 목울대를 크게 떨었다.

"형이 그 때 3학년이었을 거야. 수술을 하고도 그 뭐지, 턱받이 같은 걸 하고 다녔어. 어, 그래. 목 깁스. 그걸 하고 학교까지 걸어다녔어. 사당동에서 반포까지. 그 때 있는 집 애들은 버스를 타고 가기도 하고, 없는 집 애들은 그냥 걸어서 다니고 그랬잖아. 땀을 뻘뻘 흘리고, 목에 그걸 하고 다녀도 버스 탄다는 말을 한 번도 안 했어. 그리고는 학교 끝나면 혼자 저 고속 터미널 있는 데까지 가서 치료를 받고 오고. 근데 너네들이 커서 그 때를 생각하면 니 형이 섭섭하기도 해. 물론 내가 그 얘기를 많이 하기도 했지. 커서도 볼 때마다. 니 형을 볼 때마다 생각이 나거든.

지금도 자세히 보면 목이 비뚤잖아. 그래서 그 때 얘기를 또 하려고 하면 니 형이 그만 좀 하라잖아. 이제 그 얘기 좀 그만 하라고. 어휴, 내가 얼마나 마음이 아팠으면 그래. 저를 눕혀 놓고 보면서 얼마나 애를 태웠는데……."

엄마는 또 코를 훌쩍였다. 엄마는 어깨가 뻣뻣해지면서 아파 온다고 했다. 뒤로 가서 어깨를 주물렀다.

그렇게 해서 수술을 했지만 그래도 형 목에는 그 모습이 남아 있다. 그래서 지금도 엄마는 형이 사진을 찍거나 옷이라도 맞춰 입으면 목 얘기를 했다. 이렇게 해 보라고. 반대편으로 턱을 당겨 보라고. 사진 찍을 때는 신경을 써서 고개를 바로 보이게 하라고 말이다. 형하고 셋이 걷다가 형이 앞서가면 "기범아, 형 고개가 이쪽으로 비뚤어졌니?", "많이 비뚤었어?" 하고 묻기도 했다. 솔직히 내가 볼 때에는 이제 아무렇지 않은 것처럼 별로 티가 나지 않는데 엄마한테는 아주 조금 남아 있는 흔적도 아주 크게 보이나 보았다. 그러면서 엄마는 그 때 의사가 수술하자고 할 때만 했어도 깨끗하게 바로잡을 수 있는 건데……, 하면서 안타까워했다.

## 엄마가 쓴 살아온 이야기

기홍이 일곱 살 여덟 살 하도 숫기가 없어서 태권도장에 보냈다. 하루는 엄마, 관장님이 나 목이 삐뚜러졌대요. 무어 어디 보자. 차렸. 자세히 보니까 정말 한쪽으로 기우러지고 얼굴이 한편은 짧고. 가슴이 철렁 내려앉는 것을 하루를 지네고 이튿날 낳은 병원을 갔다. 의사 선생님이 서적 책을 찾아보더니 책 속이 사진을 보여 주며 빨리 수술을 해야 한다고 하며 늦으며는 저러케 된다고 책 속의 사진은 사람 목이 한쪽만 자라서 한쪽으로 목이 넘어가 있다. 자라는 아이라 하루가 급하다고 한다. 수술비는 얼마 정도 준비해야 하나요. 30만 원은 준비하라고 한다. 큰일 낫다. 어떻게 단돈 삼만 원도 없는데. 마포에 시외할머니 사시는 집에서 기홍이 아빠를 거기서 만나 병원에 갔다 온 이야기를 했는데 거기서 소리를 지르며 돈이 어디 있냐 니가 이혼을 한다고 해도 수술을 못 한다고 있는데로 소리를 지르는 것이었다. 못 해도 같이 걱정을 해도 속이 상할 터인데. 그리고 집에는 들어오지도 않으니 저녁이면 베개를 바로 비우면 기범이는 편안한데 기홍이는 한쪽으로 기울어진다. 혼자 가슴을 태우며 그 때만 해도 여자들이 돈을 벌 수도 없었다. 지금은 파출부, 식당 일도 있지만 그 때는 정말 막막하기만 했다. 혼자 앉아서 울며 하루가 급한데 봉천동 신을 모시고 보는 집을 가서 어디라도 의지하고 싶었다. 초등 학교 1학년에 발견한 것을 3학년 여름 방학에 하였다.

## 12월 10일 금요일

# 엄마, 이제는 행복하게 살아요

스미를 잠바 품 안에 넣고 먼저 우체국에 갔다가 병원 쪽으로 갔다. 먼저 사료 가게에 들르고 병원으로 갔다.

"좀 어때요?"

"예, 잘 먹고 잘 놀아요. 그 때 가져간 약도 다 먹었어요."

"그럼 뭐, 다 됐어요. 특별히 이상이 있을 때나 다시 오세요. 안 오셔도 되는데."

"약 다 먹으면 오랬잖아요. 실밥도 뽑아야지요."

"아아, 실밥 뽑아야 하나요?"

의사가 정말 미덥지 못했다. 갈 때마다 기분이 나빠져서 돌아오곤 했다. 스미는 치료대에 서자마자 나한테 매달렸다. 스미는 기억하나 보다. 여기에서 받았던 고통을. 의사는 곧 가위와 조그만 손 집게를 들고 왔다. 매듭 진 곳들을 가위로 끊으려고 실밥을 집어 당기려는데, 또 스미가 몸을 비틀어 댔다. 억지로 따라와 몸을 꽉 잡으면 그르렁 소리를 괴롭게 냈고, 못 참겠다는 듯 "끼악." 하는 소리를 내며 몸부림을 쳤다.

"아, 이 녀석 입을 묶어야 되지."

의사는 곧 신발끈 같은 줄을 꺼내어 입을 꽁꽁 묶었다. 다시 나는 스미 머리를 잡았다. 의사는 내가 보기에도 거칠게 실밥을 꼬집어 당겼다. 스미 가 얼마나 힘을 주고 아파하는지 보고 있을 수가 없었다. 나중에 개 환자를 안고 온 다른 사람도 눈을 가렸다. 그 때 치료를 받을 때보다 더했다. 온 힘을 주고 있으니까 정말 얼굴은 터져 버릴 것 같았다. 검은 눈동자도 그대로 터져서 쏟아져 나올 것만 같다. 스미는 눈물까지 줄줄 흘렸다. 나는 얼굴을 돌리면서 더 꽉 잡았다. 어차피 아파야 할 건데 그 때처럼 놓치고 놓치고 하면 더 아프기만 할 테니까. 줄로 묶은 스미 입에서는 거품 같은 침이 부글부글 삐져나왔다. 얼마나 아플까. '스미야, 다 했어. 됐어, 됐어. 조금만 더 참아라.' 의사에게 욕이라도 한 방 먹이고 싶었다. 무슨 의사가 실밥 뽑는 거 하나도 이렇게 끙끙대냐고. 가위질도 자꾸만 헛가위질이다. 스미는 겨우 실밥을 다 뽑았다. 휴. 나는 또 땀투성이가 되었다.

"됐어요. 이제 꼬맨 자리가 붓거나 하면 그 때 오세요. 몸에 서걱서걱하는 소리는 아직도 나요?"

"예, 지금도 만지면 공기 방울 같은 것들이 자글자글 잡혀요."

"그건 워낙에 몸 속에 바람이 많이 들어가 있어서 그래요. 좀 지나면 아마 없어질 거예요."

"저기, 기생충 약들도 좀 지어 주세요. 집에 있는 개들 거까지요."

"지금 애 무게 좀 달아 보실래요?"

스미는 저울에도 안 올라가려고 했다. 내려놓으면 펄쩍펄쩍 뛰어올라 가슴에 매달렸다. 아직도 겁에 질려 있었다. 스미를 안고 다시 내 방으로 돌아왔다.

엄마랑 저녁을 먹었다. 엄마가 스미 밥 먹을 걸 만들었다. 스미는 아직 이렇게 엄마가 밥을 비벼 준다. 약을 먹어서다. 어제까지는 수술한 뒤라서 약을 먹었고, 오늘은 기생충 약을 먹어야 했다. 그냥은 먹일 수가 없으니 밥에 비벼 주는 거다. 사료를 물에 불려서 죽처럼 비빈다. 아까도 이렇게 밥을 비볐다. 그러니까 기미, 어진이가 그 밑에 와서 발발거렸다. 애들도 고기 냄새를 맡고 있을 텐데, 얼마나 먹고 싶겠나. 더구나 지금 어진이는 새끼를 가져서 배까지 잔뜩 불러 오고 있으니 말이다.

"엄마, 어진이 배 좀 봐. 저렇게까지 부른 적이 있어?"

"와, 정말. 이번에는 어진이가 효자 노릇 하겠네. 몇 마리나 나오려고 그러나."

"어진이 새끼 낳는 날이 언제랬지?"

"글쎄, 24일이 낳는 날이거든. 큰일났네. 그러면 적어도 하루 이틀 전부터 배 아프다고 방을 긁고 다닐 텐데."

"엄마, 어머니학교 수료식은 23일이지? 아, 다행이다."

"그래도 그 전날부터 나면 어떻게 해. 애네들은 뒤처리도 못 하는데. 새끼들 나면 그 껍질 터트려 줄 줄도 몰라. 그걸 안 벗겨 주면 숨이 막혀서 죽는단 말이야. 벌써 어진이도 한 번 그랬고, 스미도 그랬잖아. 한번은 뱃속에서 죽어서, 나오는 데를 막았잖아. 그 뒤에 것들도 못 나오고. 그때는 병원까지 가서 얼마나 어렵게 애기들을 받았는데."

"아유, 멍청이들 같으니라고. 다른 애들은 혼자 다 하잖아."

와, 어진이는 크리스마스 이브에 새끼들을 낳겠네. 어진이 배가 다른 때보다 더 불러 오니까 엄마는 반갑다. 강아지 한 마리면 일이십만 원을 받기 때문이다. 애네들은 시간을 일부러 맞추기라도 하는 듯, 방학 때를 번갈아 새끼를 내주었다. 방학 때면 엄마는 늘 돈 때문에 쩔쩔매야 했다. 애네들은 알기라도 하는 것처럼 엄마 시름을 조금 덜어 주는 거다. 애네가 낳는 새끼들은 내 1년 학비를 댈 만큼이나 되었다. 이번에 어진이는 아마 다른 때보다도 한두 마리는 더 낳을 것 같다. 아직 보름이나 남았는데도 배가 터질 것 같다.

방에 엄마랑 같이 앉았다. 물론 기미, 어진이도 옆에 와서 배를 깔고 엎드렸다. 신묘장구대다라니경 써 온 종이를 엄마한테 주었다. 내가 생각해도 날마다 이걸 종이에 한 번씩 쓰는 게 참 기특하다. 사실 이걸 쓸 때마다 엄마한테 갖다 줄 필요는 없지만 그래도 날마다 가져오고 있다. 왠지 엄마한테 나 이렇게 엄마가 시킨 거 하고 있어요, 하고 보이고 싶어 그런가 보다. 엄마는 내가 신묘장구대다라니경 써 온 종이를 보니까 지금 엄마가 쓰고 있는 글이 떠올랐나 보았다. 엄마 얘기는 전에도 들은 대목부터 다시 시작했다. 그래도 엄마 말을 막지 않고 그대로 앉아 들었다. 아마 그 때가 엄마한테는 가장 힘든 때였을 거다. 해도 해도 가슴이 쓸어지지 않는 얘기여서 그럴 거다. 엄마도 마치 이 얘기를 처음 하고 있다는 얼굴이었다. 속속까지 하나하나 다 자세히 설명을 해 보이면서 말이다.

앞에 얘기들은 다 들었던 얘기다. 아빠가 공항 회관에 지배인으로 있으면서 지금 사는 기연 엄마와 좋아 지냈다는 얘기도 다 들은 거긴 하다.

"…… 이제는 니 아빠가 기연 엄마 편지까지 주머니에 넣고 집에 오니까, 어떻게 가만 있겠니. 시골에 있는 그 부모님을 찾아갈까 하다가 그 언니를 찾아간 거지. 어떻게 하냐고, '앞날이 창창한데 말려야지요.' 했지. 그랬더니 그 언니가 고맙다고, 시골 부모님이 알았다가는 누구 하나 죽는다고, 자기를 찾아와 얘기해 줘서 고맙다고, 어떻게 하든지 말리겠다고 해. 그 언니는 참 사람이 된 거야. 그렇게 좋게 말을 하다가 왔는데, 며칠 뒤에 난리가 난 거야. 귀쌈이 번쩍번쩍하는데 숨이 막혀. 그 때 너가 겨우 세 달 되었을 때야. 너 젖을 먹이다가 그렇게 맞은 거야. 나는 애기를 놓칠까 봐 너만 꼭 안고 오는 매를 다 맞았어. 느이 아빠가 하는 욕들은 다 말도 못 해. 입에 담지도 못할 그런 욕들이야. 이년, 쌍년, 죽일 년 하는 건 그래도 양반이지. 나보고 니년이 거길 왜 갔냐고 난리야. 정말 서러운 건 니 할머니야. 한술 더 뜨셔. 니년이 거길 왜 갔냐고 손가락질이야. 어떻게 어른이라는 사람이 그래? 제 아들을 혼내야지. 자기

딸이 나 같았어 봐. 내가 고아고, 그 집에서 수양딸로 살았으니 그렇게 무시를 하는 거지. 그 때만큼 서러울 수가 없어. 근데 느이 할머니가 어땠는 줄 아니? 기연 엄마는 벌써 할머니를 만나고 그랬대. 어떻게 하냐고, 결혼해서 살고 싶다고. 느이 할머니는 그냥 알아서 하랬다는 거야. 그럼 뭐야. 시어머니 될 분까지 허락을 한 거나 마찬가지잖아. 게다가 그 때 기연 엄마도 사당동에 살았는데, 느이 할머니는 그 집부터 둘러봐. '어디, 그 동안 잘 있었니?' 하면서. 손자 둘 하고 며느리 있는 집에는 들리지도 않고. 그러니 아빠하고 같이 난리지. 죽일 년, 살릴 년 하고 있는데, 느이 작은아빠가 들어왔어. 그 때 고등 학생이었어. 니 아빠가 뭐라는 줄 아니? 니 작은아빠를 불러 앉히더니 '야, 너도 이년 알지? 이년 초등 학교도 못 다닌 무식한 년이야. 너두 이년이 얼마나 무식한 줄 알지?' 하는 거야. 아니, 내가 못 배운 걸 누가 몰랐나? 아니, 내가 무슨 행패라도 부리고 왔어? 남편이라는 사람이 애기 우유값도 안 주고 벌써 딴살림을 차리려고 하는데, 그 언니를 찾아가 말도 못 해? 알면서도 몇 달을 참다가 겨우 찾아가서 정중하게 부탁을 하듯이 말하고 온 게, 그게 잘못한 거야? 거기서 그 어린 시동생 앞에서 나를 그렇게 무시하고, '무식한 년'이라고 하느냐. 내가 배우질 못한 거야 맞지만, 그게 무슨 큰 잘못이야. 나는 느이 아빠가 결혼하자고 할 때도, 배운 것도 없고 집안도 그렇다고 했는데. 그 때는 그게 무슨 상관이냐고 그렇게 감싸 주더니. 얘, 나는 그러고도 그 다음 날도 새벽에 느이 작은아빠를 깨워서 도시락도 다 싸 주고 학교를 보냈다. 내가 그렇게 바보같이 살았어. 아무 말도 못 하고······."

엄마는 울었다. 한참 목이 떨려 말을 못 했다.

"······ 그래도 엄마는 느이 아빠가 임시 저러다 말겠지, 다시 돌아오겠지 했어. 외박은 보통 나흘씩, 닷새씩 되었어. 마음으로는 그러다 말겠지 했지만, 밤에 잠을 잘 수가 없는 거야. 밖에 문 소리만 나면 가슴이 덜컥 덜컥 내려앉아. 이제나저제나 하면서 가슴만 발발발 조였지. 언제 들어오겠다, 안 들어오겠다 소리도 없었으니까. 시계 소리가 째깍째깍 들리면 가슴도 그 소리처럼 발랑발랑하는 거야. 그 때는 통행 금지가 있었잖아. 열두 시가 되기 전까지는 늘 그러고만 있어. 그러다가 사이렌이 앵 하고 나면, 그 때야 안 들어오는구나 했지. 그래도 밤새도록 잠을 못 자. 너무 허리가 아팠어. 낮에는 일하고 움직이느라 아픈 걸 몰랐지만, 밤만 되면 허리가 아파서 잠을 잘 수가 없었어. 이쪽으로도 누워 봤다가, 다시 뒤척여서 누워 봤다가 그렇게 끙끙대다가 날이 새고 그랬어. 아마 그 때 생긴 허리 병이 지금까지 오는 걸 거야. 그러다가 우유 배달을 하니까 허리 아픈 건 좀 없더라. 아예 니 아빠가 안 들어올 걸로 포기를 했지. 어떻게든 살아야겠으니까 하루 종일 우유 배달하고 거기에 신경을 쓰니까, 그 때부터는 잠이 잘 와. 힘드니까……."

엄마는 벌써 얼굴이 벌겋게 부어 있었다. 가슴 아픈 얘기, 속이 상한 얘기를 하고 있으니 엄마는 또 어깨와 뒷목이 뻣뻣해지면서 아픈 것 같았다. 그래서 어깨를 좀 만져 드리려 하니 엄마가 이번에는 허리까지 아프다면서 허리 좀 눌러 달라고 했다. 그래서 엄마가 엎드리게 한 뒤에 등뼈를 따라 허리까지 꾹꾹 눌렀다. 내가 누를 때마다 윽윽 하는 소리가 새어 나왔다.

엄마 얘기가 멎을 때쯤에 내가 엄마 뒤로 갔다. 어깨를 주물렀다. 엄마가 어깨말고 허리 좀 눌러 달라고 했다. 갑자기 허리 쪽이 더 아파 왔나 보다. 예전에 단학 선원에서 배운 대로 했다. 등뼈를 따라 꾹꾹 눌렀다. 그리고 허리께를 두 손으로 꾹꾹 눌렀다. 엄마가 됐다고 했고, 그만 일어나 이불을 펴려는데 엄마는 엎드려서 얼마나 울었는지 방바닥에도 눈물이 질척했다. 엄마, 이제는 행복하게 살아요.

## 엄마가 쓴 살아온 이야기

12월 크리스마스 하루 외박을 하드니 번쩍 하면 안 들어오곤 한다. 그 때부터 외박이 시작되었다. 그러더니 돈도 안 주고 모양만 낸다. 거동이 수상해도 잠시게지 하고 있었다. (……) 기범이 낳고 한 달 반쯤 되였다. 두 주에 3일, 4일은 안 들어온다. 혼자 생각다 못해 그 부근에 한 분이 언니가 산다고 해서 하루는 언니를 찾아갔다. (……) 아이 아빠하고 집 동생하고 자주 만나고 그런 사이 아시느냐고, 동생을 위해서도 말려 달라고 했다. (……) 그리고 며칠 후 저녁에 들어와서 밥상을 들고 들어갔는데 귀싸데기 치며 이년이 망신을 주고 다녔다며 눈에서 불이 번쩍번쩍 후려치며 (……) 아기 우유가 떨어졌는데 돈을 안 주고, 어머니 용돈 쓰세요 듬북듬북 드리며, 그 때 정말 살고 싶지 않았다.

## 12월 12일 일요일

## 우유 배달하던 엄마

엄마는 상 앞에 앉아 있었다. 어머니학교 숙제를 하고 있는 모양이었다.
"엄마, 어제 구경 잘 하고 왔어?"
"어. 그게 혼자 하는 판소리더라구. 젊은 여자가 혼잣소리를 하고, 북 쳐주는 이 하나가 있고. 아주 잘해."
"재밌어요?"
"참 재미있어. 심청이 얘기는 다 아는 얘기잖아. 그걸 가지고 하니까 그 얘기를 다 알겠어. 심 봉사가 어쩌구저쩌구하고, 뺑덕 어미가 또 어째어째 했더라 하는 게 너무 재미있어. 같이 구경 간 엄마들이 아들보고 잘 봤다고 얘기해 달래. 고맙다고."
엄마는 정말 재미있게 보고 왔는지 다녀온 얘기를 한참 했다.
공연은 모두 다섯 시간이나 했다고 했다. 엄마는 공연이 처음 시작하고 졸음이 너무 쏟아져서 참지 못했다고 했다. 아무리 참으려고 해도 고개가 떨어져 꾸벅꾸벅 졸았다고 했다. 1부 공연이 끝나 바깥으로 나오니까 떡이며 과일, 식혜, 수정과 같은 다과상이 차려져 있어 그걸 먹고 들어갔는데 2부 공연부터는 아주 재미있어서 잠이 싹 달아났다고 했다. 같이 간 외숙모나 다른 아주머니도 2부가 정말 재미있었다고 했다. 아주 흥이 나면서 절로 신이 나고, 또 그렇게 웃길 수가 없다며 말이다. 그러면서 엄마는 공연에서 배웠다는 노래도 기억해서 해 보았다. 아마 판소리 극 안에서 구경하는 사람들하고 같이 따라 부르게 한 노래가 있었나 보았다.

엄마는 하던 숙제를 했다. 또 가려 쓰는 낱말, 외워 가야 할 낱말들이다. 그리고 무슨 초등 학생 교과서에 있는 '일기' 단원이 복사되어 있다. 일기 글이 하나 있고 그 뒤에는 '일기에 날짜를 쓰면 어떤 점이 좋나요?' 하는 문제들이 있다. '영수는 ……를 했나요?' 하는 식으로 내용을 묻는 문제들도 이어졌다. 참 속상했다. 이 이상한 국어 공부들을 어떻게 해야 하나. 그때 일기 쓰기에 대한 책까지 일부러 갖다 드리긴 했는데. 정말 어떻게 해야 잘하는 건지 모르겠다. 하지만 이런 얘기를 엄마한테까지 할 수는 없었다. 마음 같아서는 그 숙제들 다 안 하셔도 된다고 하고 싶지만 그건 엄마를 더 어렵게만 할 거다.

"엄마, 그냥 한 번 정도씩 읽어 봐요. 일기는 그냥 엄마가 쓰던 대로 쓰는 거야. 엄마가 쓰고 싶은 대로. 억지로 그렇게 쓰려고 하면 아무 할 말도 생각 안 나고 더 어렵게 돼요."

저녁을 먹으러 집에 갔을 때에도 엄마는 상에 앉아 숙제를 하고 있었다.
"얘, '누굴 만난다.' 할 때, '만'에 무슨 받침이니?"
"만난다고 할 때는 니은이지요."
"니은이지? 아유, 썼다가 괜히 지웠네. 지읒인가 하고. 그냥 하면 생각이 잘 나다가도 쓰다가 보면 자꾸 헷갈리네."
나는 엄마가 또 무슨 짧은글짓기를 하려니 했다. 속으로 '아휴, 또 저런 숙제야?' 하고 말하면서.
"얘, 이게 말이 되나 봐라. 쓰다 보면 말이 안 되고 이상해."

"에이, 또 왜 그래요. 말하고 싶은 그대로만 쓰면 안 되는 말이 없어요."
"이것 좀 봐 봐. 말이 되나."
엄마 상 앞으로 바짝 가서 앉았다. 글 짓는 숙제인 줄 알았더니, 그게 아니다. 편지였다. 아까 낮에는 '일기'에 대한 문제를 풀더니, 이제는 편지다. 아마 갈래별 글쓰기를 그런 식으로 하고 있나 보았다. 엄마네 반은 점점 글짓기로 간다고 하더니 말이다.
"말이 뭐가 안 돼요? 이렇게 쓰면 되는 거예요."
"에이, 뭐가 그래. 두서도 없고. 여기 배우는 것처럼 안부도 없고 그런데."
"무슨 두서. 편지가 뭐 별건가. 그냥 엄마가 말하는 대로 쓰시면 되지. 엄마 예전에도 편지 보냈잖아. 나 훈련소 있을 때도 보내고. 편지 쓰는 걸 뭘 배워요. 여기 이런 식대로 쓰려고 하면 더 못 써요. 그냥 쓰고 싶은 대로 쓰는 거예요."
"그렇게 써도 돼? 이상한 것 같은데."
"아니에요. 아주 잘 썼대두요."
엄마랑 이런 말들이 오갔지만, 그보다 나는 편지에 담긴 내용이 더 감동이었다. 엄마는 이모에게 편지를 썼다. 포천에 사는, 엄마보다 열세 살 많은, 피난 나와서는 엄마에게 '엄마' 같았던, 엄마에게 모질게 대했던 그 이모다. 엄마의 큰언니다.

언니에게
언니 그 동안 안녕하셨어요. 저도 잘 지내고 있습니다.
기홍이도 회사에 잘 다니고 있어요. 며느리는 공무원 시험 공부 열심히 하고 있어요. 기범이는 하고자 하는 일이 너무 많아서 아직 시작은 못 하고 있어요. 지금 매일 동화 쓰느라고 매일 밤을 새고 새벽에 잠을 자면 아침을 12시나 되어서

먹고 설거지 다 해 놓고 갑니다. 저는 요즘 너무 바쁘게
살고 있어요. 서울 어머니학교를 다니면서 글을 배우고 있어요.
재미있고 보람을 느끼고 있습니다. 언니 원망도 많이 했었지요.
지금은 모두가 내 복이 없어서 세월을 잘못 만난 것을
누구를 원망하겠어요. 지금 생각하니 언니에게 미안한 생각이 듭니다.
언니 제 걱정 하지 마세요. 두 아들들이 착하고 특히 기범이가
아주 착합니다. 언니 무릎이 많이 아프시다더니 요즘은
어떠신지요? 날씨가 추운데 몸조심하시고 안녕히 계세요.

"얘, 그만 하고 저거나 좀 다듬고 가자."
"뭔데요? 지금이 몇 신데?"
"몇 시가 무슨 상관이야. 일거리가 잔뜩인데."
엄마와 부엌으로 나갔다. 미나리와 파를 다듬었다. 마늘을 깠다. 시간은 어느덧 열두 시도 넘고, 한 시가 되었다. 그 동안 엄마는 이모네 얘기부터 우유 배달하던 시절 얘기, 사당동 살던 얘기들을 해 주셨다. 물론 그 얘기들에서도 아빠에 대한 기억은 빠지지 않았다.

엄마는 전에도 들려주었던 이모에게 설움받던 얘기를 했다. 그러더니, "얘, 그래도 자식한테는 그 성질이 다 없어지나 보더라." 했다. 이모네 집 형들, 누나에게는 엄마한테 하듯 안 했다는 소리다. 그 대신 형들, 누나를 야단칠 때는 꼭 이런 소리를 했다고 한다. "니네 이모는 열세 살 때부터……", "기홍 에미는 어땠는 줄 알아?……" 하는 말들이다. 엄마는 웃었는데, 그게 무슨 뜻이었을까. 그제라도 알아주니 기분이 좋다는 걸까, 아니면 여전히 섭섭한 마음이 그대로 웃음으로 나왔을까.

그 다음에는 우유 배달 얘기다. 이모네 형들, 누나도 모두 엄마가 소개해서 우유 배달을 했다고. 외숙모도 했고, 참 많이들 했다고 한다. 그 때 한 동네에서 우유 배달을 하던 엄마, 외숙모, 세은이 엄마, 재인이 엄마 들

이 다 이제는 하숙을 친다는 것도 참 재미있다.

"처음에 우유 배달 시작할 때가 어땠는지 아니? 너가 여섯 살 먹었을 때야. 사당동에 살 때. 그 동네에 우유 돌리는 아줌마 하나가 있었어. 그 아줌마를 볼 때마다 물어 봤어. 그 일 좀 하고 싶다고, 어떻게 시작하면 되느냐고. 그랬더니 그 아줌마가 막 말려. 내가 겉으로는 약해 보이고, 힘든 일을 못 하게 보였나 봐. 그 일은 아무나 못 하는 거래. '젊은 엄마는 못 해. 억센 사람도 하다가 못 하는 일이야.' 하는 거야. 그래서 그랬지. 아줌마도 하는데 나는 왜 못 하냐고, 나도 할 수 있다고. 그래서 그 아줌마가 시켜 준 일이야. 그 아줌마가 갯마을에서 반포 아파트까지를 맡고 있었는데, 자기가 하던 데를 뚝 떼어서 나한테 해 보라고 하더라고. 그래서 갯마을을 내가 맡아 돌렸어. 그러니까 니가 망아지 새끼모양 졸졸졸 쫓아다니면서 좋아하더라. 그냥 뒤를 졸졸졸······."

"내가? 나 여섯 살이었다면서. 근데 내가 새벽에도 다 쫓아다녀?"

"새벽에야 한참 쫓아 나오다가는 말았지. 그 때도 따라나서겠다고 얼마나 그랬는 줄 몰라. 새벽에 말고, 우유 다 돌리고 오면 그랬거든. 내가 집에 들렀다가 남는 우유를 팔러 나갈 때, 니가 그냥 쫓아오는 거야. 아무리 오지 말라고, 집에 가 있으라고 그래도 계속 따라 나와. 그러면서 '우리 엄마 요구르트 장사한다.' 하고 아주 동네 사람들을 다 들으라고 소리를 치면서 신이 나 자랑을 하는 거야. 그냥 망아지 새끼가 따로 없어. 뭐가 그렇게 좋은지. 그러다가 느이 아빠가 들어오니까 그래. '아빠, 우리 엄마 요구르트 장사한다.' 또 신이 나서 하는 소리야."

"아이고, 그럼 내가 그렇게 까불어서 아빠가 알게 된 거야? 아빠는 그 전에 잘 몰랐고?"

"그치. 너가 종알대니까 안 거지. 그러더니 니 아빠가 무게를 잡으면서 그러더라. 자기 위신도 있고 내 위신도 있고 하니까 그만두라고. 그 때 '우유 배달' 하면 가장 밑바닥 일로 쳤거든. 지금에야 누가 그 일을 한다고 하면 열심히 사는구나 하지만, 그 때는 안 그랬어. 아주 낮추보고, 뒤에서 말들을 했어. 그러니까 니 아빠도 양심이 있을 거 아니야. 자기는 딴살림 차려서 살고, 애들 엄마는 돈이 없어서 우유 배달한다는 소리 듣게 생겼으니까. 그 때 엄마가 뭐랬는지 아니? 아유, 아유. 그 때는 정말 생각할수록 내가 바보였어. 지금 생각에는 '당신이 돈 안 주니까 그거라도 해서 돈을 벌려고 한다.'고 말을 하면 좋았을 텐데 병신같이 그 말도 못 했어. '남들은 일부러 돈 주고도 운동하러 다니는데, 운동도 되고 좋지 뭘 그래요······.' 하고 말았던 거야."

"그래서 그만뒀어? 안 그만뒀잖아."

"그치. 처음에는 갯마을에서 우유를 돌리기 시작한 거지. 그런데 일반 주택가는 힘만 더 들고, 우유가 적어. 아파트는 쭉 내려오면서 많이 넣지만, 그냥 주택가는 그 무거운 구르마를 밀고 언덕배기를 한참 올라야 한 집 겨우 나오고, 또 한참 가야 한 집이 있고 하잖아. 그렇게 한 달을 하니까 8만 원이 생기는 거야. 그 돈을 보고 있으니까 얼마나 기쁘던지. 느이 아빠가 겨우 손에 쥐어 주던 게 8만 원이었거든. 단돈 만 원이라도 어디서 번다면 기뻤을 텐데, 그게 어디야? 내 손으로 돈을 번다는 게 너무 기뻤어. 그래서 너랑 너 형을 시장에 데리고 가서 아래위로 청바지, 청 잠바를 사 입히고 했어. 그렇게 사 입히니까 얼마나 기뻐. 그 다음부터는 조금씩 자리를 넓혔지. 반포 아파트 쪽에도 가서 한 거야. 그 다음 달에는 12만 원이 생긴 거야. 와, 이젠 사는데 겁이 안 나더라고. 너희 둘 데리고 살 자신이 생기는 거야. 처음에는 모자도 폭 눌러쓰고 다녔다. 누가 볼까 봐. 반포에 가면 더 그랬어. 누구 느이 아빠 친구라도 만나게 될까 봐. 그게 또 망신시키니 어쩌니 하면서 일을 만들까 봐 그랬지. 나중에는 그냥 떳떳한 거야. 내가 무슨 도둑질을 하고 다녔나 뭐. 그냥 우유차를 끌고 다녔지. 내 어깨가 뭉친 게 그 때 생긴 거야. 우유가 다 쓰러질까 봐 밀차를 꽉 쥐고 가다 보면 손도 다 안 펴져. 힘들었지."

"나도 그거 조금 알아. 나도 신문 배달할 때 신문 구르마를 끌고 언덕에 오르다 보면 손가락이 안 펴지더라구. 그냥 쥐고 있던 대로 딱 굳어 있어."
"그렇게 해서 돈을 번 거야. 조금조금 계를 들었지. 근데 그 윗집에 생각나니? 고속버스 운전하던 이 살던 집. 나중에는 중국집도 하고 그랬잖아. 그 집에 돈을 빌려 줬어. 그 때 돈 3백만 원이면 지금은 3천만 원도 더 돼. 그 돈을 안 갚는 거야. 그이들이 그 때 중국집도 하면서 선거 때 사람들 막 먹이고 그랬거든. 근데 그 쪽 후보가 떨어졌어. 그랬다고 돈이 들어올 데가 없다고 안 주네. 그걸 아빠한테 얘기했더니 느이 아빠 성질에 가만 있니? 아주 그 집에 가서 사람들 눈물을 쏙 빼게 했지. 우리 기홍 엄마가 어떻게 해서 모은 돈인데 그 돈을 떼어먹냐고 막 소리소리를 질렀지. 그리고는 그 남편 되는 이 월급에 압류를 넣은 거야. 월급이 나오면 우리 돈부터 갚게. 다달이 15만 원씩. 내가 그 사람 월급날마다 그 버스 회사로 갔어. 인감도장을 들고. 그랬는데 하루는 느이 아빠가 그런다. 자기 사무실이 가까우니까 자기가 받아 오겠다고. 나보고 인감도장을 달래. 그래서 줬지. 아마 다는 못 받고, 백5십만 원 정도를 받았을 거야. 그러더니 느이 아빠가 그 돈을 안 줘. 뭐래는지 참 말도 안 나와. '니가 새벽에 애새끼들 내팽개치고 밖으로 다닌 죄를 어떻게 갚을래?' 하는 거야. 정말 기가 막혀. 아니, 자기는 아예 딴살림까지 차리고 있으면서. 집에는 한 달 가야 겨우 며칠 들어오면서. 내가 먹고 살겠다고 새벽에 일을 하니까 자식새끼들 내팽겨쳤다고? 그 죄를 뭘로 보상하냐고? 그러더니 그 돈은 못 준대. 그러더니 느이 형 나중에 대학 가면 등록금으로 쓴대. 그 때도 나는 말 한 마디 못 했어. 그러라고 했지. 어디 다른 데 쓴다는 것도 아닌데……."
"나중에는 엄마가 우유 판 돈으로 연립 주택도 사고 그랬잖아요."
"처음에는 전세로 갔다가 야금야금 산 거지. 그 때는 우유 돌리는 데 선수가 된 거야. 처음에는 빙그레 우유를 했는데, 롯데 우유가 막 새로 나올 때였어. 롯데 대리점 사장이 자기네 우유 좀 돌리라고 부탁을 하는 거야. 그래서 글로 옮겼지. 그러니까 빙그레에서는 난리가 난 거야. 내가 돌리던 집들은 다 우유를 바꿀 거 아니야. 빙그레 걸 먹다가 롯데 걸로. 그러니까 빙그레 대리점 사장이 집에도 몇 번이나 찾아오고. 한번은 그 사람이 집에 왔는데, 느이 아빠가 막 소리를 질렀어. 그렇다고 그 사람이 그렇게 경우 없이 말하지는 않았거든. 자기네 사정 얘기를 하고 그랬지. 그래도 느이 아빠는 막 야단을 쳐. 집에까지 와서 뭐 하는 거냐, 어쩌냐 하면서. 그랬더니 그 사람이 말 한 마디 못 하고 가대. 어쨌든 나는 빙그레에서 마지막 달 돌린 우유값을 받아야 하잖아. 수금을 해서 원금은 빙그레 대리점에 줘야 하고. 그래서 수금을 하러 집집마다 다니는데, 아줌마들이 수군수군해. 벌써 대리점에서 돈을 받아 갔다는 거야. 그래서 아줌마들이 왜 대리점에서 직접 받아가요 하니까 그 사람이 그랬대. 우유를 돌리던 아줌마가 그 동안 수금한 돈도 잘 입금을 안 하고, 빚도 많이 진 사람이라서 그러는 거라고. 그래서 대리점에서 직접 걷어 가는 거라고. 갑자기 나를 무슨 도둑년이나 빚쟁이로 만든 거야."
"엄마, 근데 왜 옮겼던 거야? 하던 걸로 계속하지 않고? 무슨 보너스 돈을 받아서 간 거야?"
"아니, 그런 건 없었어. 그 때 롯데 우유가 막 선전을 해대고, 대우가 더 좋다니까 갔지. 실제로도 그 대리점 사장이 참 잘했어. 판촉 경쟁을 붙여서 1등 하면 달마다 쌀 한 가마니를 주기도 하고, 금반지를 주기도 하고. 먹고살기 힘든데 이왕이면 돈을 더 주는 데로 갈 생각이었지. 그런데 그 대리점 사장도 참 나빠. 처음에는 내가 잘하니까 '박 여사님, 박 여사님.' 하더니, 나중에는 좀 못하면 회의 시간에 그렇게 망신을 줘. 이게 뭐냐고."
"엄마, 우유 배달을 해도 회의 같은 걸 해? 요새는 그런 거 없지 않나?"

"몰라. 그 때는 툭하면 교육이다, 판매원 회의다 했거든. 그런 자리에서 아주 망신을 줘. 사실 내가 먹어도 롯데 우유는 맛이 별로였거든. 고소한 맛도 덜하고 비리고. 그래도 처음에는 사람들이 그렇게 열심히 판촉을 해서 롯데 우유를 많이 먹게 했는데, 나중에는 다 떨어져 나갔어. 솔직히 맛이 별로거든. 뭐 요새는 그냥 우유만 돌려 주면 된다더라. 그 때처럼 회의니 교육이니 그런 건 없고. 아직도 거기서 우유 돌리는 아줌마가 하나 있는데, 그이는 이제 배짱이래. 서울 우유를 돌리는데도 어느 집에서 연세 우유를 달래면 그걸 갖다 주고, 건국 우유를 달래면 그걸 갖다 주고. 대리점 눈치 안 보고 이 대리점, 저 대리점에서 다 받아다가 필요한 대로 돌린대. 그래서 지금은 3백만 원도 더 번다고 하더라."

"와, 엄마, 나도 우유를 돌려야 되겠네."

"얘, 그게 아무나 그런 줄 아니? 그이는 벌써 그 동네에서만 이십오 년, 삼십 년이 되었으니 그렇지. 집집마다 다 그 아줌마를 아니까. 너는 왜 그런 것만 한다고 그러는지, 참……."

한 시가 넘어갔다.

"엄마, 나는 여자로 태어날걸 그랬어."

"또 이상한 소리. 여자가 뭐가 좋냐?"

"아니야, 나는 성격도 그 쪽이고 아무래도 잘못 달고 나왔나 봐. 내 성격이나 내 마음에는 내가 여자였다면 지금 더 잘 살 것 같애. 집에서 엄마랑 하숙집 일도 같이 하고."

"으유, 으유, 쯧쯧쯧……."

"엄마, 이 동네에 남자가 하숙 치는 집도 있어? 그냥 아줌마가 하는 거도 와 주는 거말고."

"왜, 하숙 치게?"

"헤헤헤. 엄마한테 배운 걸 해야지. 우유 배달이나 하숙 치는 일처럼."

"뭐 할 게 없다고 자꾸 그 소리만 해?"

엄마는 어그그그 하면서 허리를 펴고 일어났다. 나도 오래 쪼그려 있었더니 허리가 아팠다. 엄마 이부자리를 펴 드리고 나왔더니 한 시 반이다. 엄마는 새벽에 일어날 걱정을 했다.

## 엄마가 쓴 살아온 이야기

우유 배달한 지 한 달이 되어 수금해서 입금하고 나니 8만 원 정도 남었어요. 그 때 한 달 생활비를 8만 원 애들 아버지한테 탔는데 너무 가슴이 뿌듯하고 나도 돈을 벌 수 있다는 게 너무 기분이 좋았다. 시장에 가서 아들 둘을 청바지 청 잠바를 사서 입히고 열심히 했지요. 그러다 주택은 너무 힘들고 수입도 적고 해서 자리를 옮겨 구밤포로 갔지요. 방배동에서 새벽에 구르마에 잔득 싫고 밀고 가다가 팔이 아파서 쉬며는 꽉 잡았던 손이 펴지지를 안아서 한참 손을 손끼리 부비며 손을 주무르고 또 밀고 가곤 했지요. (……) 남는 우유 파는 게 제일 힘들엇어요. 우리 우유 안 넣는 집 벨을 눌러 우유 몇 개만 사세요 하면 어떤 집은 화를 내며 문을 꽝 하고 닫고 어던 집은 몇 개 사시고 팔아 주시면 너무 고마운 마음이 들지요.

## 12월 13일 월요일

# 몇십 년을 기다려 온 공부인데

"여보세요. 어? 박기범 선생님. 왜 아직 집에 계세요?"

조혜영 선생님이다. 시계를 보니까 여덟 시 십오 분. 미쳤다. 이렇게 정신이 없이 자다니.

몸이 땀으로 흠뻑 젖었다. 대충 옷을 걸치고 뛰어나갔다. 택시를 잡아 탔다. 어머니들은 벌써 기다리고 있을 텐데. 공부 시간을 이렇게 넘기다니 처음이었다. 택시 안에서도 가슴이 발랑발랑했다. 약에 취해서 자는 바람에 시계 소리도 못 들었나 보다. 김순영 어머니는 벌써 세 시간 전부터 와 계셨을 텐데. 박영옥 어머니는 성남에서, 신을분 어머니는 일을 마치고, 김석순 어머니는 공장에서 부랴부랴 달려와 계실 텐데. 이런, 잠을 자다가 늦어 버리다니. 택시가 신설동에 닿았을 때는 여덟 시 삼십 분. 그나마 택시가 고맙다. 삼십 분 지각이다.

"아유, 우리 슨상님 이제 오시네."

"선생님, 차가 많이 막히지요?"

"나는 선생님이 왜 안 오나 했지."

"선생님, 지금 숙제하고 있었어요."

네 어머니가 다 와 계셨다. 이렇게 교실이 꽉 차는 날도 많지 않은데, 오늘따라 다 나온 거다. 환한 어머니들 얼굴을 보니까 더 미안했다. 얼굴을 들 수가 없었다.

"어머니들, 죄송해요. 제가 몸이 좀 안 좋아서 그랬어요."

"괜찮아요, 선생님. 많이 아파요?"

"아니요, 조금 그래요."

"우리야 많이 빠져 묵었지. 선생님이 힘들지. 한 명이 나와도 선생님은 쉴 수가 없잖아. 아니 어떻게 하지? 약 좀 사다 주까?"

"아니에요. 약 먹었어요. 정말 죄송해요."

어머니들은 따뜻하게 맞아 주었다. 너무너무 고맙다. 내가 어떻게 이랬을까.

"어머니, 그럼 바로 공부 시작해요. 늦게 왔으니까 오늘 더 열심히 해요."

어머니들과 공부를 시작했다. 자쟈저져조죠주쥬즈지. 내가 칠판에 쓰자, 어머니들이 목소리를 맞춰 읽었다. 어머니들이 만든 글자 공부 타령이다. "자이쟈 저이져 조이죠 주이쥬······." 어머니들은 더 많이 웃었다. 얼굴들이 더 크고 밝았다.

'자'부터 어머니들이 쓰는 낱말을 불렀다. 자식, 자동차, 자리, 과자······.

"선생님, '자랑'도 '자' 자가 들어가지요?"

"예, 맞아요. 그럼 '자랑' 한번 써 보세요."

"'자' 자는 쓰겠는데 '랑' 자가 어떻게 되더라."

"어머니들 '라면'은 쓰시잖아요. 그 '라' 자에다가 '엉' 하는 받침 쓰면 되는데."

"엉 받침이 뭐지? 기역인가?"

"에이, 기역은 '윽' 하는 받침이잖아요. '엉' 하고 '윽' 하고 똑같이 혀뿌리가 목구멍을 막아요. 한번 해 보세요. '엉'. 그 다음에 '윽' 해 보세요."

"'엉'은 길게 울리고, '윽'은 딱 끝나네."

"그렇지요? 그 '엉'이 이응 받침이고, '윽' 소리로 끝나는 게 기역 받침이에요."

"아이, 맨날 들어도 또 이렇게 잊어쌌네."

"어머니, 그러면 자랑에 대해서 써 볼래요? 어머니들이 어디 가면 자랑하고 그러는 얘기요. 그런 거 한번 써 봐요."

처음에 어머니들은 자랑할 게 어딨냐고 했다. 내가 손주 얘기를 꺼내니까 그 때부터 얘기가 시작되었다. 김순영 어머니는 손주들이 가장 큰 자랑이라고 했다. 다른 어머니들도 "그렇지, 손주가 자랑이지." 했다. 그리고는 공책에다가 어머니들이 쓰고 싶은 대로 자랑을 쓰기로 했다.

김순영 어머니는 역시 손주들을 썼다. "나는 우리 손주들을 제일 자랑하고 싶습니다." 박영옥 어머니 공책도 가까이 가서 보았다. 어머니가 쓴 걸 보니 아 정말, 하면서 웃음이 나왔다. 좋았다. 박영옥 어머니는 "나는 노래를 잘하는 게 나의 자랑입니다."라고 썼다. 신을분, 김석순 어머니는 뭘 써야 할지 모르겠다고 했다. 신을분 어머니는 한참을 망설이더니 "나도 손주나 자랑해야겠다." 하며, 김순영 어머니와 비슷하게 썼다. 김석순 어머니도 그랬다.

나는 괜히 그런 얘기를 꺼내었나 싶었다. 자랑이 얼른 떠오르지 않는 어머니들, 신을분 어머니와 김석순 어머니를 보면서 이 느낌이 들었다. 혹시 또 내가 그분들 마음을 건드렸나 싶었다. 정말 조심해야겠다. 자랑이 많은 사람, 칭찬받을 게 많은 사람, 복이 많은 사람보다 그렇지 않은 사람들을 더 앞에 두고 생각해야 하는데. 상처 입은 사람, 마음이 아픈 사람, 좋은 일보다 힘든 일이 더 많은 사람들부터 말이다.

"'누구야 자자.' 하는 것도 '자' 자가 들어가지요?"

"네."

"그것도 써 보실래요? 그 앞에다가 쓰고 싶은 사람 이름 넣어서 해 보세요."

"아람아, 자자."

"여보야, 자자."

"영감, 잡시다."

"'잡시다' 할 때는요, 입 모양이 달라지지요. 그럼 달라진 대로 쓰시는 거예요."

'주' 자에 가서는 '주책'도 꺼내졌고, '주정뱅이'도 불렀다. "저 여편네 주책이야.", "야, 이 주정뱅이 영감아. 술 좀 작작 묵어라." 어머니들 입에서 나오는 말을 썼다. 쓰면서는 너무 재미있어들 하셨다. 즐겁게 공부하니까 참 좋다. 어머니들이 웃으시니 정말 좋다. 이제는 뭘 쓰자고 해도 "아이, 난 못 써. 내가 그걸 어떻게 써?" 하며 겁내지 않는다. 그냥 쓰고 본다. 틀릴 수도 있고, 아주 엉뚱한 글자들을 그려 놓을 때도 있다. 하지만 자꾸 틀리면서도 자기 입에서 나오는 얘기를 써 보다 보면 어느덧 글자들이 눈에 익고 손에 익어 갔다. 그건 억지로 외우듯 연습해서 겁먹고 쓰는 받아쓰기와는 다르다. 쓰고 싶어서 쓰는 얘기, 내가 늘 하던 말, 재미있어서 쓰는 얘기 들이다. 내가 하는 말이 그대로 글이 된다는 것, 그리고 그걸 내 손으로 쓰고 있다는 기쁨, 그것이 어머니들을 쓰게 만든다.

늦게 시작한 탓도 있겠지만 오늘은 분위기가 더 좋아 그랬는지 공부 시간이 금세 다 지나갔다.

"선생님, 나는 내일 올지, 못 올지 모르겠네요."

"왜요? 신을분 어머니 내일은 지방으로 일 가요?"

"내일은 청평으로 일을 가요."

"몇 시에 끝나세요? 너무 힘들지 않으면 늦게라도 오세요."

"모르지. 여섯 시 전에만 일이 끝나면 삼십 분이라도 공부를 하고 가겠는데, 너무 멀잖어. 큰일이네. 자꾸 일 때문에 빠지니까 내가 제일 늦나 봐. 이래서 국문을 언제 다 깨칠까?"

신을분 어머니가 하는 말을 들으니 갑자기 미안한 마음이 다시 솟아올랐다. 저렇게라도 공부해 보시려고 애를 쓰는데 오늘 같은 날은 내가 늦게 오기까지 했으니 말이다.

어머니들은 가방을 챙겨 들고 일어섰다. 김석순 어머니는 몸이 뻐근하고 아프다고 했다.

"어유, 죽겠어. 공부고 뭐고 이젠 몸이 다 말을 안 들어."

"어머니, 그럼 우리 내일부터는 공부하다가 십 분씩은 서로 안마해 주기로 할까요?"

"싫어. 그나저나 몸이 이래서 내일은 또 어떻게 나오나. 이제 주책 그만 떨고 그만 나올까?"

김순영 어머니가 끼어들었다.

"아니, 저 고향 언니가 이 동상한테 혼나야겠네. 안 나오긴 뭘 안 나와. 나와야지."

"이봐, 동상. 내 나이 돼 봐라, 몸이 을매나 죽겠는지."

한바탕 웃음을 터뜨리면서 교실을 나섰다.

집에 들어가니 엄마는 자고 있었다. 이불도 깔지 않고 그대로 방바닥에 누워서. 내가 들어가니까 엄마는 그제야 눈을 떴다.

"엄마, 이불 깔고 자지 그래요?"

"어휴, 너무 힘들어서 그래."

"왜요? 어디 아파요?"

"머리가 지끈지끈 아파. 공부를 그만두던지 해야지."

엄마 공책을 보았다. 가려 쓰는 말들이 있다. '있다'와 '잊다', '잇다'처럼. 이런 것들이 스무 개는 더 넘는다. 이것들을 가려서 짧은글짓기를 지어 오라는 거다. 엄마는 머리가 지끈 아프다고 했다. 공부를 그만둬야 할까 생각했다.

"엄마, 그런 거 안 해도 돼요."
"이것들도 다 못 하겠어."

또 있다. 문제 풀듯이 '이'와 '히'를 가려 넣는 거다. '조용(히)', '가만(히)', '반듯(이)' 같은 것들이다. 그것도 삼십 문제 정도가 있다. 정말 왜 이런 걸 하는지 모르겠다. 왜 공부에 마음을 쏟는 어머니들마저도 공부를 멀리하게 만드나.

"엄마, 이렇게 머리 아파 가면서까지 숙제하지 않아도 돼요. 그냥 쉬어요."
"그래도 어떻게 안 해 가니? 숙제로 내준 건데."
"에이, 처음에야 억지로 할 수 있는지 모르지만 그렇게 자꾸 하다 보면 공부만 더 하기 싫어진다니까. 괜히 공부가 어렵다 생각되고."
"그래, 우리 반도 다 그랬잖아. 처음에 같이 공부 시작한 사람들 다 그만뒀어. 나 혼자만 남고. 맨날 그 어려운 것들을 하니까 '저걸 언제 배우나.', '언제나 나도 제대로 써 보나.' 하다가는 '에이, 그냥 살자.' 하는 거야. '예순도 넘게 이렇게 살았는데.' 하면서."
"그래요. 엄마도 선생님께 말해 봐요. 엄마들이 보통 그렇다고. 엄마들이 그런 말을 하면 선생님들이 더 고민하지요. 뭘 어떻게 잘 가르칠까 하구요."
"나는 엊그제 공연 가서 배운 그런 게 더 좋아. 우리 가락도 배우고, 흥도 나고."
"정말요, 그런 노래들 한 자리씩 배우고 노랫말도 써 보고 하는 것도 좋겠다. 엄마들 좋아하는 가락이니까."

엄마는 다 하고 자야 한다면서 학교에서 받아 온 인쇄물을 보며 씨름을 했다. 비슷하고 헷갈려서 틀리기 쉬울 만한 글자들을 놓고 그걸 똑바로 가리느라고. 내가 일어나 나올 때까지도 엄마는 계속 머리가 지끈지끈 아프다고 했다.

## 12월 20일 일요일

# 어머니학교 마지막 공부 시간

날씨가 한참 추워졌다. 벌써 12월 20일. 다른 해에도 이맘때면 연말 분위기로 시끌시끌하겠지만 올해는 1999년이라는 숫자 때문에 더 그렇다. 벌써부터 텔레비전이나 라디오에서는 켜기만 하면 그 얘기들이다. 길을 다녀도 가게마다 눈길을 끌려고 내다 붙인 광고지 같은 데도 마찬가지다. 밀레니엄이 어떻다 했고, 이십 세기 마지막이 어떻다 했다.

며칠 동안 일기를 쓰지 않았다. 그 사이 나는 몇 번의 송년식 자리를 못 갔고, 아니 안 갔고, 집에서만 지냈다. 나는 하루 세 끼씩을 모두 엄마 집에 가서 엄마와 먹었다. 엄마는 날마다 조금씩이라도 글쓰기를 더 하셨고, 미처 글에다 다 쏟지 못한 얘기들을 나에게 해 주었다. 나는 엄마 얘기를 더 속속들이 들었고, 엄마를 볼 때면 가슴이 뜨거워졌다. 부쩍 엄마와 나는 세상에 둘도 없는 어머니, 아들 사이처럼 지내게 되었다. 나는 날마다 지붕 마당에 나가서 줄넘기를 했고, 엄마가 준 '신묘장구대다라니'를 한 번씩 썼다. 그리고 그걸 써서 엄마에게 줄 때는 '신묘장구……' 아래에 뭐라고 짧은 편지를 썼다. 이제는 엄마에게 정을 표현하는 게 쑥스럽지 않다.

밤이면 엄마가 아프다는 말이 없어도 자연히 엄마 어깨를 주물렀고, 엄마 이부자리를 펴 드리고 나서야 내 방으로 돌아왔다. 방학이 되면서 하숙방이 빌 걱정을 하던 엄마는 곧 마음을 놓을 수 있었다. 이삼 일 사이에 하숙생들은 다투어 방을 보러 왔다. 아예 겨울 방학부터 살겠다고 오는 학생들, 짐을 맡겨 두는 방값을 내고 내려갔다가 봄에 오겠다는 학생들, 짐을 두고 간 방에서라도 한두 달 살겠다고 오는 학생들이 방을 꽉 채웠다. 오히려 방이 모자랐다. 엄마는 "너가 신묘장구대다라니를 날마다 써서 일이 잘 되었구나." 하고 기뻐했고, 그게 아니더라도 나는 좋았다. 어진이는 점점 배가 불러서 꼭 베개를 안고 다니는 것 같았고, 기미는 늘 슬픈 눈으로 돌아다녔다. 내 방에 있는 스미는 더 이상 나에게는 없어서는 안 될 친구가 되었다. 엄마는 이제 사흘 뒤면 어진이 새끼들을 받는다. 어진이는 코를 킁킁 밀고 다니면서 방바닥을 긁어 댔고, 기미는 그런 어진이를 핥아 주었다. 형수는 봄에 있을 시험 준비를 열심히 했고, 형하고는 밥 먹는 시간이 맞질 않아서 그 동안 얼굴도 마주치지 못했다.

저녁에는 어머니학교에 다녀왔다. 밤에 공부를 하는 반은 내일이 수료식이니 오늘이 마지막 공부다. 나는 버스에 올라타서야 챙겨 오지 않은 것들이 생각났다. 오늘 마지막 공부 시간에는 홍영녀 할머니가 쓴 '무남이 이야기'도 들려 드리고, 전에 이송희 선생님이 준 할머니들이 쓴 글도 읽어 드리려 했다. 아직 우리 반 어머니들이 살아온 얘기라거나 어떤 긴 글을 쓸 정도는 안 되지만 그래도 꼭 읽어 드리고 싶었던 거다. 더욱이 이제 이번 학기에서는 마지막이고 하니까 글쓰기에 대한 자신감을 넣어 드리고 싶었다. 지난 여섯 달 동안 다 하지 못한 얘기들도 풀어 내는 시간을 가지려 했다. 그런데 그만 깜빡 빠뜨렸다.

교실에 들어가니까 김순영 어머니가 손뼉으로 맞았다. 기분이 좋았다. 나도 함께 손뼉을 치며 반가워했다. 박영옥 어머니는 그 모습이 재미있다고 웃었다. 박영옥 어머니와 김순영 어머니는 앞뒤로 바짝 붙어 앉아 있었다. 난로도 가까이 끌어다 놓고. 박영옥 어머니는 뒤를 돌아 뭔가 소곤소곤하는 것처럼 말이다.

"어머니들, 무슨 얘기를 그렇게 재미나게 하고 있었어요?"

"아니요. 그냥 이 아주머니 글씨 많이 늘었다고요."

"우리 선생님 좋다 얘기 하고 있었지, 뭐."

"어어? 두 분밖에 안 오셨네요. 김석순 어머니는 좀 있으면 오시려나? 신을분 어머니도 아직이고."

"글쎄, 왜들 안 와? 이 동상한테 혼나야겠구만."

"아참, 김순영 어머니. 손명월 어머니한테 전화하셨어요?"

"누구?"

"마석 사는 어머니 말이에요."

"어, 전화 번호를 어디다 썼는지 몰라. 이제 안 나오겠지. 왜 전화를 하래?"

"어머니하고 전화하고 싶대요. 이따가 공부 끝나면 교무실에서 하고 가세요. 손명월 어머니도 내일 오신댔단 말이에요. 어머니들 내일이 무슨 날인지 아시지요?"

"알지. 내일은 우리 신나게 놀아야지."

"박영옥 어머니도 아세요? 내일로 옮겼어요. 지난 시간에 안 나오셨잖아요."

"예, 지금 들었어요. 근데 왜 내일로 바꿨어요?"

"박영옥 어머니 때문에 그랬지요. 박영옥 어머니, 23일에는 어디 송년회 있다면서요?"

"에이, 뭘 저 때문에 바꿔요."

"진짜라니까요. 우리는 몇 사람 안 되니까 서로 물어 봐서 맞춘 거예요. 내일 박영옥 어머니 노래 한 곡 준비해 오세요. 다른 선생님들 앞에서도 실력 발휘해야지요. 아저씨도 내일 꽃 사들고 오신대요?"
"아니, 못 와요. 부대 일이 많대요."
"에에이. 어머니들 내일은 어머니들 드실 음식 조금씩 싸 오세요. 그냥 앉아서 먹을 만큼 조금씩만요."
"안 그래도 지금 그 얘기들 하고 있었어요. 뭘 준비하나."

이렇게 한 십 분을 더 내일 있을 수료식 얘기를 했다. 김순영 어머니는 지난 학기에 한 번 해 본 수료식 얘기를 꺼내 놨고, 박영옥 어머니는 이런 건 생전 처음이라며 들떠했다. 나도 들떴다. 내가 함께 공부한 우리 어머니들이 드디어 수료식을 하는구나.

"와, 저는요. 벌써 어머니들하고 한 학기 공부를 다 했다고 생각하니까 막 기분이 이상하고 그래요."
"나도 그래. 어유, 우리 오늘은 공부하지 말고 그 얘기들이나 하다가 가자."
"음……. 그러면요, 지금 막 하고 싶은 얘기들 있잖아요, 그 얘기를 공책에다 그대로 써 보기로 해요."
"공책에다가요?"
"어유, 나는 못 쓰는데."
"아니에요, 왜 못 써요? 다 쓸 수 있어요. 김순영 어머니는 학교 다니면서 뭐가 가장 좋았어요?"
"나야 선생님 얼굴 보고 웃고 공부한 게 제일이지."
"그러면 힘든 거는요?"
"힘든 거? 없어. 힘든 게 뭐 있어?"
"에이, 그래두요. 다니면서 속상했던 거나 뭐가 잘 안 돼서 어려웠던 거 없었어요?"
"없어."
"교실이 너무 춥기도 하고, 공부하느라 잠도 못 주무셨잖아요."

"춥긴 뭘 춥다고. 잠도 여기 오면 한숨 자다 공부하는데. 나는 여기가 집 같애. 아주 정말 집같이 편했어."

"박영옥 어머니는 좋았던 거랑 힘들었던 게 어떤 거예요? 다치고 아파서 못 나오기도 했잖아요."

"나는 공부한다는 게 너무 좋았어요. 힘든 거는 뭐 없었어요."

"어머니들 가만 생각하면 우리 재미있던 일들도 참 많았잖아요. 같이 나가서 떡볶이도 사 먹고, 공부 시간에 배꼽을 쥐며 웃고, 노래방에도 같이 가고. 그런 것들을 한번 떠올려 보세요. 그 가운데서 가장 먼저 떠오르는 것들 있지요? 그 얘기들을 그냥 글씨로 그대로 쓴다 생각하세요. 김순영 어머니는 그 부산에 사는 친구 분한테 얘기하는 기분으로 생각해 봐요. '나는 어머니학교를 다니는데…….' 하면서요. 그러면 들려주고 싶은 얘기가 참 많지요? 예, 그것들을 쓰는 거예요. 박영옥 어머니도 집에 가면 아저씨한테 여기 얘기들 하고 그러시죠? 우스웠던 일, 재미났던 일, 다니면서 어려운 일, 그때 그때 드는 기분들이요. 그걸 그대로 쓰면 돼요."

박영옥 어머니가 먼저 아아, 하면서 연필을 쥐었다. 공책 앞에 어깨를 웅크리고는 곧 뭔가에 빠져들어 깊이 생각하는 모습이었다. 뒷자리에 앉은 김순영 어머니도 공책에 책받침을 바꿔 끼웠다. "와, 내가 쓸 수 있을까. 나도 한번 써 봐야겠네." 하고 쓰기를 시작했다.

와, 어머니들이 정말 썼다. 쓰기 시작했다. 내가 그걸 어떻게 쓰냐고 아예 고개를 설레설레할 줄 알았는데 그게 아니다. 바로 얼마 전까지만 해도 이렇지 않았다. 워낙 처음부터 누가 불러 주는 걸 그대로 듣고 쓰는 거에만 길들여져 온 어머니들이라 다른 건 뭘 써 볼 엄두도 내지 않았다. 한 줄짜리 짧은글쓰기를 해 보라 해도, 어머니들은 "난 못 해.", "내가, 우리가 그걸 어떻게 써?" 하면서 겁부터 냈다. 겨우 몇 주 전부터야 한 줄 정도를 그냥저냥 써 오고 있었다. 이럴 줄은 몰랐다. 어머니들은 아주 진지했다. 분위기도 받아쓰기를 할 때와는 아예 딴판이다. 받아쓰기할 때는 한 글자만 가지고도 "뭐라고요?", "다시 불러 봐요.", "……라고 쓰면 돼요?" 하면서 네다섯 번씩 되물었다. '했습니다' 하거나 '했다'를 쓰거나 '합니다'를 써도 크게 나쁠 것은 없는데도 어머니들은 '했습니다' 자리에 '했다'를 쓰면 크게 틀렸다고 생각했다. 그거야 받아쓰기 보기 글을 부르는 교사에 따라서 말은 쉽게 바뀌는 거지만, 불러 주는 대로 따라 쓰기만 해 온 어머니들은 꼭 부른 대로에 갇혀 있었다. 아주 짧은 말도 교사가 불러서 쓰면 맞고, 나오는 대로 쓰면 이상할 거라는 생각이 배어 있었다. 두 줄이 넘는 긴 문장은 받아 써도, 스스로 얘기한 말을 그대로 옮기라면 아주 어려워했다. 그런데 아까 어머니들은 정말 달랐다. 처음이랑은 정말 달라졌다. 그 동안 낱말을 스스로 찾아보며 그 낱말에 대해 돌아가면서 한 마디씩 하면서 그걸 쓰던 시간이 어머니들에게 자신감을 준 걸까?

십 분이 지나가도 얘기가 한 마디 없다. 우리 교실에서 이래 본 적이 없다. 받아쓰기를 해도 "뭐요?", "뭐라고요?" 소리가 끊이지 않았는데, 너무 조용했다. 어색하기까지 할 정도였다. 나는 정말 눈물이 나올 것처럼 기뻤다. 눈가가 떨리면서 뜨거워진다는 게 느껴졌다. 어머니들은 손가락을 꼬물꼬물하면서 연필을 주물러 대었다. 곰곰이 생각한 다음에는 한 글자 한 글자를 정성껏 썼다. 마치 어린아이 같았다. 어쩜 그렇게 애들 같던지 너무 예쁘고 사랑스러웠다. 나는 가슴이 벅차오르고, 떨리고 흥분되어서 어쩔 줄을 몰랐다. 그 조용한 시간을 차마 깰 수가 없었다. 그리고 삼십 분이 그대로 지났다.

"이리 와서 선생님이 한번 봐 봐. 맞게 썼나 모르겠네."

"왜요, 다 쓰셨어요? 먼저 끝까지 다 써 봐요. 그리고 나서 이따가 잘못 쓴 글자가 있는지 같이 살펴보기로 하구요."

"나는 여기 다니는 걸 며느리가 몰라. 같이 사는 둘째 며느리만 알아. 며느리들이 알면 창피하잖아. 그래서 일부러 말 안 했어. 그래서 막내며

느리가 맨날 그래. '어머니, 왜 밤마다 전화를 그렇게 안 받아요? 어디를 그렇게 다니세요?' 그러면 나는 니가 알아서 뭐 하냐고, 놀러 다닌다고 그러지. 근데 이제 동두천 사는 큰며느리도 알았어. 둘째가 말을 했나 봐. 아직도 막내는 모르고. 큰며느리는 '어머니, 우리 집에 좀 한번 놀러 와요.' 하고 전화를 하는 거야. 이제 아니까 나는 '나 공부하니까 못 가.' 하고서 하하하 웃어. 큰며느리도 막 웃어. 그러면 큰며느리가 '어머니, 좀 많이 배웠어요? 힘드시지요?' 하는 거야. 내가 그러지. 알기는 뭘 아냐고. 그냥 놀러 다니는 거라고. 그러면 또 둘이 죽겠다고 웃지. 우리 영감은 알긴 알아도 뭐 묻지도 않어. 아들은 한 번씩 그러지. '어머니, 많이 배웠어요?', '어디까지 읽어요?' 그러면 나는 '야, 너덜 보기 창피하다.' 하고. 또 아들, 며느리는 '어머니, 창피하기는 뭐가 창피해요. 옛날에는 다 그랬죠. 그러니까 부지런히 배워요.' 하는 거야. 그러니까 나는 맨날 며느리한테 못 간다고 하지. 여기 나와서 공부하느라 못 가."

김순영 어머니는 학교 다닌 얘기를 쓰다 보니까 식구들이 먼저 떠오르는가 보았다. 언제나 둥글둥글 웃는 얼굴에 장난이 많아 재미있는 김순영 어머니가 들려주는 얘기를 들으니 그 식구들이 보인다. 어느 정도 그려졌다. 김순영 어머니가 그렇듯 다른 식구들도 다들 재미있게, 서로에게 웃어주며 따뜻하게 지내는 것 같았다. 이렇게 김순영 어머니가 한참 얘기를 하는 동안에도 박영옥 어머니는 열심히 쓰기만 했다. 그 모습이 얼마나 진지했는지 옆에 폭탄이 떨어지더라도 연필 쥔 그 모습 그대로일 것만 같았다.

"더 써요? 이거 말로 하라면 얼마든지 하겠는데, 아휴."

"어머니, 그냥 말하듯이 쓰세요. 지금도 하고 싶은 말 아주 많잖아요. 그냥 말 나오는 대로 천천히 한 글자 한 글자 쓰세요. 잘 못 쓰겠는 글자 때문에 오래 막히면 그건 제가 가르쳐 드릴게요. 하고 싶은 말들을 그대로 써 보세요."

"우리 며느리는 착하다. '착하다'는 어떻게 써야 하지?"

나는 칠판에다 '착하다'를 써 드렸다. 어려운 글자도 아니고, 공부 시간에 벌써 여러 번 써 본 거다. 하지만 이 글자 때문에 막혀 있게 되면 안 되겠다 생각했다. 받침 설명을 따로 하지도 않고 그냥 칠판에다가 썼다.

"어제 아래께는 우리 손주 생일이었어. 내가 내복 한 벌 사다 주니까 그렇게 좋아해. 며느리도 그렇게 좋아하고, 유상이도 아주 좋아서 신이 났어."

"유상이가 아람이 동생이랬지요?"

"그렇지 동생이지. 며칠 전부터 손주 생일인데 뭘 살까, 뭘 살까 하다가 내복을 샀거든. 그랬더니 아람이가 옆에 있다가 '할머니, 내 거는?' 하는 거야. 그래서 '야, 너는 생일 아니잖아.' 했지. 나는 손주가 그렇게 좋아해서 기분이 너무 좋았어."

김순영 어머니 얼굴은 정말 흐뭇해 보였다. 마치 지금 내복을 들고 좋아하는 유상이를 앞에 두고 보는 것처럼.

"선생님, 들어 봐요. '우리 며느리는 착한데, 시어머니는 애도 안 봐 주고, 일도 안 도와 주고, 공부한다고 놀러만 댕기고.' 하, 이거 이렇게 쓰면 되나?"

"어머니가 무슨 놀러만 다녀요? 새벽부터 힘들게 일하다가 여기 와서 늦게까지 공부하다 가는데. 그걸 어렵다 생각 마시고 맨 앞에서 말한 대로 한 글자씩 써요. '우리'부터요."

"'시어머니'는 어떻게 쓰지?"

"에이. 어머니 쓰실 줄 알잖아요. '어머니' 쓸 수 있지요? 그 앞에 '시'자 쓰면 '시어머니'잖아요. 안 써 본 말이 나왔다고 겁내지 말아요. 한 글자씩 보면 어머니가 다 써 보기도 했고, 쓸 수도 있어요."

"아아, 이렇게 쓰는구나."

"그러면 '나이가 많아서 무슨 주책으로 댕기나.' 이걸 써야 되는데, 이걸 어떻게 써?"
"그것도 소리대로 쓰세요. 자, '나이가'부터요."
"'주책'을 써야 되는데, '주책'이 안 돼."
"어머? 그것도 어머니가 다 잘 쓰시던 건데. '주'는요, 지난 시간에 했잖아요. '주머니', '주전자' 하는 거요. '자이쟈 저이져 조이죠 주이쥬' 할 때 '주' 자요. '책' 자도 '책상', '공책' 할 때 많이 써 봤지요?"

그 동안에도 박영옥 어머니는 쓰는 데에만 모든 걸 쏟고 있었다. 지우개를 문질러 지우기도 하고, '호호' 하며 가루를 불어 냈다. 서른일곱 해를 살면서 처음 해 보는 글쓰기다. 그 모습을 그대로 담아서 누구에게라도 보이고 싶은 정도였다. 두 어깨가 안쪽으로 잔뜩 오므라져 있었고, 연필을 단단하게 쥐었다. 가끔은 머리도 한 번 긁적이는데, 그 모습이 정말 진지했다. 몇 걸음 건너로 넘겨보는데 와, 벌써 반 쪽이 넘었다. 나는 가까이로 가서 어머니들이 쓰는 공책을 내려다보았다. 나는 발을 동동 구르고 펄쩍 펄쩍 뛰었다. 그곳이 교실만 아니었으면 정말 소리라도 지르고 싶었다. 하지만 그럴 수는 없으니 혼자 조그맣게 손뼉을 치면서 '와아 와아.' 했다.

"와, 너무 잘 썼다."
"잘 썼어요? 나도 '와와', 너무 좋아."
"선생님, 제 거는 많이 틀렸지요?"
"아니에요. 너무 잘 썼어요. 이걸 어떡하나. 이렇게 좋아서 막 아무 소리가 터져 나올 것 같은데 소리 한번 못 지르고……."

나는 공부 시간에 농담으로 말하던 것처럼 이제 그만 졸업하시라고 했다. 정말로 칭찬해 드리고 싶을 때마다 장난으로 하는 말이었다. 이 때에도 그 말을 하니까 박영옥 어머니가 여전히 공책에서는 눈도 안 뗀 채 글씨를 쓰면서 아주 진지하게 말했다.

"근데요, 선생님……. 제발…… 졸업만 시키지 마세요."

물론 박영옥 어머니도 내가 농담을 한 거라는 건 알고 있었다. 그래서 박영옥 어머니도 농담으로 대꾸한 거지만 참 듣기 좋았다. 처음에는 내가 "졸업하셔야겠네요." 하고 말을 하면 어머니들은 "어우, 안 돼요. 더 배워야 해요.", "졸업시키면 안 돼요." 하고 겁을 냈다. 정말로 졸업을 해야 한다고 생각했기 때문이다. 그럴 때 어머니들 눈빛이며 얼굴은 정말 초등 학교 1학년을 다니는 아이 같았다. 박영옥 어머니는 그 한 마디를 했다가도 다시 집중하여 무언가를 쓰다가 손을 들고 물었다.

"선생님 비읍이 울린다고 했어요, 미음이 울린다고 했어요? 비읍은 안 울리죠?"

"예, 비읍은 '읍' 하는 받침이잖아요. '밥'은 딱 끝나고, '밤' 하면 길게 울리고."

"그러면 '고맙다'에서 '맙'은 비읍이네요."

"네, 맞아요."

오늘따라 어머니들이 알아듣기도 너무 잘한다. 하나하나가 너무 좋으시다. 너무 고맙다.

"선생님, '공부하고, 버스 타고, 집에 가서, 동네에 드가서, 가게에 가서, 과자를 사서, 손주에게 사 줬다.' 하면 이걸 어떻게 써?"

"한 번에 딱 쓰려고 하니까 어려워 보이지 하나도 안 어려워요. 말이 조금 길면 처음 소리부터 하나하나 천천히 쓰면 돼요. '공부한다'는 말은 어머니가 잘 쓰던 거잖아요. 거기부터 천천히 써요."

"나는요, 이 때 기분이 정말 좋아. 내가 여기서 공부하고, 과자 사 가면 손주들이 그렇게 좋아해. 내가 학교 끝나고 오기만을 기다리고 있어. 뭐 안 사 가는 날이면 내 가방을 막 열어 봐. 학교 마치고 과자 사 갔을 때 좋아하면 그렇게 기분이 좋아."

정말 김순영 어머니 얘기를 듣고 있으니 정말 그렇겠다 싶었다. 김순영 어머니는 또 손주 생각에 푹 빠졌다. 박영옥 어머니는 벌써 한 쪽을 다 채웠다. 책받침을 옆쪽으로 옮겨 끼웠다. 나는 줄곧 너무 좋아서 어쩔 줄을 모르겠다. 이 좋은 기분을 마음껏 다 터뜨려 내지도 못하니까 가슴만 발랑발랑했다. 아우, 너무 좋아서 정말 소리라도 지르고 싶은데, 그걸 참자니 미치겠다. 그래서 교실 뒤로 가서 혼자 팔짝팔짝 뛰면서 말을 했다.

"와, 어머니들 정말 너무 잘 써요. 너무 좋아서 이걸 어째요?"

그랬더니 김순영 어머니도 나를 따라서 두 팔을 번쩍 만세를 했다.

"좋아요? 나도 너무 좋아. 와!"

아, 너무 좋았다. 정말 좋았다.

"'가게' 하면 '게' 자는 안에 '게' 자야, 바깥에 '개' 자야?"

"안에 '게' 자 쓰시면 돼요."

"가게 가서 무슨 과자를 샀더라, 그 때. 아고, 뭐지? 이름을 잘 모르겠네. 그게, 그게 뭐더라. 아, 새우깡이다. 맞다. 새우깡. 근데 '깡'은 또 어떻게 쓰더라?"

"'까마귀'의 '까'에다가요. '엉' 하는 받침 쓰면 되잖아요."

"아아, 이렇게 쓰면 되네."

"'친구들하고 이야기를 합니다.'에서 '들' 자를 어떻게 쓰더라? '드'에다 '리을' 쓰면 되는가?"

"와하하. 정말 오늘은 왜 그렇게 잘하세요? 그건 어머니가 쓸 때마다 틀리던 자였잖아요. 해해해."

"참 쓸라카니까 너무 말이 많이 나오네."

그전에는 우리 반 어머니들하고 글쓰기를 하려면 아직도 멀었다고 생각했다. 그래서 급한 마음에 미리 한숨을 쉬기도 했다. 이 어머니들하고 꼭 글쓰기를 해 보고 싶다고 생각했기 때문이다. 언제쯤, 언제쯤 하며 멀다고만 여겼는데 이렇게 글을 쓰신다. 너무나 즐거이, 기뻐하면서 쓰고 있다. 하고 싶은 말을 손이 다 따라가지 못하는 걸 안타까워하면서.

"어머니, 저는 방학도 없고 계속 같이 했으면 좋겠어요."

"방학도 있어요?"

"아아, 내일 수료식하면 새 학기 시작하는 1월까지 쉬잖아요. 그래야 한 주일밖에 안 되지만요."

"방학도 있구나. 방학이 있다는 생각은 못 했어요."

"방학도 있어야지요. 요 옆에 있는 교감 선생님은 1년 내내 아침부터 저녁 늦게까지 학교에 나와 있잖아요. 저만 같아도 우리 공부하는 시간에 잠깐 나오지만요. 그러니까 한 1주일 방학할 때라도 잠깐 쉬어야지요."

"아아, 그런데 교감 선생님 아직 결혼 안 했죠?"

"네. 아직 안 했어요."

결혼 얘기를 꺼내고 나니까 박영옥 어머니는 처음 오던 날이 생각났나 보았다.

"교감 선생님이요, 저 처음 오던 날에 저한테 '아직 결혼 안 하셨죠?' 하는 거예요. 쿡쿡쿡."

"그게 뭐가 우스워요? 어머니 나이트 가서는 결혼 안 했다고 한다면서요."

박영옥 어머니는 막 웃는다.

"아이, 그런데 가서야 그러는 거죠. 거기 가서도 어떻게 아줌마 티를 내요? 결혼했다고 하면 부킹 같은 것도 안 해 줘요."

박영옥 어머니는 부끄럽다는 듯 웃음을 이어 가며 말했다. 나도 막 재미있다고 웃는다. 박영옥 어머니가 이런 얘기를 하면 아주 재미있고 좋았다. 또래 젊은 엄마들하고 술 마시러 다니는 얘기, 노래방, 나이트 다니는 얘기를 많이 했다. 솔직히 나는 그 전까지 나이트클럽 같은 곳을 다닌다 하면 굉장히 퇴폐스런 분위기가 먼저 떠올랐다. 하지만 박영옥 어머니가 들려주는 얘기를 들어 보며 꼭 그런 게 아니라는 걸 알았다. 오히려 박영옥 어머니처럼 아주 순진한 사람도 즐겨 다닌다는 것까지 말이다. 정말 춤을 추면서 재미나게 놀고 싶어하는 그 마음이다. 그리고 그렇게 춤을 추면서 즐거워하는 마음. 그래서 나는 그런 얘기가 나오면 장난으로 놀려 대기도 했다. 내가 아저씨한테 이를 거라고 말을 하면 박영옥 어머니는 큰일난다는 얼굴로 안 된다고 손사래를 쳤다. 어머니는 꼭 사춘기 여학생이 부모님 몰래 놀러 다니는 것처럼 나이트에 가는 것만큼은 남편이 모르게 했다. 하지만 거기에 나쁜 뜻이 있어서 그런 게 아니라는 걸 안다. 박영옥 어머니네 부부 사이가 얼마나 좋은지는 벌써 아주 잘 알기 때문이다. 무엇보다 박영옥 어머니는, 무슨 아이 키우는 아줌마가 저렇게 어리숙할까 싶을 정도로 마음이 순진하고 순박하다.

"우리 아저씨 알면 저 혼나지요. 동네 아줌마들하고 같이 갔다 와서는 그냥 노래방 갔다 왔다고 해요. 근데 선생님, '아푸' 할 때 '푸'는 어떻게 써요?"

그 얘기를 하면서도 박영옥 어머니는 계속 글자를 쓰느라 공책만 보고 있었다.

"어디가 '아프다' 할 때요?"

"아니요. 앞으로 뭘 하겠다 하는 '앞으로'요."

"아, 여기 이렇게 써요. 우리 그 때 했지요? '앞', '옆' 하는 건 피읖 받침 쓴다고요. '앞'에 있는 피읖이 이어져 올라가서 '프처럼 소리가 나는 거예요."

"젊은 엄마야, 근데 뭘 쓰느라 그래? 신랑한테 편지 쓰나? 사랑하는 그대여, 그대는 나를 얼마나 사랑하시나요. 날마다 봐도 나는 그대를 얼마나 보고 싶은지 몰라요······."

갑자기 김순영 어머니가 간지러운 대사를 읊었다. 목소리까지 제법 가늘고 나긋나긋 흉내를 냈다. 또 무슨 장난스런 마음일까. 정말 개구지시다. 나이 육십이 넘어서 '사랑하는 그대여. 그대는······.'을 간드러지게 읊는 모습이라니. 내가 물었다.

"편지예요?"

김순영 어머니는 대답 대신 앞자리를 기웃했다.

"아니, 젊은 엄마가 그렇게 쓰고 있냐구."
"아이고, 저는 아주머니가 무슨 시를 읊나 했잖아요. 저는 그런 말 못 해요. 우리 남편이 얼마나 무뚝뚝한데요. 저번에 내가 한번 사랑한다고 했더니 그게 무슨 소리냐고 말을 뚝 돌리잖아요. 이거, 내가 받아쓰기한 공책 있잖아요. 하루는 남편한테 보여 줬거든요. 그 때 썼던 것 중에 하나가 '나는 남편을 좋아한다.'였어요. 남편이 그걸 보더니 좋은지 씨익 웃대요. 그냥 '열심히 해 봐라.' 하면서요. 그런데 내가 무슨 그런 편지를 해요?"
"아유, 나는 편지 한번 쓰는 게 소원이 돼 놔서 그래. 내가 하도 공부를 못 한 게 한이 돼서, 공부해서 편지 한번 쓰려고."
"예. 저도 정말 왜 그 때 배우지 못했나 해요. 편지도 쓰고 싶고. 근데 아줌마, 아주머니 때문에 지금 무슨 얘기를 쓰고 있었는지 다 잊어 먹었잖아요."
박영옥 어머니는 어려서 못 배운 원망을 떠올리다가 친정 어머니가 생각났나 보다.
"지금 제가 여기 다니는 걸 알구요. 요새는 친정 엄마가 맨날 전화를 해요. '알아듣겠냐? 오늘은 잘하고 왔냐?' 하면서, '그래, 내가 그 때 안 가르쳐서 미안하다.' 하구요. 저는 엄마 좋으시라고 '엄마, 저 오늘 학교에서 선생님한테 제일 잘했다고 칭찬받았어요. 나중에 엄마한테 편지도 쓸게요.' 하고 말을 해요. 정말 엄마한테 편지 쓰고 싶어요."
"아유, 나는 언제 많이 배워 가지고 편지를 좔좔좔 쓸까."
어머니들은 그 때가 너무 멀게만 느껴지나 보다. 편지야 지금 쓰는 정도만으로도 쓰면 되는데. 그 답답한 마음을 내가 알까? 어머니들은 곧 다시 공책으로 돌아갔다. 김순영 어머니는 또 한 문장을 마쳤는지 나를 보셨다.
"와, 이래 써 가면 책 한 권 쓰겠다. 날마다 이래 쓰면 책 한 권 금방 안 나오겠나."

"어머니, 저는 그 동안 중에서 오늘이 정말 가장 기뻐요."
"왜? 선생님, 뭐가 그렇게 좋아요?"
"전에는요, 불러 주는 대로만 쓰셨잖아요. 오늘은 그게 아니라 어머니들이 하고 싶은 말들만을 이렇게 쓰고 있잖아요. 그게 너무너무 좋아요."
"나도 내가 이렇게 써 놓으니까 너무 좋아. 와하하하하."
"저는요, 정말 아무도 없으면 소리라도 지르고 싶어요. 이렇게 두 팔도 쫙 뻗고요."
"와, 벌써 애기 엄마는 두 쪽이 다 돼 가네."
"저는 뜨문뜨문 썼잖아요."
"김순영 어머니도 한 쪽을 다 쓰셨네요. 와아, 여기에 더 써요."
나는 책받침을 옮겨 드렸다.
"그럼, 더 써야지. 하고 싶은 말이 너무 많아."
김순영 어머니가 그 순하면서 개구쟁이 같은 얼굴로 나를 봤다. 나는 너무 좋고 고마운 마음이 일어 김순영 어머니를 꼭 껴안았다. 김순영 어머니도 같이 안았다. '어구, 우리 이쁜 선생님.' 하면서 '아유, 좋아.'를 했다. 정말 좋았다.

교실이 너무 추웠다. 칠판에 무슨 글씨를 쓰려다 보니까 손이 얼어서 잘 안 써졌다.
"어머니들 손 시려우시면 난로에다 잠깐 손 좀 녹이면서 쓰세요."
"난로가 이렇게 가까운데 뭐가 손이 시려?"
"선생님도 난로 좀 쪼이세요. 그 쪽은 춥지요?"
"아아, 괜찮으세요? 저는 혹시나 이 중요한 때에 손이 얼어서 못 쓰시면 어떻게 하나 했지요."
"글씨만 알면 손이 언다고 못 쓰겠어요?"
"애기 엄마야, 얼마나 잘 썼나 한번 보자."
"아니요, 이거 선생님이 한번 봐야 돼요. 틀린 게 많을 거예요."

그런데 갑자기 뒷자리에 앉은 김순영 어머니가 뿌듯해하면서 크게 소리쳤다.

"나는 우리 국어 선생님이 최고 좋다."

"네?"

"나, 그렇게 쓸 거야."

"아유 그럼, 산수 선생님이 삐지잖아요."

"산수 선생님도 최고 좋지. 나는 우리 국어 선생님, 산수 선생님 둘이 최고 좋다. 근데, 화장실에 좀 갔다 와서 써야지."

김순영 어머니가 자리에서 나왔다. 책상 사이로 걸어서 앞문 쪽으로 왔다. 그러더니 나에게 두 팔을 벌렸다.

나도 두 팔을 벌려 안았다. 기뻤다. 따뜻했다. 정말 엄마 같았다.

"선생님 너무 좋아요. 내가 이 나이에 이렇게 쓸 줄을 누가 알았노. 나이 육십이 넘어서."

"저도 너무 기뻐요, 어머니."

김순영 어머니와 팔을 풀었다. 나는 박영옥 어머니를 돌아보며 말했다.

"박영옥 어머니한테도요, 이렇게 안고 싶은데 그렇게 못 하겠어요. 김순영 어머니야 엄마 같지만, 박영옥 어머니는 어디 그런가요. 에그 떨려서."

"그럼, 안 되지. 젊은 애기 엄마한테 그러면 큰일나요."

"그러니까 못 한다구요."

그랬더니 박영옥 어머니가 일부러 삐친 얼굴로 샘을 내는 것처럼 말을 했다.

"아유, 저 아주머니 좀 봐. 왜 아주머니만 선생님 사랑을 독차지하려고 그러세요?"

한바탕 웃음이 터졌다. 김순영 어머니가 화장실에 가고 나서 교실에 둘만 남게 되니까, 박영옥 어머니는 오늘 집에서 있던 일이라며 속이 상한 얘기를 꺼내었다.
 "이렇게 와서 배우면 될 거 갖고 그 동안 왜 그렇게 살아왔는지 모르겠어요. 오늘 아침에는요, 작은애 때문에 얼마나 속상하던지……."
 어제 저녁부터 작은아이가 학교에서 내준 방학 숙제 쪽지를 내밀었는데 아이 설명을 들으니 집에서 부모님이 뭐라고 써 주어야 하는 종이였다. 그런데 하필이면 신랑이 어제 새벽까지 술을 먹고 와서 잤다. 아침에 일어나자마자 신을 신고는 늦었다고 나갔다. 그것 좀 써 주고 가라니까 늦었다며 그대로 갔다. 당신이 배운 걸로 쓰면 되지 않느냐고. 이제 겨우 몇 글자 흉내나 내는 정도인데, 참 속상했다. 작은애가 울기 시작했다. 누나가 써 주면 안 되냐고 했다. 작은애는 안 된다고 울었다. 누나가 써 주면 자기가 써 온 줄로 안다고 혼난댔다. 전에는 늘 신랑이 써 주었고, 아이들도 엄마가 못 쓴다는 걸 알기에 속은 썩이지 않았다. 그런데 오늘은 작은애가 울기만 했다. 너무 마음이 아팠다. 애가 너무 울어서 머리를 한 대 쥐어박았다. 박영옥 어머니는 스스로가 너무 싫고, 아이를 볼수록 속상했다.
 "내가 이제 공부 시작한 지 겨우 3개월이잖아요. 뭘 어떻게 써요. 정말 신랑이 너무 밉더라구요. 이걸 어떻게 하나. 애보고 써 달래서 베낄까. 한참을 그러고만 있었죠. 애는 울고, 시간은 벌써 아홉 시가 넘었어요. 학교 갈 시간이 다 지났지요. 그래서 애 아빠 있는 부대로 전화를 했어요. 얼른 잠깐 나와서 적어 주고 가라고. 그런데 부대에서 높은 사람들하고 무슨 회의가 있었나 봐요. 못 나온대요. 그래서 생각다 못해 애한테 말했어요. 지금 그냥 학교에 가라고. 선생님한테는 안 가져왔다고 하고, 이따가 엄마가 아빠한테 써 달래서 점심 시간에 학교로 가져가겠다고. 그래서 그렇게 했어요. 신랑이 점심 시간에 나오더니 미안하다 하면서 써 주더라구요."
 화장실에 갔다 온 김순영 어머니는 벌써부터 뒷자리에 앉아 있었다.
 "그래, 그럴 때 진짜 속이 상하지. 나는 어땠는 줄 알아? 우리 아람이가

'할무이 이거 알어?' 그러면 '몰라.' 그러고, 유상이가 '할무이 이거 알어?' 하면 또 '몰라.' 하고. '할무이 이거 알어?' 할 때마다 '몰라.' 하니까 '할머니는 바보야.' 했어. 정말 속상하지. 아유, 미쳐."

"그래도 저희 신랑은 잘해 준 편이었어요. 처음에 큰애 키울 때야 허구헌 날 그런 일을 겪었지요. 이제는 아빠가 맨날 해 줘요. 애들도 엄마가 그런 걸 알고는 눈치껏 하고. 저는 시집 와서도 이제껏 시댁에서 몰라요. 제가 아무것도 못 배웠다는 걸요. 요즘도 시누이가 '자네 어디 다니는가.' 하는데, 제가 배움이 부족해서 뭘 배우러 다닌다고 했죠. 그러니까 시누이가 '자네가 무슨 배움이 부족하다고 그러느냐.'고 하잖아요. 신랑이 참 잘해 줬지요. 아무튼 아침에 그러고 나니까 정말 열심히 해야겠다 하는 마음이 들더라구요."

"그럼, 열심히 배워야지. 와, 지금처럼 이렇게 쓰기도 하고 얼마나 좋아."

어느 새 두 시간이 다 되었다. 어머니들은 차례로 쓴 글들을 앞에 나가 읽었다. 겨우 가르치는 사람 하나에 학생은 둘뿐이었지만 정말 감동스런 발표회였다.

먼저 박영옥 어머니가 읽었다. 떨리는 목소리였다. 때로는 어머니가 스스로 쓴 글씨를 못 읽어 뜸을 들이기도 했다. 하지만 나는 그렇게 진지한 발표 모습을 본 일이 없다.

"저, 많이 틀렸을 거예요. 그래도 잘 읽어 볼게요. 태어나서 처음 하는 발표거든요."

나는 어머니 하교를 다니면서 공부하는개 재미인었다.
하교 다니면서 재미이언떠일은 선생님 하고 우리단반 학교생들하고 공부하는개 제미이었다.
나는 금요일에 수학을 몬해서 내자신이 적말 실다

내가 점음우로 공부하는겟 나는 적말 좋다.
나는 학교를 빠지지 말고 열시미 다여야 돼겠다.
우리 남편이 내가 공부하러 다니니 적말 조아한다.
선생님 저말 고맙습니다.
앞으로 열시이 공부 해야 돼게다.
선생님 잎으 열시이 동 열시이 하겠습니다.
앞으로 한가적에 엄마로 한남자에 아내로 열시이 산겠습니다.
나는 수학 선생님 한 대 저말 미안하다.
앞으로 학교를 빠지지 말고 열시이 다여야겠다.
내가 저보내 남편 한 대 부따 하나를 핸다.
(내가 공부하러 다니느라고 집에 열두 시 넘어서 들어가니까 애들끼리만 있다고, 당신이 1주일에 한 번만이라도 술자리에서 빠져나와서 집에서 아이들과 있어 달라고. 우리 남편은 부대에서 날마다 술을 마셔야 하는 부서이거든요. — 말)
우리 아들이 엄마가 공부하러 다니니까 너무 조아한다.
나는 빠리 공부해서 편지를 써야지
나는 그래도 이만끔

그 다음에는 김순영 어머니가 읽었다. 김순영 어머니는 읽으면서 "아유, 이게 말이 안 되네." 했다. 그래도 더듬더듬 얼마나 열심히 읽었는지 모른다. 다 읽고는 눈물을 닦아 내셨다.

나는 공부 많리 하고 십습니다.
선생님 하고 오래 공부를 하며 좋다.
제다 우리 집 면느리 착하다.
시어머니 나이가 만나서 공부를 손자를 못바주서 미아하다.

공부하고 버스 타고 집배 가서 가게가서 새우깡 사가지고 가다.
학교에 와서 친구들하고 교실에서 이기를 많리 해 습니다.
우리 시구하고 야에 가서 수영도 하고 도시락도 많리 먹어 습니다.
우리 신생님 국어 신생님 제 좋다.
우리 신생님 산수 신생님 제 좋다.
어머니학교 다리고 공부를 너문 좋다.

"어머니들 정말 잘하셨어요. 저도 눈물이 나요."
"정말 좋아요? 슨상님 정말 감사해요."
어머니들과 얼싸안았다. 얼싸안고 빙글빙글 돌면서 껑충껑충 뛰었다.
"어머니들 지금 읽는 글들이요, 내일 수료식 때 읽으세요. 제가 앞에서 읽게 해 드릴게요. 박영옥 어머니, 이 글 있잖아요. 쓰다가 만 거. 시간이 모자라서 못 썼지요? 집에서 하고 싶던 얘기 마저 다 써 오세요. 그 대신 글씨 틀리는 거는 따님한테 고쳐 달라고 하면 안 돼요. 알겠지요? 그건 나중에 저랑 다시 공부해요. 꼭 더 써 보세요 김순영 어머니도요. 내일 일 마치고 학교에 일찍 와 계시면 더 써 보세요."
"네, 선생님."
"와, 내일 멋있게 읽어야지. 하하하하."
이번 학기 마지막 공부는 이렇게 마쳤다. 신을분, 김석순, 손명월, 오옥자 어머니들도 다 이 마지막 시간을 함께 했다면 얼마나 좋을까. 이제껏 살면서 처음 쓰고 읽는 글. 어머니들 기쁨을 내가 다 알까. 이제 우리 어머니들과 앞으로 글쓰기 공부를, 한글 공부를 어떻게 해 나가야 할 건지에 대해서도 감이 잡힌다. 너무 기쁘고 자신이 생겼다.

밤 열 시 반. 집으로 돌아오는 길이었다. 광석이와 전화 통화를 했다. 광석이 아버지가 아마 내일을 못 넘길 것 같다고 했다. 지금 겨우 산소 마스 크를 쓰고 계시다고. 의사가 말했다고. 이미 뇌사 상태에 들어가신 거라고. 보통 뇌출혈은 한 군데가 터지기 마련인데, 광석이 아버지는 너무 여러 군데에서 피가 터져 나왔다고 한다. 광석이는 아직 슬퍼하거나 겁을 먹을 겨를도 없는지, 담담했다.

지난 달에 광석이 아버지 회갑이 있었다. 기뻐하셨고, 춤을 추셨다. 이렇게 갑자기, 이렇게 아무 준비도 없이 가실 수도 있구나.

아빠가 떠올랐다. 그 오랜 세월 화를 참지 못하고 살아오신 분. 술로 몸이 축나신 분. 일에서 손을 놓은 다음부터 아빠는 더 얼굴이 검어졌다. 가만히 있어도 속상한 얼굴일 때가 많았다. 지난날에 대한 괴로움과 앞날에 대한 걱정, 그리고 어쩌면 아직도 놓지 못하고 있는 욕심들에 힘들어하시면서 하루하루를 살고 있다. 아빠는 그렇게 형과 나에게 아픔을 준 분이기는 했지만, 아빠 집에 가면 곳곳에 형과 나의 사진이 붙어 있다. 엄마 말처럼 아빠는 지독하게 굴 때는 한없이 지독하게 굴지만, 잘해 줄 때는 한없이 잘해 주었다. 아빠도 아마 알 거다. 내가 아빠를 미워하기만 한다는 것을. 병들고 늙은 아버지가 된 아빠는 그게 얼마나 외로운 것일까. 어쨌든 지 간에 아빠는 내가 혼자 사는 방 전화 번호를 알지만 아직 한 번도 전화를 걸지 못하셨다. 아들이 보고 싶어도 아들에게 마음대로 전화도 걸지 못하고 있는 거다. 가끔, 아주 가끔 내 호출기에 녹음을 하곤 했다. 취하신 목소리다.

"기범아, 바쁘니? 미안하다. 바쁜데 전화해서. 그냥 목소리가 한번 듣고 싶어서 연락했어. 시간이 나면 집에 전화 한번 해 줄래?"

아빠는 그런 연락을 하는 것조차 미안해했다. 내가 사춘기를 지나면서부터 지금까지 그 동안 아빠에게 얼마나 못되게 굴었는지를 안다. 나는 아빠가 어렵게 전화라도 한번 하면 아주 받기 싫은 사람처럼 전화를 받았고, 연락 좀 달라는 아빠의 부탁에 마지못해 전화를 걸곤 했다. 그럴 때마다 아빠는 미안하다는 말을 몇 번이나 했다. 아들에게 보고 싶다고, 전화를 해 달라고 하는 걸 미안해해야 하는 아버지였다. 아빠가 그렇게 움츠려들게끔 한 건 나다. 이제는 아빠가 불쌍하다는 생각이 들면서도 아직도 아니다. 아직도 아빠를 마음으로 껴안지는 못한다.

겁이 났다. 내가 이 글을 써 오는 동안 가졌던 아빠에 대한 미움들이, 그 미움들이 어떻게 해서든 아빠에게 날아갔을 것만 같다. 무슨 기를 타고서라도. 병든 아빠를 더 괴롭히는 무슨 고약한 기운이 되어. 광석이 아버지 얘기를 듣고, 아빠가 떠올랐다. 혹시 아빠도 광석이 아버지처럼 그렇게 되시지는 않을지.

나는 엄마를 살리고 싶었다. 엄마의 아픔을 구석구석 어루만지고 싶었고, 엄마의 삶을 그대로 살려 내고 싶었다. 그것뿐이다. 지금 아빠를 괴롭히겠다거나 아빠에게 그만한 아픔을 돌려주어야 한다는 생각 따위는 없었다. 이제 와서는 모두 안된 사람들뿐이다. 모두 아픈 사람들이다. 아빠도, 엄마도, 기연 엄마도, 형도, 나도, 기연이도. 어쩌면 지금은 아빠가 가장 괴로울 거다. 거꾸로 엄마 마음은 가장 편안하고 말이다.

이 글을 쓰면서도 내내 생각했다. 엄마 살아온 얘기를 쓰다 보면 아빠는 정말 나쁜 사람이었다. 그렇게 나쁜 사람일 수가 없었다. 하지만 나는 어땠나. 엄마에게 나쁜 사람이었으니 나에게도 아빠는 끝까지 나쁜 사람이기만 했나. 그건 아니다. 비록 혈육의 정이나 자식에 대한 욕심이었을지는 몰라도 아빠는 아빠식대로 노력을 했다. 적어도 엄마와 헤어지고 나서 내가 아빠 집에 가서 살고부터는. 아빠는 아빠 성격까지 버리지는 못했지만, 형과 나에게 미안해했다. 잘해 주려고 했다. 내가 원하는 모습은 아니었지만 그것들 또한 아빠 방식의 사랑이었다. 나는 끝내 아빠를 미워하기만 했다. 나는 아빠에게 전화 한번 한 적이 없다. 아빠를 걱정해 본 적도 없다. 오히려 이제는 아빠가 내 눈치를 본다. 나에게 전화 한번 하기에도 그렇게 어려워한다. 고혈압에, 당뇨에, 간이 나쁘고, 폐가 나쁘다. 술병이라 말할 수 있는 병은 다 지니고 있다.

혹시 내 미움들이 날아가고 있었을까. 어떤 식으로든 아빠를 괴롭혔을까. 꿈에서든, 몸을 괴롭히는 나쁜 기운이든, 눈에 보이지 않는 무언가가 그랬을지도 모른다.

광석이 아버지도 당뇨에 고혈압이었다. 한 달 전까지만 해도 정정했다. 갑자기 추워진 아침에 찬바람을 맞고 쓰러지신 거다. 그리고는 일어나지 못하고 있다. 아빠는 더 심한 고혈압과 당뇨가 있다. 몸에 한 군데도 성한 구석이 없다.

나는 엄마 집 앞에서 공중전화를 걸었다. 아무 일 없이 아빠에게 전화를 거는 건 처음이다. 밤 열한 시가 넘어가고 있었다.

"아버지세요? 저 기범이에요."

"어, 그래."

"주무셨어요? 그냥 걸고 싶어서 걸었어요."

"아니야, 그냥 있었어. 술 먹지 뭐. 그래 고맙다. 별일 없니?"

"예. 별일 없어요."

"엄마도 별일 없고?"

"예. 아빠, 건강은요?"

"나야 뭐, 그렇지."

"아빠……, 너무 술 드시지 마세요. 그리고…… 요새 추울 때는 조심해야 된대요. 따뜻하게 입고요, 어디 나가실 때는 꼭 모자 쓰고 다니세요."

"그래, 고맙다. 니 말대로 할게."

"네, 꼭 그러세요."

"너도 감기 조심해라."

"예. 그럼 주무세요."

"얘, 잠깐만. 기연이 좀 바꿔 줄게."

나를 좋아하는 기연이다. 아직 안 자고 있었나 보았다.

"오빠야?"

"어. 기연이 잘 있었어?"
"오빠, 요새 삐삐 확인도 안 해? 전화도 안 되고 삐삐에도 음성이 꽉 찼더라. 더 녹음이 안 되잖아. 좀 지워."
"왜? 삐삐 쳤어?"
"오빠 주소 물어 보려고 그랬지. 써 논 게 없어졌어. 삐삐 쳐도 안 되고. 그래서 태희 언니한테 같이 보낸다고 했어. 큰오빠 집으로 갈 거야. 내가 크리스마스 카드 보냈거든."
"와, 고마워라. 오빠는 카드 못 썼는데."
"오빠가 언제 카드 보냈나 뭐?"
"기연아, 방학했겠네. 기말 시험 잘 봤어?"
"에이, 몰라. 저번보다 좀 오르기는 했는데 한 과목이 꽝이야. 기술 과목인데 컴퓨터에 대해서만 나오잖아. 이틀 동안 기술 공부만 했는데 좌르르 다 틀렸어. 다른 애들은 다 잘하는데 나만 컴맹이야."
"괜찮아. 컴맹인 거는 오빠랑 똑같네. 한 과목 좀 못 보면 어때. 그건 나중에 컴퓨터 배우고 그러면 잘하게 될 거야."
"아이, 그래두."
"기연아, 그럼 오빠가 나중에 또 전화할게."
"어. 메리 크리스마스."
"그래, 메리 크리스마스. 잘 있어."

아빠에게 전화를 했다. 아빠에게 추워지는 날씨를 조심하라 했다. 내가 이렇게 아빠를 걱정해서 말한 건 처음이었다. 다른 아버지들은 날마다 들었을 말을 아빠는 처음 들었다. 아마 아빠는 전화를 끊고도 더 술을 드셨을 거다. 기연이는 형 집으로 나이 많은 오빠들과 새언니에게 카드를 보냈다. 어쩌면 벌써 알고 있을지도 모른다. 왜 오빠들은 다른 곳에서 사는지를. 웬만한 연속극은 다 이해할 나이니까. 그래도 기연이는 아직 아픈 티를 내지 않고 있다. 내 동생이다. 나처럼 컴퓨터를 잘 모르는.

엄마 집에 갔다. '아리랑' 노래가 흘러나왔다.
"엄마, 뭐 해?"
"아유, 이거 다 까먹었는데 어떻게 하냐?"
"고전 무용 연습하는 거야?"
"아까 조혜영 선생님이 전화를 한 거야. 우리 수료식 때 앞에 나와서 공연 좀 하면 좋겠다고 그러네."
"와, 엄마 혼자?"
"벌써 2주일이나 빠졌는데 차례를 다 까먹었어. 이걸 어떻게 하지?"
"그냥 해요. 보는 사람들이 뭐 아나?"
"이거 하려면 버선발로 해야 하는데 거기서 어떻게 해. 한복 치마도 다 질질 끌릴 테고."
"엄마네는 23일이 수료식이랬지? 우리 저녁에 하는 반들은 내일이에요."
"너희도 뭐 한대?"
"아니, 우리는 그냥. 몇 명 되지도 않아요. 다 일 끝나고 와서 밤에나 하는데 뭐. 근데, 엄마 수료식에 어떻게 하지?"
"뭘?"
"엄마한테 꽃이라도 사들고 가고 싶은데 다른 엄마들이 많은데 내가 엄마한테만 줘도 되나? 그래도 나는 그 학교 선생님인데."
"안 해도 돼. 다른 이들도 식구들 안 오나 보던데, 뭘."
"그 대신 저녁때 집에서 축하해 드릴게요."
엄마 어깨를 주물렀다. 어진이는 정말 배가 크게 불렀다. 열두 시가 넘었고 엄마는 다시 상 앞에 앉았다.

동화 작가 박기범이 쓴 어머니들 이야기
# 엄마와 나

2004년 12월 15일 1판 1쇄 펴냄 | 2015년 4월 8일 1판 6쇄 펴냄 | **글쓴이** 박기범 | **편집** 김성재, 김은주, 남우희, 서혜영, 심명숙, 윤은주 | **표지·본문 디자인** 최남자 | **제작** 심준엽 | **영업 홍보** 백봉현, 안명선, 양병희, 이옥한, 정영지, 조병범, 최민용 | **경영 지원** 임혜정, 전범준, 한선희 | **분해·제판** (주)아이·디 피아 | **인쇄** (주)미르인쇄 | **제본** (주)상지사 p&b | **펴낸이** 윤구병 | **펴낸곳** (주)도서출판 보리 | 출판 등록 1991년 8월 6일 제 9-279호 | **주소** 경기도 파주시 직지길 492 우편 번호 413-120 | **전화** (031)955-3535 | **전송** (031)955-3533 | **홈페이지** www.boribook.com **전자우편** bori@boribook.com

ⓒ 박기범, 2004 | 이 책의 내용을 쓰고자 할 때는, 저작권자와 출판사의 허락을 받아야 합니다.
잘못된 책은 바꾸어 드립니다. | 값 11,000원 | ISBN 89-8428-191-3 03810

이 책의 국립중앙도서관 출판시도서목록(CIP)은 e-CIP 홈페이지(http://www.nl.go.kr/cip.php)에서 볼 수 있습니다.
(CIP 제어 번호: CIP2004001932)